東京大学

世界の知の拠点へ

The University of Tokyo
Where Knowledge Goes Global

濱田純一
Junichi Hamada

東京大学出版会

The University of Tokyo,
Where Knowledge Goes Global
Junichi HAMADA
University of Tokyo Press, 2014
ISBN978-4-13-003343-5

まえがき

東京大学の総長に就任してから間もなく五年半が経とうとしています。東京大学では大学紛争の後、総長任期は四年間となっていましたが、私の時から約四〇年ぶりに六年間に戻りました。これは、国立大学法人の中期計画・中期目標期間が六年間とされたことに対応しています。この長い任期もあと半年あまりとなり、いよいよ総仕上げの時期となります。前著『東京大学　知の森が動く』の刊行を担当して下さった東京大学出版会の山田秀樹さんからのお勧めで、この間に私が、学生や教職員、そして社会に向けて出してきたメッセージをまとめる機会をいただきましたが、ちょうど最適のタイミングであったと思います。本書に収めたものの多くは、大学の式典での式辞や告辞、あるいは講演や新聞への寄稿・インタビューなどですが、第I章は書下ろしで、私の任期中に大学にいかなる変化があったかという具体的な動きや数字を織り交ぜながら、東京大学がいまどのような方向に向かおうとしているのかを素描してみました。触れることが出来なかった事柄も多いのですが、大きな流れについては、ここで理解いただけるのではないかと思います。

私の総長任期中の重要な出来事は何かと聞かれれば、やはり東日本大震災であったと思います。何より、あれだけ多くの方々がお亡くなりになり、あるいはお行方がなお分からず、またいまもたくさんの方々が避難生活を送っていらっしゃるというような事態が起こるとは、想像の外のことでした。この大地震に伴って生じた福島第一原子力発電所の事故についても、同様です。大学という組織の内で起こる事柄の場合は、良いことであれ悪いことであれ、取組み方はだいたい想定の範囲内で済みます。しかし、東日本大震災というような巨大な社会的事態への大学としての対応は、ほとんど手探り状態でした。そうした中で、大学本部や病院、各学部・研究科や研究所などを問わず、またボランティアとして活動した皆さんも含め、それぞれの立場で確実に支援の動きがなされていくのを見て、東京大学の、おそらくは長い歴史の中で培われた責任感と底力を感じました。

秋季入学構想の検討から総合的な教育改革へすすんでいくプロセスも、重要な出来事でした。個々の局面で印象深かったことが少なからずありますが、私の原点にあったのは、「学生の幸せを考える」ということです。幸せというのは、それぞれの個人が持っているポテンシャルを最大限に発揮できるということです。現実には大学として可能な取組みには限界がありますが、グローバル社会という環境を強く意識しながら、ただその一点を突き詰めることで、学生一人ひとりの幸せな人生はもちろん、それが社会に対するより大きな貢献を生み出し、また研究力も含めて東京大学という組織の力も間違いなく強めることが出来るというのが、私の確信でした。本書に収めた多くのメッセージが、直接的にせよ間接的にせよ、そうした思いを機会を捉えて発したものです。総合的な教育改革については本書巻末に資料集を収録していますが、これは、教育のより良いあり方に関する関係者の取組みの生の姿は、一次資料でこそ読者に最もよく伝えることが出来ると考えたためです。

教育改革の大きな背景の一つが、社会の急激なグローバル化への動きでした。本文中でも記したように、東京大学はもともと、「開国」というグローバル化の真っただ中で生まれた大学です。また、教員はグローバルな競争環境の中で仕事をし、あるいはグローバルに多くの研究者と付き合っています。その意味で、教員の立場ではすでにグローバルというのはごく自然なことであったのですが、そのことと、学生たちのグローバル化、大学という組織全体のグローバル化とは次元の違う話であることを、つくづく感じました。その大きな落差感が、私の教育改革への取組み、グローバル化への取組みを突き動かしたといっても過言ではありません。

前著『東京大学　知の森が動く』のまえがきの中で、「森を動かす」という私のメッセージの説明として、「東京大学の仕組みの全体を、新しい時代にふさわしい形に変えていきたいという覚悟を、この言葉に込めました。二〇〇四年（平成一六年）の国立大学法人化以降の改革の流れを踏まえながら、東京大学という壮大な知の森の力を最大限に、また中長期的に安定して発揮させていくために、組織全体の仕組みを見直し、ブラッシュアップし、定着させる、ということが、私の最大の任務であると考えています。」と記しました。教育改革とグローバル化という軸を中心にして「森は動いた」というのが、いまの私の実感です。

東京大学の総長を務めて何が良かったかと問われると、個人的にはそれは、多くの、しかもさまざまな分野の人に会うことが出来る、ということに尽きます。東京大学の教員、職員、そして学生たちはもちろん、大学の経営協議会の委員や大学関係者の皆さん、たくさんの企業の方々、また政治や社会的な活動に携わっている方々ともお話ができました。大学の活動に寄付などご支援をいただいている方々とのお話ではいつも励まされましたし、さらには、各地の同窓会を訪問した機会などに卒業生の皆さんにお目にかかって活躍ぶりをうかがえた、山のような思い出があります。このような素晴らしい方々と接点を持つ場で仕事が出来ることを、何より誇りに思うと同時に、この機会を借りて日頃のお力添えに深く感謝を申し上げたいと思います。

本書で取扱っているテーマは、私の仕事柄、東京大学が舞台です。しかし、そこで取上げている課題は、これからの日本社会を、そして国際社会を支えていく人々の育て方、またそのための基本的な理念にかかわる、普遍性のある事柄です。多くの方々に手に取っていただけることを願っています。

濱田純一

二〇一四年八月七日　奥秩父 甲武信小屋にて

東京大学　世界の知の拠点へ――目次

Ⅲ　秋季入学構想、そして総合的な教育改革

■コラム一覧

I

遠くから来た。遠くまで行くのだ。

私と同じように一九六〇年代から七〇年代に学生生活を送った人の中には、「われらは遠くから来た。そして遠くまで行くのだ……」というフレーズが、何となく記憶の底に残っているかもしれません。当時少なからぬ学生に愛読されたであろう白土三平『忍者武芸帳　影丸伝』という長編コミックの終わり近く、処刑を前にした主人公のセリフです。あるいは、もっとソフィスティケイトされた表現がよければ、「われわれはどこから来たのか　われわれは何者か　われわれはどこへ行くのか」というタイトルを付された、ポール・ゴーギャンの絵を思い浮かべてもらってもよいでしょう。こうした言葉にはいろいろな由来や解釈があるようですが、それをここで論じるつもりはありません。ここで言いたいのは、「遠くから来た。遠くまで行くのだ。」というのは、大学や学術の本質的な性格を、あるいは学術に携わる者の思いを端的に表している言葉でもあるだろうということです。そこには、東京大学憲章で言及された、「人間の可能性の限りない発展に対してたえず開かれた構造をもつべき学術の根源的性格」に相通じるニュアンスを感じます。

この章では、「遠くから来た。」という歴史の重みを踏まえながら、同時に、さらに「遠くまで行くのだ。」という思いをもって、私が総長として未来に向き合う仕事をしてきた五年余りのさまざまな展開について、限られた範囲ですが概観しています。それによって、東京大学がどこへ向かおうとしているのか、どれほど遠くまで行こうとしているのか、その一端を伝えることができればと思います。

■遠くから来た。

東京大学という組織体の設立は、いまから一三〇年余り前の一八七七年（明治一〇年）である。しかし、この大学は、すでに以前から存在していた東京開成学校と東京医学校とを合併して設けられたので、その淵源はさらに遡る。毎年度刊行されている『東京大学の概要』という冊子の中に「東京大学の沿革とルーツ」と題して、次のような記述のコラムがある。これは、私が広報担当の副学長であった当時、史料編纂所の先生の教えも乞いながらまとめたものである。

> 東京大学の組織は、東京開成学校と東京医学校の統合再編によって生まれたものである。後者の東京医学校は、その起源を安政五年（一八五八年）に神田お玉が池に開設された種痘所に有している。前者の東京開成学校は、江戸幕府が文久三年（一八六三年）に開設した開成所の系譜に連なり、この開成所は、安政四年（一八五七年）に設立された蕃書調所から改組されたものである。
>
> この蕃書調所という組織は、貞享元年（一六八四年）に設置された天文方からのつながりをもっている。天

文方は、暦の編纂を所掌していた幕府の組織であるが、当初より、天文学や暦学を中心に西洋の学問知識の学習・研究を行っていた。そして洋学の重要性の増大に応じて、天文方の中で、蛮書和解御用という部門が設けられたが、幕末になり洋書の翻訳・研究の需要が急激に増大したことから、この部門を発展させ、洋学の教育・研究機関として蕃書調所が設立された。

この蕃書調所において当初任命された二人の教授職、箕作阮甫と杉田成卿は、いずれも天文方の職員である。また、このとき、天文方及び江戸城紅葉山文庫に所蔵されていた洋書が、蕃書調所に移管された。つまり、東京大学の前身である東京開成学校の系譜は、その学問のつながりはもちろん、人のつながりなどによっても、天文方に連なる歴史をたどることができる。なお、東京大学の初代総理である加藤弘之も、蕃書調所において教授方を務めていた。

このような組織の連続性という意味において、東京大学はたしかに「遠くから来た」のである。さらに、知の連続性という意味でも、その源はさらにずっと遡っていくはずである。東京医学校の起源である種痘所の開設にしても、当時の多くの蘭学者がかかわっており、蘭学の歴史的な蓄積がそこに息づいている。東京大学の草創期には、多くの学問分野が、雇外国人教師によって英語やドイツ語を用いて教えられていた。そこには、当然に、西欧の長い歴史をもった知的伝統が流れ込んでいる。さらに、例えば、開成学校の前身である大学南校の時代には、いわゆる「貢進生」の制度があって各藩から優秀な若者が推薦されて学んでいたが、彼らは藩校などが受け継いできた四書五経などに象徴されるような知的蓄積をおそらく持っていたことであろう。

言うまでもなく、設立後一三〇年余りの時間の中で、東京大学の学術は、日本社会の中で精選され、また世界との交流を通じて鍛えられることによって、飛躍的な発展を遂げてきた。こうした経緯を踏まえると、東京大学、そしてその学術がどこから来たのかと問われれば、日本と世界の中から、そして歴史の長い蓄積の中から生み出されたということになる。今日東京大学において講じられている幅広い多様な学術の分野は、それぞれに、時間的にも空間的にも遥かに遠い源を辿ることができる。

このように遠くから来たからこそ、東京大学のこれからの歩みもまた、教育であれ研究であれ、遠くまで行くことを運命づけられている。日本の中で、また世界という場で、知の絶えざる環流のただ中に身を置き続ける責務がある。その理念を文言の端々に表現しているのが東京大学憲章である。「人間の可能性の限りない発展に対してたえず開かれた構造をもつべき学術の根源的性格」について語り、「世界の公共性に奉仕する大学として、文字どおり『世界の東京大学』となることが、日本国民からの付託に応えて日本社会に寄与する道である」と記しているのは、まさしくそうした意味にほかならない。

東京大学は、教員と職員がそれぞれ四〇〇〇名近く、また学部学生がおよそ一万四〇〇〇名、大学院生が一万三〇〇〇名あまり、年間予算が二三〇〇億円にも上る、日本最大の知の組織である。そこに蓄えられた知を基盤に、新たに生み出されてくる知を日本のみならず世界という規模で自らの中に巻き込み続けることによって、「遠くまで行く」ことができるはずである。

■研究の卓越性と多様性

東京大学憲章の前文は、東京大学が「世界的な水準での学問研究の牽引力であること」を宣言している。それは、端的には、研究の卓越性と多様性という言葉で置き換えることもできる。こうした水準の研究が持続的に実施されていくことが、東京大学の優れた教育活動の大前提でもある。

一言で研究の卓越性といっても、その明確な基準があるわけではない。あえて数値的なものをとれば、世界大学ランキングでも使用される、論文数や論文被引用数などが一つの指標になるだろう。世界的な情報サービス企業であるトムソン・ロイターの二〇一三年版「論文の引用動向からみる日本の研究機関ランキング」によれば、東京大学は日本でトップ、世界で一七位という位置にある。とくに傑出した分野も少なからずあり、物理学や生物学・生化学では世界三位、化学では世界七位である。もっとも近年の動向を見ると、論文数も論文被引用数も伸びてはいるが、世界の有力大学の伸びに比べると伸び率が小さい。これは残念ながら、日本の有力大学に共通した傾向である。世界の状況を見ると、一般に、論文数の伸びが財源の伸びに比例する傾向は明瞭であり、大学という単位であれ専門分野という単位であれ、高い質を具えた研究者集団が存在しているにもかかわらず、そこに重点的な配慮を行っていくことが出来なければ、競争力には当然に陰りが生じる。こうした問題は東京大学に限られたことではなく、そのため、近年、研究に重点を置き世界と競争している一一大学（北海道大学、東北大学、筑波大学、東京大学、東京工業大学、早稲田大学、慶応義塾大学、名古屋大学、京都大学、大阪大学、九州大学）が学術研究懇談会（RU11（Research University 11））という組織を設けて、基盤的経費の安定化、競争的資金のスパンの長期化、あるいは間接経費の比重の増加等の財源問題をはじめ広く研究環境について共通する課題をめぐる議論や政府等に対する働きかけを、共同で行ってきている。

卓越性を示す数値的な指標の話に戻ると、例えば、東京大学では、科学研究費補助金採択件数は、平成二一年度の四四七七件から平成二五年度には五〇二五件に伸びている。民間等との共同研究の数は、平成二一年度に一三〇二件であったのが平成二五年度には一六二二件になっており、寄付講座・寄付研究部門でも充実が進んでいる。他方、アナログ的ではあるが、総合的な評価という意味では、Times Higher Education（THE）が行っている、世界の大学関係者たちからの評価による「世界評判（reputation）ランキング」もそれなりの参考になる。このところ、東京大学は一〇位前後である。これは、各国の有力大学と付き合っていてかなり実感に近いし、今後、人文社会系や法律系、経済系などの国際的な発信力がさらに高まれば、もっと上昇してもよい順位であると考えている。ちなみに、THEは、こうした評判調査も含め一三の指標を組み込んだ五つの観点に基づいて、「世界大学ランキング」を毎年公表しており、東京大学の順位は、しばらく下降傾向にあったが二〇一一年から回復傾向に転じ、昨年は二三位であった。もちろんアジアの大学の中ではトップである。その他の機関からもこうしたランキングが公表されているが、一般に、各国の政策や教育制度、言語環境等を十分に考慮せず一部の要素による評価項目が設定されており、大学全体の活動を適切に評価する上では完全な評価手法により実施されているとは言いがたい面もある。ただ、社会からの注目度も高く、また個々の指標についての他大学との比較などは参考とされてよい。ちなみに、こうしたランキングで東京大学のウィークポイントとされてきた国際性という観点では、評価ポイントは二〇一〇年の一八・四から二〇一三年には二九・六と明らかに上昇傾向にあり、まだまだ不十分であるが、この改善は実感にもあっている。

繰り返しになるが、基盤となる知的リソースは整っているにもかかわらず財源的なリソース不足で研究者の教育研究活動に大きな負荷と制約がかかっている現状は、明らかに大学としての国際競争力、ひいては日本の知的競争力の将来を損なうものである。国立大学法人への運営費交付金は法人運営の基盤的な経費となるものであるが、二〇〇四年の法人化以来減少の一途を辿っており、東京大学の場合、予算額で見ると、二〇〇四年度の九二六億円が二〇一四年度には八一一億円まで減少している。実に一一五億円、一二・四％の減少である。いまこれだけの財源があれば、東京大学の教育研究はどれほど強い国際競争力を有していたことか、とつくづく思う。たしかに、民間企業との共同・受託研究や科学研究費等の研究費獲得額は大きく伸びており、大学の予算総額は着実に増えている。しかし、他面で、教育研究のためのインフラなど大学組織全体としての基礎体力は落ちてきており、研究費獲得のために教員の教育研究の時間が大きく圧迫され、また、萌芽的な研究や基礎的な研究、中長期的な視野を持った研究への支援が難しくなり、さらに、短期的なプロジェクトの補助金が増える中で、非正規雇用の形態が増加して優秀な若手研究者の養成や確保に支障が生じている。

こうした状況の中で、大学としての独自財源の確保、とくに寄附金活動のさらなる強化は、きわめて本質的な課題である。寄附金は、後に触れる建物・設備の整備、国際交流などでもすでに重要な位置を占めつつあるが、目的が指定されていない基金の規模という観点からは、例えばハーバード大学では基金が三〇〇億ドル（対ドル一〇〇円換算で三兆円）を超え年間運用益は四五〇〇億円規模になっているとみられるのに対して、東京大学の現状は基金が約九五億円、運用益は一億円強であり、独自財源として幅広い活用を行うにはほど遠い状況にある。こうした背景には、寄附の歴史や文化の違いなどの指摘もありうるが、即効性の範囲は限られていても、長期的な視野を持って寄附活動と基金形成に注力を続けていくことが、将来の東京大学の財務構造に大きな意味を持つことになるはずである。

もちろん、現状の中でも、研究活動を活性化させるために、組織や運営のシステム上の工夫は、最大限に行われていくべきことは言うまでもない。そうした工夫については、人事制度の改革など本章のいくつかの箇所で触れているが、組織上の取組みとしては、全学的組織として二〇一一年に設置された「国際高等研究所」もその一つである。この研究所には、世界トップレベルの研究拠点として公的機関や研究者コミュニティ等に評価されていること、運営を賄うに十分な外部資金を獲得していること、国際的な研究環境を構築していること、といった要件を満たす研究機構を置くこととしており、すでにカブリ数物連携宇宙研究機構（Kavli IPMU）とサステイナビリティ学連携研究機構（IR3S）が設置されている。こうした組織枠組みによって、その傘下にある研究機構がより安定的で柔軟な体制の下で、これまでにもまして活発な活動を展開し、東京大学における研究の卓越性の向上や国際化の先導に大きく寄与している。これらの研究機構の活動にも象徴されるように、研究の卓越性を実現していく上で、研究者のグローバルな交流状況や国際共著論文数などに示される国際的な研究ネットワークの強化は、大学の組織戦略としてもきわめて重要なテーマである。

卓越性と共に多様性という概念についても、種々の指標を考えうる。学問分野の多様性という点では、長い伝統に育まれた東京大学の学術はまさしく多様性豊かな総合性を有しており、とくに学術の根幹となるさまざまな専門分野を、人類の根源にかかわる知恵として、時代の変化にかかわらず高い水準で維持していくのが東京大学のもっとも重要な役割の一つであることは、大学構成員の意識の中に共有されている。また、一つの大学の中でこうした多様性が存在することは、融合的な先端分野を新たに生み出していくために好都合な条件となるし、さらには、たとえば環境問題や高齢化社会の問題など、現代社会の課題がますます複雑性を持ち、多様な専門分野からのアプローチを求めるようになってきていることへの学術の責任を考えれば、不可欠なことでもある。

学術の役割としては、社会への短期的な貢献と中長期的な貢献の両面性をつねに有すべきであり、それらは相互補完的かつ循環的なものでもある。運営リソースの配分においても、そうした観点からの配慮がなされることによってのみ、学術はその期待される姿のように「遠くまで行く」ことが出来る。学術の社会に対する貢献は、技術的、経済的、医学的などといったものだけではないことは言うまでもない。社会の底力を支え人類の幸福をもたらすのは、さらに、文化や教育であり、社会的な諸制度であり、何より事物や生命の本質と理を探ろうとするあくなき探究心である。社会がそうした自己の存在の根源を失うことのないように支え続けるのが、大学、とりわけ東京大学の使命であると言ってよい。東京大学ではすでに長い間、「教員採用可能数再配分」という制度を運用してきた。すなわち、基盤的経費が削減される中での総人件費管理の枠組みにおいて、教員の数を減らさざるを得ない厳しい状況があるが、その中でも全学的な観点から重要と判断されるポストは確保出来るように、この再配分の制度が有効に機能してきた。こうした再配分の判断にあたって、新しく開拓された分野のニーズへの考慮と同時に、学術の継承、継続性の観点から、基幹たるべき教育研究分野を確実に守っていくという方針がとられているることは、揺るぎない姿勢である。

高い水準の研究は、研究倫理を相伴うことによって初めて、卓越したものとしての評価を獲得することが出来る。東京大学では、すでに二〇〇六年に「東京大学の科学研究における行動規範」を定めて構成員への周知を図ってきているが、残念ながら、研究倫理違反を問われるいくつかの案件が生じている。そうした案件に適正な処置を行うとともに、再発防止のための取組みをすすめていく上での基本は、「高い研究倫理を東京大学の精神風土に」するということに尽きる。そうした思いで昨年に大学構成員に対して行った呼びかけを、以下に掲げておく。

＊　＊　＊

高い研究倫理を東京大学の精神風土に

平成二五年一〇月八日
総　長

先般、本学において明らかになった研究倫理をめぐる問題事案は、東京大学憲章、東京大学の科学研究における行動規範（科学研究行動規範）などが定めている理念と大きくかけ離れたものです。日本の研究水準について社会に大きな責任を有する東京大学において、こうした事案が相次いで生ずる事態は、ありうべからざることであり、きわめて重く受け止めなければなりません。この事態は、東京大学の名誉・信用というにとどまらず、日本の科学に対する国際的な信頼や評価にかかわる深刻な問題でもあります。

現在、問題事案をめぐる事実関係や原因の究明を続けており、すみやかに調査を完了すべく全力をあげていますが、少なくとも現時点で、研究活動に従事する専門職としての倫理観や規範意識の在りようにおいて、関係者に大きな問題があったという危惧を強く持っています。東京大学憲章にいう「真理を探究し知を創造しようとする」者としての誠実性（integrity）が、いま私たちに厳しく問われています。

最終的な調査結果のとりまとめを待って、改めて再発防止のための具体的なアクションプランを示したいと考えていますが、いまも研究活動は日々行われていますので、まずは、各研究者において、研究倫理の遵守について自己点検を行うと同時に、各部局の教授会や専攻会議等、趣旨の徹底と議論が可能な規模のすべての組織単位において、研究倫理の遵守方をめぐる議論をただちに行い、教員のファカルティ・ディベロップメントや学生に対する教育指導などの面で、すみやかに取組の徹底と充実を図るようお願いします。その結果については、各部局長にとりまとめをいただき、各種会議において情報共有を図るとともに、今後の全学的な再発防止措置の策定に資するものとしたいと考えています。また、相談事項等があれば、すみやかに科学研究行動規範担当理事宛に連絡をお願いします。

問題事案は、たとえ一件でも発生すれば、学術研究に対する社会からの信頼を大きく損ないます。

研究不正は、「科学研究の本質そのものを否定し、その基盤を脅かす、人類に対する重大な背信行為である」という、本学の科学研究行動規範の言葉が、一人一人の日々の研究活動の中に自然な形で組み込まれることを、強く期待しています。このたびのような事態が今後およそ発生することのない高い研究倫理の精神風土を、本学において揺るぎないものとすべく、皆さんのさらなる自覚と尽力をお願いします。

＊　＊　＊

この声明を受けて、二〇一四年四月から研究倫理室が設置され、研究倫理教育・研修の強化、責任ある研究環境の整備などを含む「研究倫理アクションプラン」が動き始めている。こうした取組みを着実にすすめることを通じて、研究を行うということは研究倫理を実践する行為に他ならないということが、研究者や学生たちに浸みわたっていくはずである。

Column

KAGRA

新聞を読んでいて、RAKUGOという言葉に出会った。落語ではなくてRAKUGOである。日本の伝統芸術の一つである落語を世界に発信しようという努力の中で使われており、落語家たちも最近は、英語など外国語での公演や字幕付き公演なども積極的にやっているようだ。これもつい最近の新聞で、ＢＥＮＴＯというのが出てきた。小さなスペースに各種の食材が綺麗に盛り付けられた世界、これが国際的に通じる魅力だと言う。分かる気がする。

では、ＫＡＧＲＡは？　やはりまずは「神楽」を思い浮かべるだろう。ただ、残念ながらこの場合はそうではない。その言葉で世界に発信したいという思いは同じだが、KAmioka GRAvitational wave telescope, つまり岐阜県飛騨市の神岡町で観測が行われることになる大型重力波望遠鏡施設の愛称である。全国に公募してなんと六六六件の応募が寄せられた中からの命名だそうである。東大の宇宙線研究所が中心になって取組んでいるこの施設建設は、観測のノイズとなる振動をできるだけ低減するために深い地中にということで、旧神岡鉱山の地域にＬ字型に直交する延長三キロのトンネルを二本掘り、その中に観測装置を設置する。ついこの六月に、トンネル掘削完了の式典が催されたので出席してきた。今後、実験設備の整備や装置の構築を経て二〇一七年度から本格的に観測を開始する予定と聞くが、宇宙空間における実に微小な時空の歪みを検出するために巨大な施設が必要となるというのは、ダビデ（よりはるかに微小だろうが）を捕まえようとするゴリアテといった感もあって、ちょっと面白かった。

すでにＫＡＭＩＯＫＡという地名自体、関係の学会を中心に国際的に知られた名称でもある。言うまでもなく、同じ鉱山跡のトンネル内を活用して作られたカミオカンデという観測施設によってニュートリノが検出されて、それが小柴昌俊博士のノーベル賞受賞につながったからである。現在は、後継のより大規模な施設であるスーパーカミオカンデによって観測が続けられているが、これは直径四〇メートル、深さ四〇メートル余りの巨大タンクの中に五万トンの超純水が貯められ、壁面に光電子増倍管が設置されて、ニュートリノと水の電子との衝突を検出しようとしている。普段タンク内は満水なので様子は分からないが、一時期、増倍管の修復のために水が抜かれた折に見学をして、その壮大な規模に感動した記憶がある。

望遠鏡と聞くと、目でレンズを覗いて、という感覚しかない純粋文科系の私には、「重力波望遠鏡」というコンセプトは直感的には分からない。説明では、アインシュタインの一般相対性理論で存在を予言されているがまだ直接に検出されたことのない重力波を見つけようということのようだが、こうした重力波を発生させる超新星の爆発や宇宙誕生についての情報も得ることが出来るという。つまり、この望遠鏡で観測することの出来るのは、私たちが望遠鏡の観念で思い浮かべがちな静止した星の状態というより、宇宙全体のダイナミックな動きなのだろう。

天体、宇宙というのは、多くの人々の夢をかき立てる。現代の科学は、イノベーション論議にもあるように、ややもすれば直接的な効用に目が向けられがちなところがある。しかし、社会が自然現象の本質と理を探る科学への夢をしっかり持ち続けることは、その社会の基礎体力として大事なことである。トンネル完成祝賀会での挨拶で、私は次のように述べた。「このＫＡＧＲＡのプロジェクトでノーベル賞を取ってほしいなどといった小さな事は言わない。むしろ何より、これからの世代の人たちに、若い人たちに大きな夢を与えるものであってほしい」と。

■「よりグローバルに、よりタフに」を超えて

東京大学憲章は、教育について、東京大学が「公正な社会の実現、科学・技術の進歩と文化の創造に貢献する、世界的視野をもった市民的エリートが育つ場であること」を目指すとしている。この目標の実現に向けた取組みが、まさしくいまの総合的な教育改革の眼目をなすものであり、その詳細については、とくに本書の第Ⅲ章、第Ⅴ章を参照いただきたい。「よりグローバルに、よりタフに」というのはこうした「市民的エリート」を育てていくための梃子となるコンセプトであるが、ただそれは、いわば過渡期として強調されているメッセージであると私自身は理解している。すなわち、一〇年後くらいにはそうした資質が学生にとって自然なものとなることによって、もはや過去の言葉となっていることを期待したい。教育改革を含め、制度の改革というのは新たな変革のきっかけに過ぎない。制度の完成が目標ということでは、「遠くまで行く」べき大学が活力を持ち続けることは出来ないであろう。制度の改革は、本来的に、意識の変化や新しい発想・工夫を呼び起こす起爆剤となるべきものであり、このたびの教育改革の最大の目標は、そうした感覚が自然なものとして、教員、職員、そして学生の間で共有

されていくことにあると言っても過言ではない。

東京大学として育成すべき「市民的エリート」については第V章で触れているが、その概念だけを議論していてもイメージは深まりにくいかもしれない。少し視点を変えて、どのような学生を育てたいか、またどのような育て方をしたいか、という観点から眺めてみることが、そのイメージを、つまり、これからの東大生、東大の卒業生に期待される像を形作る上で有用であると思われる。

まず、どのような学生を育てたいか、ということでは、大学の「アドミッション・ポリシー」が重要になる。東京大学では、入学してくる学生はすぐに専門学部にすすむのではなくまず教養学部に入るためにアドミッション・ポリシーを作りにくかったが、二〇〇八年度の大学案内から初めて、求める学生像の輪郭が示されるようになった。さらに教育改革の全体的な議論と並行して検討の専門委員会が設けられ、二〇一二年七月に公表された二〇一三年度版の大学案内から、東京大学の教育理念や期待する学生像がいっそう明確にされた。それを、受験しようとする高校生を主な想定読者として毎年刊行している『東京大学で学びたい人へ』というタイトルの冊子（http://www.u-tokyo.ac.jp/stu03/pdf/daigakuannai2015.pdf）の中から、少し長くなるが引用しておこう。

＊　　＊　　＊

東京大学の使命と教育理念

一八七七年に創立された我が国最初の国立大学である東京大学は、国内外の様々な分野で指導的役割を果たしうる「世界的視野をもった市民的エリート」（東京大学憲章）を育成することが、社会から負託された自らの使命であると考えています。このような使命のもとで本学が目指すのは、自国の歴史や文化に深い理解を示すとともに、国際的な広い視野を持ち、高度な専門知識を基盤に、問題を発見し、解決する意欲と能力を備え、市民としての公共的な責任を引き受けながら、強靱な開拓者精神を発揮して、自ら考え、行動できる人材の育成です。

そのため、東京大学に入学する学生は、健全な倫理観と責任感、主体性と行動力を持っていることが期待され、前期課程における教養教育（リベラル・アーツ教育）から可能な限り多くを学び、広範で深い教養とさらに豊かな人間性を培うことが要求されます。この教養教育において、どの専門分野でも必要とされる基礎的な知識と学術的な方法が身につくとともに、自分のすすむべき専門分野が何であるのかを見極める力が養われるはずです。本学のカリキュラムは、このように幅広く分厚い教養教育を基盤とし、その基盤と有機的に結びついた各学部・学科での多様な専門教育へと展開されており、そのいずれもが大学院や研究所などで行われている世界最先端の研究へとつながっています。

期待する学生像

東京大学は、このような教育理念に共鳴し、強い意欲を持って学ぼうとする志の高い皆さんを、日本のみならず世界の各地から積極的に受け入れたいと考えています。東京大学が求めているのは、本学の教育研究環境を積極的に最大限活用して、自ら主体的に学び、各分野で創造的役割を果たす人間へと成長していこうとする意志を持った学生です。何よりもまず大切なのは、上に述べたような本学の使命や教育理念への共感と、本学における学びに対する旺盛な興味や関心、そして、その学びを通じた人間的成長への強い意欲です。そうした意味で、入学試験の得点だけを意識した、視野の狭い受験勉強のみに意を注ぐ人よりも、学校の授業の内外で、自らの興味・関心を生かして幅広く学び、その過程で見出されるに違いない諸問題を関連づける広い視野、あるいは自らの問題意識を掘り下げて追究するための深い洞察力を真剣に獲得しようとする人を東京大学は歓迎します。

＊　＊　＊

このアドミッション・ポリシーの中で語られているような資質を持つ学生が、「市民的エリート」の候補たる資格を持つと理解してよい。

入学試験のあり方として、推薦入試を構想したことも、こうした人材を求める道をいっそう多様化したいという思いとつながっている。二〇一六年度（平成二八年度）から導入される予定の推薦入試は、

「自ら課題を発見し、創造的に解決できる人材を見出し育てる」ことをうたい、従来型のペーパーテストで選抜される学生に加え、より多様な学生構成が実現されて学部教育がさらに活性化することを目指している。募集人員は、まずは一〇〇人という小さな規模であるが、高校在学中の多様な成果や外国語能力、留学経験・社会貢献など実績を示す資料に加え面接、大学入試センター試験の成績などを総合的に評価して選抜が行われ、選抜された学生には、入学後も早期に専門教育に触れる機会を提供するなど、その特性に配慮した教育が行われることになる。こうした選抜の手法は、かなりの手間ひまを伴うものではあるが、その成果を検証しながら、規模の拡大や、さらに新たな入試のあり方を考えていく、重要な第一歩となるはずである。

言うまでもなく、これまでのような質の高い内容を具えたペーパーテストの役割も、引き続き大きい。前掲の『東京大学で学びたい人へ』の中では、アドミッション・ポリシーを踏まえて、高校段階でどのような学習をしてきてほしいのか教科別にメッセージを出しているが、そこで求められているのは単なる暗記ではない。正確な知識はもちろんとして、それを基盤とした豊かな表現力や論理的な表現力、そして分析的な思考力や批判的な思考力などが、そこで期待されている。こうした力が、「市民的エリート」として成長するための基盤的な知的資質となるというのが、東京大学の考え方である。

では、こうした資質を持った学生をさらにどのように育てるのか。それは、卓越した研究の成果を踏まえた従来からの講義等に加えて、いまの総合的な教育改革の中で多方面にわたって新しい仕組みが導入されつつあることであるが、「よりタフに」という観点で言えば、知的なタフさは、何より、学びの質の向上・量の確保や主体的な学びの促進などにかかわる取組みの中で実現されていくはずである。また、キャンパスの外では、「タフな東大生の育成」の理念を実現するものとして、平成二四年度（二〇一二年度）から「体験活動プログラム」が本格的に動き始めている。大きく、国内プログラム、海外プログラム、研究室プログラムに分かれるが、最初の年度はプログラム件数は四七件であったものが、二五年度、二六年度には一気に一一〇件あまりに拡大し、参加者は三〇〇名を超えている。その内容を細かく見ると、ボランティアなどの社会貢献活動（学習支援、環境保全、医療・福祉・介護など）、国際交流体験活動（サマープログラム、語学留学、国際NPO活動など）、インターンシップ（企業、官公庁、地方自治体、NPOなど）、農林水産業・自然体験、地域体験活動（地域おこし、農山村漁村交流、青少年交流施設のプログラムなど）、フィールドワーク体験活動（本学附属施設でのフィールドワークや環境整備作業など）、バリアフリー支援体験活動（障害児・者への生活・学習支援など）、研究室体験などとなっている。

こうした体験活動については、参加学生たちへのアンケート調査などを踏まえて評価作業が行われており、自己理解の深化、将来への影響などでも高い値が示されているが、その評価報告書の最後に次のように記されている。「心理学や教育学等の領域では、人の生涯に亘る適応性の中核にグローバリゼーションに対する拓かれた態度なども含む社会的知性やレジリエンス（ストレスに対する打たれ強さ・弾力性）を据えて見る見方が一般化してきており、それらの発達に、どのような個人の経験が寄与するのかが、重要な研究テーマとして、近年、とみに真摯に問われるようになってきている。それこそタフでグローバルな東大生育成を目指す本事業は、これらの問題を実証的に、しかも長期的視座をもって、検討する機会を豊かに提供し得るものとも言え、そこでの知見が、東京大学における学生教育についてはもとより、広くこれからの大学教育のあり方全般に関しても有用な示唆をもたらし得ることが大いに期待されよう」、と。その通りであると考える。

「よりグローバルに」という観点では、とくに、学生の語学能力やそれと連動すべき積極的な表現力や行動力の育成、関連する知識の涵養や国際経験の機会の拡大といったことが課題になるが、ここでは、これからの東京大学の動きの基調にかかわると思われるような事例を、いくつか取上げておこう。

東京大学のすべての学生の基本的な英語能力の強化という意味では、教養学部で一年生全員が一学期間を必ず履修しなければならないアカデミック・ライティング・コースの意義は大きい。二〇〇八年からまず理科生向けのＡＬＥＳＳ（Active Learning of English for Science Students）のプログラムが始まったが、二〇一三年からは文科生向けのＡＬＥＳＡ（Active Learning of English for Students of the Arts）のプログラムもスタートした。

その趣旨は、今日のグローバル化の時代にあっては、「読解・翻訳」という受動的な能力を培うだけでなく、「世界の人々と共に議論し世界の人々に創見を説くことが求められ、そのためには『書く・話す』という能動的（アクティヴ）な能力の涵養が必要にな」るという認識に立って、「学術論文作成法の基礎（分析的思考、論理的文章構成、また説得力ある表現法）をシステマティックに形式化し（『アカデミック・ライティング』）、その形式を、実際に研究を行いながら、応用して身につけていくこと」にある。ネイティヴ・スピーカーが担当する少人数クラス（一クラス一五名程度）の授業であるが、その授業の具体的なすすめ方は次のように説明されている。「理科生（理科Ⅰ、Ⅱ、Ⅲ類）全員が履修するALESSでは、受講生が自ら考案・実施する科学実験を題材にしてIMRaD（Introduction, Methods, Results, and Discussion）という、世界標準の形式にそって論文を執筆します。また、国際研究会議などの参加に必要な口語発表や質疑応答のスキルも身につけます。一方、文科生（文科Ⅰ、Ⅱ、Ⅲ類）全員が履修するALESAでは、様々な学術テーマや文章形式で論理的な文章を執筆し、高度なプレゼンテーションやディスカッションを行う方法を学びます。」

専門学部では、英語教育はそれぞれのやり方に委ねられているが、その中でよく活用されている取組みの一つは、工学部の「スペシャル・イングリッシュ・レッスン（SEL）」であろう。これは二〇〇五年度から始まってすっかり定着しているが、学外の英語学校とコラボレーションすることにより、キャンパス内で遅めの時間帯にかつ比較的に低めの受講料で、会話能力を含む総合的な英語力の向上を図る機会を設けている。全学にも開かれているので、このシステムを利用する他学部生も少なくない。

このほかの全学的な仕組みとして、二〇一四年度から本格的にスタートしたグローバルリーダー育成プログラム（GLP）は、選抜方式という面でも教育内容の面でも、新たな教育スタイルを目指すチャレンジである。このプログラムの目標は、文字通りに、日本という枠を超えて世界のさまざまな領域で先導的な役割を果たす人材を育成することにある。学部前期課程で行われるGLPⅠと後期課程で行われるGLPⅡの二段階に分かれており、前者では、日本語・英語にくわえて中国語をはじめとする三か国語を使いこなせる教育をするトライリンガル・プログラムやグローバルな視点を養う教育などを行い、後者では、グローバルリーダーとしてのグローバル教養と実践的課題解決力を身につける分野横断型の特別教育プログラムを提供して、海外有力大学のサマースクールへの奨学金付き短期留学も組込んでいる。まずGLPⅠが始まったばかりで、入学試験での英語成績最上位層の学生から履修者を選抜しているが、高い競争率となった。一般的にも、英語教育では習熟度別授業が始まっており、学生たちの間で高い英語レベルへの関心が強まっていることを感じる。

海外留学については、日本社会全体としては留学する者の数は、二〇〇四年をピークに二〇一一年には七割程度まで大きく減少しているが、東京大学の学部学生の場合は、この間、年によって変動はあるもののとくに減少傾向は見られず、二〇一二年からは顕著に増加の動きをみせている。従来、一学期や一年といった単位で留学する者の数は必ずしも多くはなかったが、これは、東京大学の授業水準が海外の有力大学と比べても遜色ないことや、求められる修得単位数の多さなども関係していたと思われる。しかし、近年はグローバル化への関心の高まりによって、留学説明会の様子などを見ても、留学に対する希望者は急速に増加している。二〇一五年度からの四ターム（学期）制の導入をはじめとする教育改革は大きな促進効果を持つであろう。また、こうした段階を迎えて、全学的な交換留学のシステムを強化していくことは重要な課題である。すでに各学部・研究科でそれぞれ数多くの交換留学協定が活用されているが、これらを協定の性格に応じて全学的にカバーできる体制に移行させることで、制度の合理化と学生のよりスムーズな流動を図りつつある。

学生の国際経験の最初のきっかけを作るという点で、サマープログラムは効果的である。二〇〇八年からの実績を持つものとして、ＩＡＲＵ（International Alliance of Research Universities: 国際研究型大学連合。加盟校は、オーストラリア国立大学、スイス連邦工科大学チューリッヒ校、シンガポール国立大学、北京大学、カリフォルニア大学バークレー校、ケンブリッジ大学、コペンハーゲン大学、オックスフォード大学、東京大学、イェール大学、である）をベースに提供されているサマープログラム（IARU Global Summer Program）があるが、各校が互いに学生の派遣・受入を行って集中的なプログラムを実施しており、毎年三〇名程度の東大生が参加している。このプログラムの中でトップ大学の学生に混じって濃密な時間を過ごすことの効果は大きい。また、海外大学のサマースクールに参加する学生の数も増えており、教育効果を高めるために、東京大学の教員が海外の提携大学と一緒に夏期派遣のための短期プログラムを設計するという取組みも始まっている。

海外留学のための一つの課題は奨学金であるが、政府・財団・民間の奨学金も増えており、最近では、官民協働海外留学支援制度、いわゆるトビタテ！留学ＪＡＰＡＮ日本代表プログラムの制度も始まった。東京大学でも海外派遣奨学事業の仕組みが従来からあるが、二〇一三年からは「東大生海外体験プロジェクト」がスタートした。これは、さまざまな分野で活躍している卒業生が自ら積極的に立案してすすめているプロジェクトで、年間四〇～六〇名程度の参加を目標に、海外企業体験活動や海外短期サマープログラムへの参加を支援している。また、東大のアメリカにおける教育研究活動を財政面から支援するために作られたFriends of UTokyo, Inc.（FUTI）が、東大とアメリカの大学相互の短期留学生に対して奨学金を提供している。このように、学生が国際経験をするための奨学金を卒業生が支援しているケースは他にもある。卒業生が頑張る現役学生を応援するという文化が広がってきているのは、素晴らしいことである。

アメリカの有力大学では、学部学生が在学期間中に、留学、インターンシップ、ボランティアなどを外国で行うことを奨励しており、そうした活動をする学生の割合が半数を超えている大学もある。東京大学も「世界的視野をもった市民的エリート」を育成するためには、積極的にそうした方向を目指すべきであると考える。私の任期中の活動方針を定めた『行動シナリオ』では、「二〇一五年までに全ての学生に海外留学・派遣を含む国際的な学習・研究体験を提供する」ことを目標の一つに掲げているが、秋季入学や今後の教育システムの在り方について検討をくわえた『入学時期の在り方に関する懇談会』の報告書（二〇一二年）（巻末資料2）では、この目標の具体的な将来イメージとして、すべての学生に"Significant International Experiences"をという観点から、単位取得を伴う海外留学を行う者が全体の一〇～一五％、サマースクール等のその他の海外体験をする者が二〇～三五％、そして、その他の学生にも学内での留学生との交流などによる国際体験を、という数字を提案している。二〇一五年時点ではまだそこまでは至らないかもしれないが、こうした数字が夢物語ではなく具体的な射程に入る環境を、いまの教育改革は用意することになるはずである。

■世界に開かれた大学として

これまで東京大学は、大学院段階では比較的に多くの留学生を受け入れてきたが、学部段階では留学生の数はごく限られていた。ちなみに、留学生比率は、二〇一四年度で大学院では一六%、学部では一・七%、二四〇名あまりにすぎない。これは、研究重点大学の一つの特性とも言えるが、学部段階での国際化をほとんど意識してこなかったことの表れでもある。とくに、東京大学は優秀な日本人学生を安定的に確保できたという特有の歴史的事情もあり、学部段階で留学生を積極的に受け入れるための施策をとる動機もさほど無かったと言える。しかしながら、東京大学が「世界に向かって自らを開」く(東京大学憲章前文)という立場からすれば、学部教育も例外たりえないし、とくにグローバル化によって国境の垣根が低くなっていくこれからの時代にはなおさらであろう。また、日本社会で少子高齢化がすすみ一八歳人口が減少していく中、海外からも優秀な学生を積極的に受け入れていくことは東京大学の競争力にとってますます重要になっており、学生間の多様性をさらに拡大していくことで活力を増すことも不可欠である。これらの意味で、とくに学部段階における留学生受け入れをどのようにイメージするかは、これからの東京大学の姿を描いていくうえで重要な要素となるものである。

こうした観点に立つ時、二〇一二年秋から学生たちを受け入れ始めたＰＥＡＫの経験は貴重である。これは、Programs in English at Komaba, つまり教養学部英語コースということになるが、前期課程に「国際教養コース」（International General Education Program）が設置され、そこから後期課程に設置される「国際日本研究コース」（International Program on Japan in East Asia）あるいは「国際環境学コース」（International Program on Environmental Sciences）に進学する。書類と面接審査によるアドミッション・オフィス（AO）入試により選抜を行い、毎年二〇～三〇名程度を受け入れている。学生たちの国籍は多様であって、最近では一五前後の国と地域に上る。入学試験で要求されている成績のレベルは、ＳＡＴのスコアで比較してもアメリカの有力大学の入学者とほぼ同じレベルであり、かなりの優秀な学生を受け入れることが出来ている。まだ限られた規模ではあるものの、海外に教員が出かけての広報活動や、海外であるいはスカイプなども活用した面接、さらに奨学金の活用も含めた世界の有力大学との学生獲得競争など、これから東京大学が直面するであろう時代を先取りしているところが少なくない。東京大学としては、こうしたプログラムを拡大していきながら、得られる経験をノウハウとして蓄積し活用していくことが、世界の知の拠点としての質をさらに高めるために必要なことである。

このほか、各学部段階での取組みとしては、理学部でGlobal Science Course（GSC）が二〇一四年一〇月に、いわゆる秋季入学としてスタートする。これは、同学部化学科が優秀な学生を世界中から募集し、三年次に編入させて英語のみで行われる授業を受講して卒業できる仕組みである。この授業には日本人学生も参加することが出来る。定員五人という小さな規模であるが、こうした学科単位からの展開も、全学的な国際化への取組みと並行してすすんでいる。

また、今後、海外の学生を受け入れるサマースクールの拡充も積極的にすすめられるべき課題である。すでに数多くのサマープログラムが外国人学生にも開かれているが、例えば、理学部で行われているUTRIP（University of Tokyo Research Internship Program）は海外の有力大学の学生から選抜して（競争率は一五倍にもなると聞く）、高い水準の授業や研究に触れる経験をさせ、同時に、日本語や日本文化に触れる機会ともなっている。日本への本格的な留学前に海外の学生にそうした経験を持ってもらうのはよいし、ここに日本人学生もかかわれば大いに刺激を受けるはずである。また、「知の構造化センター」で行われている「東大イノベーション・サマープログラム」は、海外からの参加者、東大生、社会人参加者が混じり合ってケース・メソッドやワークショップ、現場体験などの手法も取り入れながら、ポップカルチャーや東北復興など日本でしか経験できないようなテーマを扱うプログラムを提供しているが、海外からの競争率が一〇倍以上という人気プログラムであり、異文化理解、異分野理解といった点での教育効果が高い。こうした多様な工夫をくわえながら、今後の海外向けサマースクールが充実されていくことになるであろう。

海外から優れた学生を呼ぶためには、海外に、とくに若い世代を始め学習意欲を持つ人々に、東京大学の学術の姿をもっと見せていく工夫が求められる。そうした試みの一つとして、ＭＯＯＣ（Massive Open Online Course: 大規模公開オンライン講座）の活用も効果がある。二〇一三年に日本の大学として初めてＭＯＯＣの活用を始め、コーセラ（Coursera）とエデックス（edX）のプラットフォームを利用している。当面は、そこで得られる収入というよりも、東京大学の学術の魅力を海外発信することの意味が大きい。最初にスタートした二つのプログラムは、村山斉教授の“From the Big Bang to Dark Energy”と藤原帰一教授の“Conditions of War and Peace”であるが、それぞれ一五〇前後もの国と地域から延べでおよそ三万人から五万人の登録者があり、修了書を得た者も前者が約三七〇〇名、後者が約一六〇〇名となっている。キャンパスの通常の授業ではとても考えられない規模である。こうしたシステムが発展していけば、大学の枠はもちろん国境の枠が消え、学生を世界中から惹き付けることが出来るであろう。コーセラではさらにこれから、“Interactive Computer Graphics”, “Welcome to Game Theory”といった講座、エデックスでは“Visualizing Postwar Tokyo”という講座がスタートする。

これからの時代は、海外人材の育成に関して、こうした多様な形態による学術の魅力の発信とあわせて、さらに組織的で戦略的な取組みを求めていると言うべきである。高等教育のグローバル化のビジョンと戦略について総長に提言することを目的に、二〇一三年度に開催された「グローバル化時代の知識と経済」懇談会（座長・濱田純一総長、事務局長・北森武彦副学長）は、人が生み出す知識こそ産業経済や社会を支えるという知識基盤経済（Knowledge Based Economy）の視点を踏まえた日本の高等教育の世界への貢献という観点から、世界の多様な大学の性格に応じて、戦略的パートナーシップの構築等による学生の恒常的な交流・循環サイクルの確立、アジアのハブとなる大学として優秀な学生の受け入れ、現地大学への教育プログラムの提供、さらに現地キャンパスの設置可能性の検討など、産学官が連携した東京大学の先導的な取組みを提言している。

※「グローバル化時代の知識と経済」懇談会のメンバーは次の通りである（肩書は当時。敬称略）。伊藤隆敏（東京大学公共政策大学院長）、長我部信行（株式会社日立製作所中央研究所長）、加藤重治（文部科学省国際統括官）、河合正弘（アジア開発銀行研究所長）、岸本喜久雄（東京工業大学大学院理工学研究科工学系長・工学部長）、北森武彦（事務局長・東京大学副学長）、斎木尚子（外務省国際文化交流審議官）、ステファン・ノレーン（東京大学総長室顧問・前駐日スウェーデン王国大使）、田中明彦（独立行政法人国際協力機構（JICA）理事長）、橋本周司（早稲田大学常任理事）、濱田純一（座長・東京大学総長）、藤田博之（東京大学生産技術研究所教授）、藤山知彦（三菱商事株式会社常勤顧問）、松田譲（協和発酵キリン株式会社相談役）、森本典繁（日本ＩＢＭ株式会社東京基礎研究所長）、安永裕幸（経済産業省大臣官房審議官（産業技術・基準認証担当））

このように「世界に開かれた大学」としての性格が強まっていく中で、「世界共通語」である英語によって提供される授業の割合をどのような規模にしていくのか、十分な議論が必要である。たしかにグローバル化という課題は重いものの、東京大学として何より重視すべきは学術の水準である。英語を含め外国語をどのように、どの程度活用するかは、こうした水準を高めつつ東京大学が「世界の公共性に奉仕」することが出来るか、という観点から判断されるべきことである。

一般的に言えば英語で提供される授業はさらに増えてよいであろう。英語による授業科目数は、二〇〇九年度に三二一（学部五九、大学院二六二）であったものが、二〇一三年度には八九七（学部二四八、大学院六四九）となっている。約二・八倍である。二〇一〇年に私の任期中の活動指針である『行動シナリオ』を作成したときには、二〇二〇年に三倍増という目標を掲げていたのだが、この想定を大きく上回るペースで授業科目数が増えている。ただ、単純にすべての授業を英語化するという目標が適切ではないことは言うまでもない。学部段階において優秀な学生を育てていくにあたって、国際的な環境の中で研究成果の水準が問われることの多い自然科学的な学問分野にあっても、理解の確実性や効率性、論理的・分析的な知的訓練といった点で、なお、日本語が重要な柱であり続けるところは少なくないであろう。また、日本語という国語、あるいは日本的な文化や生活・意識の上に組み立てられた国内的な性格の強い学問分野は、日本語の基盤の上でさらに研究や教育を深化させていくべきことはもちろんである。それによってこそ、日本の学術の魅力や日本社会の知的な土壌が確実に涵養されていくと考えられる。もっとも、こうした分野であっても、概論的ないし導入的な授業を英語で提供するという考え方はありえてよい。それによって海外の学生たちが関心を持つきっかけを作り、そうした動機付けを受けて意欲的に日本語を学習し、さらに奥深い学習や研究の世界に入るという期待を持つことが出来るであろう。

グローバル化の議論の中ではっきりさせておかなければならないのは、将来の東京大学の姿は米英のモデルを単純に追い求めるものではないということである。二〇一三年三月、東京大学における学術の在り方について総長に提言を行った「学術企画検討ワーキング・グループ」の報告書（後述五二ページ参照）は、今後の東京大学の国際化のあり方に関して、「指標の増大を図る国際化」を超えて「質的な国際化」をすすめるべきであるとしているが、その趣旨として、「百数十年に及んで培ってきた独自の文化としての学術を基に、世界の学術に貢献していくという視点が重要」であり、「作られた物差しに合わせて発展するのではなく、自らの存立基盤に立脚しながら、世界と連携し、世界標準となる新しい物差しを創っていくこと」こそが真のグローバル化の実現に貢献すると述べている。日本語を基盤に、また英語を共通語的なツールとして使いこなしつつ、さらにさまざまな言語をも活用することによって、それぞれの言語環境の下で育まれた多様な知識や思考やアイデアの坩堝の中で学術の最先端を目指すことが、東京大学のあり方として相応しいと私は考えている。

Column

「使用者　東京大学総長」

二〇一四年の初夏、東大農学生命科学研究科附属の秩父演習林を訪れた。といっても、「公式訪問」ではない。大血川周辺や栃本周辺に広がる広大な演習林には、これまでも山歩きの途次でたびたび「非公式訪問」をさせていただいている。秩父の演習林は、もともとは一九一六年（大正五年）に大滝村の民有林を購入したものだという。その山中をいくつかの登山路が走っていて、山登りや渓流釣りをする多くの人々に愛好されている。奥秩父の山々はかつて深い原生林で知られていたが、大規模な伐採のためにかなりの地域で奥深さが失われ、いま演習林が森林保護の役割を果たしているところがある。

このたび訪れたのは、演習林の学生宿舎がある川又（川俣、とも表記される）という場所から入川沿いに延びている、俗に入川軌道跡と呼ばれている山道である。名前の通り、かつてここには木材を運び出す森林軌道が走っており、現在でもその痕跡のか細いレールや枕木が残っている。軌道跡なので勾配もさほどきつくなく、やがて荒川につながっていく入川の流れを横に見つつ、瀬音を聞きながらの気持ちの良い散策路と言ってもよい。

もっとも、本来の目的はあくまで森林管理のための道である。川又付近の軌道跡入り口に、落石等の危険の告知や「事故等が起きても当演習林では一切の責任を負いません」という標識が建てられている。別のところには、「熊出没」の注意書きもある。軌道跡の道は東大の所有地と記されているが、入口部分は国有林になるようで、国との契約によって借り受けている旨の表示があり、そこに、「借受人　国立大学法人東京大学農学系事務部長」と記されている。もっともな記載である。ただ、以前はこの標識には、ほぼ同じ様式ながら、「使用者　東京大学総長」と記してあった。これは有難かった。以前のままの表示の方が、私もさらに遠慮無く歩けたのにと思う。この道は、ずっと行けば、十文字峠を経て信州へ抜けることもできるが、一〇時間を超える長い行程である。私はまだ辿ったことがない。

演習林と言えばもう一つ私に馴染み深いのは、北海道演習林である。こちらは、「公式訪問」をした。実に広大な地域にわたっていて、見渡す限りが演習林という表現も誇張ではない。こちらはさらに古くて一八九九年（明治三二年）に内務省から移管を受け、林道総延長は何と九〇〇キロを超えるという。富良野の街からほど近く、テレビドラマ「北の国から」の舞台となった麓郷地区を抱え込むように広がっており、この演習林の林長を務めた高橋延清教授の「林分施業法」という手法を活用して森林管理を行っていることで知られている。これは、演習林のパンフレットによれば、「樹木の密度や種類・大きさ、天然更新の良否などでいくつかの森林タイプ（林分）に区分し、伐採や造林（施業）は林分の状態に応じて行」う、「再生可能な自然資源の利用と生態的機能の保全とを調和させる森林管理の方法」である。実際、林道のどこを走っても見事な森が形成され管理されている。

この演習林の中で標高の一番高い山が「大麓山」（一四五九メートル）である。これは、東京大学の第五代目総長であった菊池大麓博士の名前からとったもので、この総長の時期に演習林が発足したということだ。登りやすい山で、上の方はハイマツ帯になり、少し開けた山頂からは真正面にどっしりとした富良野岳を望むことが出来る。頂上から少し降りたところには、雪田も遅くまで残っている。

山名に名を残す総長と、頑張っても「使用者」にとどまる総長。どうも貫禄に差があるようだが……。

■知を担う人、場

国際競争力の高い教育や研究を担っていく上で、教員のクオリティが決定的な意味を持つことは改めて言うまでもない。東京大学は、その誕生以来の経緯に恵まれて、卓越した水準の教育研究、教員、そして学生が、好循環で学術の発展を担保してきた歴史を有している。重要なことは、これまで経験しなかったような新しい状況に直面して、こうした好循環をいかにして確保し続けるかということにある。その状況とは、定員削減の流れであり、基盤的予算の削減と競争的資金等外部資金の割合の増加であり、また、業務の増加や複雑化であり、さらには、グローバルな競争の激化である。

東京大学の財務構造として基盤的経費の減少を外部資金でリカバーしていることは先に触れたが、外部資金は一般に期限付きであるために、その資金によって雇用される教員も任期付きとならざるを得ない。基盤的予算の減少によって影響を受ける一般の教員（国立大学法人化後は、定員の観念に変えて採用可能数という観念が用いられている。この採用可能数に基づき定年までの雇用関係が想定されている教員を、ここでは「一般の教員」と呼んでおく）の活力を、こうした任期付き教員の活力と組み合わせて大学全体の総合力を最大化する工夫をしなければならないのが，いまの，そしておそらくはこれからの東京大学の姿である。かつてのように，一般の教員だけで教育研究の水準を担保できる時代ではない。

任期付き教員についても優れた研究者を確保できていることは，東京大学の強みであり，また任期付き教員も任期終了後に活発に流動してキャリア・アップしていくことにより，東京大学のみならず日本の大学・研究機関や，さらには世界の知の活力を向上させることが可能になるであろう。ただ，他面では，任期付きであることが雇用の不安定化につながり，とくに若い人たちの間に研究者となることへの意欲を減じている面がある。東京大学に限らず，学術の世界が活力を持続するためには，何よりも若い人たちの研究への夢を励まし，安心して研究に打ち込める環境を整備することが絶対的な条件である。研究者の流動性は知的コミュニティの活性化に重要なことであるが，その前提として，適切な評価を踏まえて流動性が安定的に保障される仕組みが社会に確立されていかなければ，研究者個々人にとってはもちろん，日本の学術の持続的発展にとっても，深刻な影響が生じることは疑いない。こうした課題について，研究重点大学や独立行政法人の研究機関などの間で議論が始まっているが，人材が開放的に流動していくための一種のプールのようなシステムに向けた取組みについては，政府サイドでも，若手研究人材や研究支援人材などに関して大学等でコンソーシアムを形成することにより，キャリア・アップや交流を促進し人材の質を高めていこうとする構想があると聞いている。日本が真に知識基盤社会として世界の中で存在感を持とうとするのであれば，こうした取組みは，もっと社会的に注目され，もっと社会的に支援されてよい。

一方、一般の教員についても、人員減にくわえて競争的資金の獲得や業務の複雑化で、教育研究時間をいかに確保していくかが大きな課題である。教育については、現在の総合的な教育改革に見られるように、世界の有力大学と競争協調していくためには、よりきめ細かな教育が不可欠な状況にある。そうした場面で、若手育成ということも意識しながらＴＡ（Teaching Assistant）をさらに活用したり、外部の非常勤講師や退職教員などへの協力依頼をシステマティックに行っていくことも求められるであろう。また、研究面では、ＲＡ（Research Assistant）に加えて新たに制度実験も始まったＵＲＡ（University Research Administrator）の本格的な活用によって、研究資金への応募や管理、研究成果の活用などの業務を担ってもらう仕組みを早急に整備していく必要があり、東京大学でもＵＲＡの業務の基本方針を定めて研修の実施などもすすめている。こうしたＴＡやＲＡ、ＵＲＡが大学の中で存在感を持つことによって、これからの大学の姿は相当に変化し、合理的な業務の分担や教育・研究人材の育成もすすんでいくことが期待される。また、一般の教員の本来業務の一つである、管理運営にかかわる事項についても、会議や意思決定の思い切った合理化を図っていくことが、教員の時間を生み出すためにさらに取組まなければならない課題である。そのような取組みは、職員の企画力や自発的な活力を伸ばしていくことにもつながるであろう。すでに東大採用職員からの理事も誕生しているし、職員の潜在力は大きい。言うまでもなく、学術の自由で自律的な発展を担保する大学の自治のためには、教育研究だけでなく管理運営についても教員が見識ある議論をし、高い意識を持つ必要がある。これは、知的コミュニティという場における学長のガバナンスを支えていく上でも、不可欠の事柄である。これまでの自治を担ってきた構造を、いかにして、新たな形のより現代的な合理性を高めた仕組みに変化させていくことが出来るかに、大学の自治の未来がかかっているところは大きい。

任期付き教員の中でも最近は任期規則に基づく者も増えてきているが、雇用契約上雇用期間を付されて特定のプロジェクトや職務に従事する特任教員という立場の教員の役割が、東京大学の中でも高まっている。職員についても、特任職員の割合が顕著に増加してきている。その背景は前述した通りであるが、教員の場合を見ると、二〇一四年度時点で、一般の教授・准教授が約二二〇〇名に対して特任の教授・准教授は二七五名である。助教では、一三七〇名に対して約五〇〇名となっている。特任教授・准教授については、これまでの実践的なキャリアを生かして研究業務に従事しているケースも多く、それは大学に対する社会のニーズの多様化の反映とも言える。これからの東京大学にあっては、これらの特任教員、特任職員も含めて大学としての総合的・有機的なまとまりをいかに実現していくのか、それによって東京大学の力をいかに最大化していくのかということを、真剣に構想することが不可欠である。なお、教員の身分という観点からすれば、優れた教員について、他の大学や研究機関、さらには企業と共有する仕組みが広がりつつある傾向も、今後の大学教員の一つの姿として積極的に人事構想に取込むべきであろう。二〇一三年から東大教員の身分と他大学・研究機関との身分を共有して勤務割合（エフォート）に応じた給与を受け取る「クロス・アポイントメント」の制度がスタートして、すでに一〇件を超える実績が生まれている。この仕組みは、海外大学の教員の招聘にも応用できる。ちなみに、このようにして生み出された人件費差額分は若手ポストの確保に活用されており、この点では、二〇一一年から導入され利用がすすんでいる教授（特例）ポスト制度も、一般の教授が年俸制に移行することにより、若手ポストの雇用財源を生み出す工夫を支えている。このように、教員の雇用形態は、年俸制のいっそうの活用も含め、これからもさらに多様化していく傾向にある。そうした多様化を個々の教員の能力の発揮の機会につなげるとともに、教員の多様性を大学全体の活力の強化に結び付けていくために、改めて意識的な工夫が求められる時代となっている。

教員の質向上という点では、これまでの感覚で言えば学生とのやりとりによって鍛えられていくことも多く、いますすめられている教育改革は、そうした部分を強化する面も有すると考えているが、より直接的に教員の教育能力の向上を目指すＦＤ（ファカルティ・ディベロップメント）の重要性も高まっている。東京大学でも方針を設けて、個人、教育部局、全学とさまざまなレベルで活動が行われている（http://www.todaifd.com）が、その一つとして、二〇一三年からフューチャーファカルティプログラム（FFP）が、大学総合教育研究センターの手でスタートした。これは、「大学の教壇にたつために最低限必要な教育技術を集中的に学び実践することをめざした」教育プロジェクトであり、大学教員を目指す大学院生向けに提供されている。こうしたプログラムで教育力を鍛えられた若い人たちが新たに大学教員の世界に入っていくことで、その力が伝統的な教育力の良さとミックスされて、次の時代の教育の姿を作っていくはずである。また、これはすでに一部の学部・研究科において実施されているが、教育に貢献した教職員を表彰する制度を全学的に展開していくことも、これから考えられてよい。

ところで、大学というのは、一つの場、空間である。大学の活動としての教育や研究、さらに診療や社会との連携の水準は、その活動が行われる場、空間のクオリティに大きく依存している。

東京大学の主要キャンパスは、本郷、駒場、柏の三つであり「三極構造」と呼ばれているが、本郷は専門領域の継承とさらなる発展を目指すキャンパスであり、医学部附属病院もここにある。駒場は教養教育と学際的な教育研究を行うキャンパス、また柏は、学融合、つまりこれまでの学問分野の組み換え・再編成も視野において先端的な教育研究を行うキャンパスである。駒場にはいわゆる駒場第二キャンパスがあって、研究所を主体としているため「駒場リサーチキャンパス」と呼ばれることもあり、また白金台キャンパスには伝染病研究所以来の伝統を持つ医科学研究所が存在する。この他にも東京大学の施設は日本全国に、さらに世界の各地に設けられており、こうしたキャンパスや施設の存在があって初めて、「遠くから来て、遠くまで行く」学術の継承と発展を高い水準で確保していくことが可能となっている。それだけに、大学運営にとっては、教育研究の内容それ自体とともに、場、空間の整備・質の向上は、きわめて大きな関心事である。

国の財政事情が厳しい中で、建物などを新築する施設整備費はきわめて限られた状況にあるが、それでも耐震工事とあわせて別財源の資金を準備し、建物施設の大規模な改善を行ったり、あるいは大きな寄付のおかげで教育研究の重要な基盤となる建物の建築が可能となっている。ここ五年ばかりの間にも、寄付により竣工した建物として例えば、赤門の本郷三丁目寄りにある伊藤国際学術研究センター、その隣の経済学研究科の学術交流研究棟（小島ホール）、弥生キャンパスにある農学生命科学研究科のフードサイエンス棟や山中寮内藤セミナーハウスなどがあり、また最近、春日門を入ったところに情報学環のダイワユビキタス学術研究館も竣工した。いずれも、教育研究の卓越性を実現するにふさわしい、きわめてクオリティの高い建物である。法学部三号館（法学部研究室）の建物も、寄付を耐震改修の際に活用して研究室・書庫等の整備を図っている。また、今年竣工した、弥生門に近い工学部新三号館の建物は、ＰＦＩ事業（Private Finance Initiative: 民間資金等活用事業）の仕組みを活用したものであり、工学系の最新の建物らしい高い機能と、安全・環境への配慮が行き届いている。本郷キャンパスではいま、このほか、安田講堂の耐震改修が行われているが、これによって安全性と文化財としての価値を一段と高めた姿が来年には披露されるはずであるし、また、総合図書館前の広場では、地下四〇メートルの大規模な自動化書庫と、「アカデミック・コモンズ」と仮に呼んでいる、能動的な学習・研究活動支援のスペースを作る工事が着々とすすんでいる。この地下図書館の構想は、文系強化のために関係部局長がボトムアップ型ですすめていくという枠組みでスタートしたものであるが、確実に実現への道を歩んでいることを嬉しく思う。この地下施設の建築とあわせてこれまでの総合図書館の機能強化も図られることになるが、これらの拡充によって、文科系に限らずあらゆる分野の学生が図書館施設をより能動的・主体的な学習のために活発に活用していく、つまり未来の学術が生まれる中核的な空間となるであろう。

駒場キャンパスでは、「理想の教育棟」プロジェクトの実現である21ＫＯＭＣＥＥ（Komaba Center for Educational Excellence）を始めとした整備がすすんでいる。「ゼロ・エネルギー・ビル」のコンセプトを組込んで、一期工事の建物は寄付も活用して出来上がり、続いて今年、二期工事も完成して、「スタジオ」タイプの教室が設けられＩＣＴを活用したアクティブ・ラーニングなど新しい教育方法が積極的に試みられる場となっている。開放型のスペースが設けられていることも、学生同士あるいは学生と教員との間の議論を活発化させる空間となることであろう。学生のための新しい厚生施設が整備され、以前の建物も建て替えがすすむなど、時計台周辺から銀杏並木にかけての落ち着きを残しながら、同時に、学生たちが高校から大学にすすんで、頭をリセットして大学での学びへの意欲を自然とかき立てられるような近代的な環境が着実に整いつつある。これからの数十年にわたる駒場キャンパスの風景は、かなりの部分が仕上がってきたと言える。

また、柏キャンパスも、大気海洋研究所の中野キャンパスからの移転が完了して賑やかになり、さらに同キャンパスの北側土地には、生産技術研究所の一部などの移転が予定されていて、キャンパスの相貌はさらに変化して東京大学の活力を高める重要な要素となっている。社会実験型の地域連携、産学連携を視野においた柏の葉駅前キャンパスも、「フューチャーセンター」という名称を冠した建物が二〇一四年に出来上がり、民間ですすめられている周囲のホテルや会議場、商業施設・オフィス、住宅などの開発と一体になって、東京大学の「フューチャー」の新しい顔を見せていくことになるはずである。柏キャンパスの今後においては、さらに多くの学生たちが、この新しいキャンパスで過ごす機会を増やす工夫が出来るとよいであろう。「国際教育型キャンパス」といった構想も議論されており、そうしたアイデアを取込んでいくことで、柏キャンパスはさらに大きな展開をしていくはずである。

言うまでもなく、新しい建物を作るだけでなく、これまでの伝統ある建物をしっかり維持管理し、良好な状態で次世代に引き継いでいく必要がある。全体に財源が厳しくなる中で維持管理費用の捻出もますます困難になっているが、東京大学では築後四〇年以上を経た建物が三〇％を越えており、計画的に補修費を確保できるように二〇一三年度から施設修繕準備金制度を導入している。同時に、CO_2排出量の削減という世界的な要請にくわえて近年のエネルギー事情もあり、新規建物・既設建物を問わずエネルギー使用量の削減は、きわめて重要な課題である。この点では、従来から環境負荷の軽減に取組んでいるＴＳＣＰ室（東京大学サステイナブルキャンパスプロジェクト室）が活発に活動して、大きな効果をあげている。

こうした個々の建物の建築や維持管理だけではなく、キャンパス全体という観点から、未来と世界を見据えた大きな戦略のもとに建物整備計画をすすめていくことを、東京大学という歴史のある大学だからこそ、忘れてはならない。このため、まず主要キャンパスのあるべき姿についてキャンパス計画室において検討を深め、二〇一四年三月に、「教育・研究に係る構想を、キャンパスという有限の空間の中で総合的かつ戦略的に実現させるための基本理念および指針」として、「東京大学キャンパス計画大綱」を役員会で定めている。そこでは、主要キャンパスの歴史や環境、役割・特性などを考慮しながら、各キャンパスの整備をすすめていく大きな方向と手続きが定められており、これから先のキャンパス・イメージのかなりのところは、そこで見えてきている。この大綱の下に各キャンパスの計画要綱が策定されているが、そこに賭けている私の思いとして次のようなことを記したことがある。その思いはいまも変わらない。「一〇〇年後、このキャンパスに佇む人がどのような思いを持つだろうかと想像してみて下さい。そこに東京大学の精神は生き続けているでしょうか。その風景が、学生、そして教員、職員をはじめ、知を愛する人々を励ますものであることを願ってやみません。」

大学としての空間を論じる時に、学生宿舎・ロッジについても触れておくべきであろう。東京大学は以前から多くの宿舎・ロッジを保有しているが、今日の学生の生活ニーズやグローバル化の動きへの対応、さらにはこのたびの総合的な教育改革の理念なども踏まえながら、建替えや新築を積極的にすすめていくことが、喫緊の課題である。こうした宿舎・ロッジの整備状況によって、教育の将来はかなり影響を受けることになるであろう。基本的な課題は、生活設備のクオリティを高めること、共用の生活スペースを広げること、そして留学生向けのロッジの収容力を拡大することであるが、そうした中で、日本人学生と留学生が混住する形態を積極的に取り入れることは、今後の東京大学の学生宿舎・ロッジ整備の明らかな方向性である。すでに混住の形態がとられていた三鷹や豊島などの宿舎にくわえて二〇一〇年に完成した追分の宿舎も混住となっており、さらに現在一〇〇〇戸規模を目指して工事準備段階まで来ている目白台地区の計画では、広い敷地規模を生かして、日常生活や学習などさまざまな場で日本人学生と留学生・外国人研究者たちが交じり合う、グローバル化の時代に相応しいコミュニティが誕生するはずである。そして、そうしたコミュニティの存在が、将来の教育研究の姿と力を支えていくことにもなるであろう。また、総合的な教育改革の理念を踏まえて、ということで言えば、教養教育を担っている駒場キャンパスにも、周辺の街とも連続しながらオン・キャンパスの形で大規模ロッジが作れるとよい。PEAKなどで来る学生も含めて、留学生と大学に入ったばかりの学生たちが一緒に生活し、また学住一体となった広い意味での学びを、周囲の地域社会とも近いところで行うことは、じっくりとした形で教育の質そのものを変えていくであろうし、そこから知的な力と人間的な力、社会的な力が総合された「知的な総合力」というものが涵養されていくと考えている。

■ 遠くまで行くのだ。

東京大学の未来を定めるために取組まなければならない課題はなお多い。ここではほんの一部しか記すことが出来なかったが、それでも、東京大学がすすんでいくこれからの方向の一端は感じ取っていただけたであろう。

触れ残した大きな課題の一つに、大学院教育の強化の問題がある。研究重点大学として、学部教育の改革が着実にすすんでいく中で次にすみやかに取組まなければならないのは、このテーマである。大学院においては、近年、学部から博士課程までへの進学者数が減少する傾向が見られる。その背景には、さきに少し触れた研究者雇用の不安定化と見られるような状況や、また学問の魅力そのものに対する関心の薄れということも、ひょっとしてあるかもしれない。ただ、本書の随所で触れているように、学問をする、学問を深めるということは、人間としてはもちろん、社会としても、自らの質を高めていくことに他ならない。例えば近年、イノベーションという言葉が素朴に目標として語られることも少なくないが、日本の社会が真の意味で知的に成熟すれば、技術にしろ、経済にしろ、文化にしろ、イノベーションは日々至る所で生まれることであろう。そこに至るまでに個人と社会の知的な質を高めていくのが、大学院の役割である。

この点については、すでに、総合的な教育改革の一環である大学院教育強化の方向性として、大学院学生の質の向上、研究科間交流促進による横断的教育の強化、日本人学生の国際性向上、留学生や社会人を含む優秀な学生の獲得、大学院学生に対する支援体制の安定化、東大のリソースのさらに効果的な活用による大学院教育機能強化、などの論点が議論されている。このような課題に正面から取組むためには、研究科や専攻・学科を超えた教員・学生定員の柔軟化や修了年限の短縮・柔軟化、修士博士一貫制の推進といったことも必要になってくる。そして、こうした改革は、これまで学部と同様に専攻等の枠や定員という数に縛られてきた大学院教育の風景を、かなり変化させていく可能性もある。ただ、そうした変化の兆しはすでに生まれてもいる。例えば文部科学省が二〇一一年度から支援を始めた博士課程教育リーディングプログラムは、博士課程教育において広く産学官にわたりグローバルに活躍するリーダーの育成を図るプログラム構築を促そうとするものであるが、その多くでは、既存の専攻等を横断する形で育成目標に見合う学位プログラムの形成が想定されている。ちなみに、東京大学が支援を受けているこのプログラムは、テーマだけ並べると、サステイナビリティ学、ライフイノベーション、フォトンサイエンス、統合物質科学、ソーシャルICT、数物フロンティア、社会構想マネジメント、多文化共生・統合人間学、活力ある超高齢社会、である。いかにこれまでの専攻等の枠組みに囚われていないか、よく分かる。伝統的な専門分野の持つ根源的な力を確実に培いつつ、こうした新たな分野を挑戦的に開拓し、社会人も含めてより質の高い学生を大学院に惹きつけていくことによって学術の深化と多様化の好循環を活性化させることこそ、研究重点大学である東京大学の役割であろう。

大学に課された使命という点で言えば、東京大学の草創期には、「国家ノ須用」に応じる人材を育成することに目標が定められていた。しかし、第二次世界大戦後の東京大学の学術の根幹として意識されてきたのは、戦争終了直後に当時の南原繁総長が語った言葉を借りれば、「合理的な理性の自覚」であると言ってよいであろう。南原総長はまた、この理性は、「『世界精神』的な理性でなければなら」ない、とも述べていた。こうした考え方が、その後の数多の大学人の見識と良識の中で育まれて集約されたのが、東京大学憲章であると言える。すでにしばしば触れたように、その骨格にあるのは、「人間の可能性の限りない発展に対してたえず開かれた構造をもつべき学術の根源的性格」であり、それを踏まえて「世界の公共性に奉仕する大学として、文字どおり『世界の東京大学』となる」という姿勢である。いまそうしたことを、私たちは当然のこととして追求している。

しかし、「学術の根源的性格」に対するリスクが無くなったわけではない。「世界の東京大学」となるための障壁がまったく消えたわけではない。運営財源の面から来る制約がしばしば、学術の開かれた構造や世界の公共性を目指す活動を脅かしたり意気を阻喪させる可能性を持っていることは、この章でも触れた通りである。

けれども同時に、ひょっとしてリスクは私たちの意識の中にもあるかもしれないと考えることがある。「学術の根源的性格」よりも、あるいは「世界の東京大学」よりも、別の違った価値を、時に私たちは追い求めるということをしてはいないだろうか。大学としての最大の強さは、「学術の根源的性格」や「世界の東京大学」という価値にこだわり続けることからこそ生まれる。時代を超え、立場を超え、そして国境を超えて人々を結び付けていく力がそこにある。東京大学の学術企画及び全学的な学術研究支援のあり方を中長期的観点から検討し、総長への提言を行うことを目的として二〇一一年に設置された「学術企画検討ワーキング・グループ」（座長・谷口維紹特任教授）が、二〇一三年三月に『グローバル化時代における学術研究・人材育成体制の抜本的改革に向けて』という報告書をまとめている。今後の学内議論を喚起することを念頭にまとめられたもので、大学としての公式見解ではないが、そこには、「人間がより人間らしく生きるために必要な自然や精神の普遍性を究めるという発想」を学術の原点に置いて「学術の総合的・統合的展開」を課題として掲げるなど、東京大学のこれからの学術のあり方について示唆に富む数多くの洞察が含まれている。その一節において、政治や政策が大学のあり方そのものにも影響を与え得る状況においても、大学はそれに十分に対峙してその自主性や学問そのもののあり方を堅持できるのであろうか、という問いかけも発しているが、それに対する答えは、「学術の経験知の蓄積と継承のタイムスケールは政治的なタイムスケールをしばしば越える」という的確なフレーズである。

ここでの「継承」という言葉には、過去の蓄積を踏まえた未来の知の創造という活動も当然に含意されているであろうし、また、タイムスケールだけではなく、端的には国境線によって象徴されるような地理的な空間スケールにも言及されてよい。つまり、このフレーズをいま少し敷衍するならば、「学術の生理のタイムスケールや空間スケールは日常一般のタイムスケールや空間スケールをしばしば越える」、と言い換えることが出来るであろう。どのような困難に直面しても「遠くまで行く」ことを支え続けるのは、こうした学術や大学の本質に対する私たちの忠誠心に他ならないと信じている。

※「学術企画検討ワーキング・グループ」のメンバーは次の通りである（肩書は当時）。
清水孝雄理事・副学長（担当理事）、松本洋一郎理事・副学長（オブザーバー）、谷口維紹特任教授（座長）、五神真副学長（副座長）、新井洋由教授（薬学系研究科）、安藤宏教授（人文社会系研究科・平成二四年四月以降）、宇野重規教授（社会科学研究所）、川勝均教授（地震研究所）、熊野純彦教授（人文社会系研究科・平成二四年三月まで）、小関敏彦教授（工学系研究科・平成二四年三月まで・平成二三年度総長補佐）、佐藤薫教授（理学系研究科・平成二三年度総長補佐）、佐藤隆一郎教授（農学生命科学研究科）、高木利久教授（新領域創成科学研究科・平成二三年度総長補佐）、田中純教授（総合文化研究科・平成二四年一〇月以降）、中島隆博准教授（総合文化研究科・平成二四年九月まで）、林香里教授（情報学環・学際情報学府・平成二四年度総長補佐）、渡邊嘉典教授（分子細胞生物学研究所・平成二三年度総長補佐）

II

東日本大震災と大学、学問

二〇一一年三月一一日に発生した東日本大震災と大津波、そしてそれに伴う福島第一原子力発電所の事故は、私のこれまでの総長任期中でもっとも大きな社会的出来事でした。東京都内では震度五強を記録し、東京大学でもただちに災害対策本部が設置されて情報収集と緊急対応を行い、学生支援、損傷建物・設備の復旧や電力需給対策など学内的な措置とともに、被災地への医師の派遣や物資輸送など緊急支援活動にあたりました。四月には、救援・復興支援室が設置され、その後設けられた岩手県の遠野分室や大槌連絡所も活用しながら、今日に至るまで、学生・教職員によるボランティア活動や教員たちの専門を生かした研究プロジェクトなどを通じて被災地支援の活動を続けています。この章には、こうした動きの中で総長として出したメッセージの一部や講演記録などを収めました。

この震災直後に行われた平成二二年度の卒業式・学位記授与式及び平成二三年度の入学式は、震災による悲惨な被害状況や余震の危険性を考慮し、異例の措置として、学生からは代表者だけが参加して小柴ホールで小規模に実施しました。その折の告辞や式辞の内容は、このように深刻な事態に直面して、知識や科学に突き付けられた課題の重さ、そして問われた人間としての生き方に言及したものとなりました。それらも、ここに収めています。

生きる。ともに

——東京大学の救援・復興支援活動のスタンス——

二〇一一年五月二〇日

東日本大震災の発生から二月あまりが経ちました。震災・津波そのものの惨禍にくわえて、福島の原子力発電所の事故による避難生活や不安もまだ続いています。被災された方々や地域への救援活動はなお継続されなければなりませんし、復興を目指す国や自治体の計画は未だ途上にあります。

東京大学では「東日本大震災に関する救援・復興支援室」が、その遠野分室とともに活動を行っています。また、何より大学らしいあり方として、教職員や学生が各個人の思いを込めて、そしてそれぞれの専門性を生かしながら、自発的な救援・復興支援活動を展開しています。

このような活動にあたって、技術や制度の活用、産業や社会のあり方の模索など、知恵と工夫が重ねられていきます。その中で、それらを使いこなし、また未来に向けて意味あるものとするバックボーンが、「生きる。ともに」という基本理念であると、私は信じています。

このたびの大震災によって、私たちは、「生きる」ということの意味や価値、重さを、再認識させられました。「生きる」という自然な行為がいかに大変なことなのか、「生きる」ということがどれほど価値あることなのか、私たちは真剣に考えざるをえませんでした。救援・復興支援の活動はまずこの原点から出発すべきであり、またこのことは、学術の世界にも多くの重要な課題を投げかけています。

「生きる」上で、「ともに」という言葉の大切さを意識させたのも、この大震災でした。被災された方々相互の助け合い、被災された方々や地域への、国内あるいは国外からのさまざまな形での支援を通して、助け合いや人の間のつながりの貴重さが強く意識され浮上してきました。「ともに」という思いと行動がなければ、この惨禍の中で人びとが希望を見出すことは難しかったでしょう。

「ともに」という姿勢は、自然との付き合い方においても求められることです。自然とともに生きることは、日本人の伝統的な生活様式とも言われてきました。また最近では、世界的に、サステイナビリティという観点から人と自然との関係を考える動きも広がっています。このたびの大震災の惨禍を、ただ自然の力の凄まじさには勝てないと総括するのではなく、自然とともに生きる人間や社会や技術のあり方をもう一度突き詰めて考え抜くことが、地域の復興と日本の再生につながるはずです。

振り返ってみれば、この間私たちは、「生きる。ともに」ということを、空気のように当然そこにあるものと受け取ってきました。しかし、その足元で、経済的・社会的あるいは地域的・世代的な格差の拡大に象徴されるように、社会の構造としても人びとの意識としても、この理念の空洞化が進んでいました。それが、いまの時代の閉塞感を生んでいるように思います。あるいは、自然との付き合い方にしても、あまりにも無頓着であったかもしれません。このたびの大震災から復興するために必要な課題として掲げられているものも、実は少なからずが、大震災以前より私たちがもっと取組むべきであったはずの課題です。

「生きる」ということは、最低限の生活を営むというにとどまらず、自らの力を最大限に発揮し、より大きな幸福を追い求めるということでもあります。そこでは時に厳しい競争も生じますが、これは、ある意味で人間や社会の本質であり、活力の源です。その本質が、「ともに」という原理と対立するのではなく、むしろ共鳴し合う時に、文明として一段階進んだ時代が生み出されるはずです。それが、これからの地域の復興に、また日本の再生に求められていることです。

「生きる。ともに」という理念は、家庭から地域、そして組織や国家、さらには国際関係に至るまで、さまざまな行動原理や組織原理を導き出していくでしょう。そこに、大学の学術がかかわるべきさまざまな課題が存在しています。大学において行われている教育や研究の意味、また、教育や研究の方法も、この理念との格闘を求められることと思います。この理念への思いが、大震災後の一過的なものにとどまるのではなく、未来に向けて私たちの行動を支え、明日の社会を構成していく動機として、働き続けることを願っています。

この意味で、大震災からの復興は、日本全体の活力の再生とも重なり合う取組みとなります。そこでは、元気のよい掛け声だけでなく、長い期間にわたり持続的に人びとの意識を変え、社会の構造を改革していく地道な取組みが求められます。「生きる。ともに」は、それぞれが勝手に生きることよりも、手間のかかるプロセスです。復興は何よりもまず、被災された方々が今を生きるために必要としている事柄を優先させる、人びとの気持ちに寄り添った取組みであることを求められます。そうした取組みを重ねる中で新しい社会を創造するチャレンジを行っていくのが、復興のあるべき姿です。

「生きる。ともに」という理念をいかに実現するかを考えるのは、私たち一人ひとりに突きつけられた課題です。一人ひとりが自ら考え、ともに議論をし、気持ちを通い合わせる中から、「生きる。ともに」の感覚と意識と覚悟が共通に確認され、私的であれ公的であれ、私たちの日々の行動における倫理や作法が見えてくるはずです。そして、そこから、これからの時代を形作る生活のスタイル、社会の仕組み、用いる技術などの姿が醸し出されてくるでしょう。

この「生きる。ともに」を目指す未来へのプロセスに、真理を追い求める学術の立場から、また国際的な視野を持ちながら、幅広くかつ深く関わり合うことが、大震災後の大学の重要な役割です。被災された方々や地域への救援・復興支援活動を継続していく中で、あらためて自らの姿勢を問い直しつつ、「生きる。ともに」を理念とする社会に向けた知恵や工夫を知の蓄積の中から手繰りだし、必要なイノベーションを大胆に行い、そして、そうした活動をたくましく担う人材を育成し続けることが、東京大学に与えられた大きな使命です。

日本再生　大学に使命

二〇一一年四月四日
日本経済新聞朝刊

東日本大震災では、多くの尊い命が失われた。深い哀悼の意をささげるとともに、今なお苦しんでおられる被災された皆さまに、心よりお見舞いを申し上げたい。このすさまじい惨禍に際し、大学はどうあるべきか、何をなさねばならないのか。あの日以来、ひとりの学長として自問自答を重ねている。巨大地震は、相次ぐ余震のほか、原子力発電所の事故、電力や輸送交通をめぐる問題を引き起こし、社会システム全体に深刻な影響を与えている。危機はいまだ去らず、予断を許さない。なお状況も安定しないところで各大学の対応も手探りの状態が続いている。

そのような中、私が今語れることはごく限られている。本稿で東京大学の現状と課題意識を示すことを通じ、大学関係者が、震災に苦しみ、それを乗り越えようとする多くの方々と、共に考え、行動する契機の一つとなれば幸いである。

震災後、最初に注力したのは、当然ながら学生・教職員の安否確認である。東京・千葉の主要キャンパスでは、施設・設備の損傷はあったものの、構内の人員の安全は速やかに確認できた。一方、本学は、東北地方を含め、全国各所にキャンパス・研究施設を擁する。岩手県大槌町の研究施設は津波によって壊滅したが、発生から六日後、幸いにも学生・教職員全員の無事が確認できた。

多くの学部・研究科を持つ大規模な総合大学は、安否確認を含め、一元的な情報の収集・発信には不向きな組織構造を持つ。本学では、危機管理基本規則に基づく災害対策本部を初めて立ち上げ、ウェブサイト等の特設コーナーを通じ、情報の集約・発信（留学生向けの英文を含む）を逐次行っている。追試や入学手続きの柔軟な取り扱いなどの緊急措置も周知し、実施してきた。試行錯誤の連続だが、ここまでのところ混乱は最小限に止められている。

地震の直接被害とは別に、研究大学である本学には電力の問題が重くのしかかっている。スーパーコンピューターを停止するなどにより、電力使用を緊急的に半減させ、その後も厳しい節電体制を継続しているが、こうした状態が長期化すれば、理系を中心に研究・教育活動に大きな停滞が生じる。

被災地に限らず、余震や交通事情を理由として、卒業式・入学式を中止したり、四月の授業開始を遅らせたりする大学も現れているが、電力需給の逼迫、停電のリスクは、年度当初に止まらず、年間を通じた教育スケジュールや研究計画の大幅な見直しを迫っている。

留学生交流など、国際化の推進の面でも、今回の震災の影響は大きい。情報量が少なく地震に不慣れな外国人は、私たちの想像以上の不安を感じる。日本を離れて退避する留学生は相当数に上り（本学の場合は留学生全体の約三割）、四月入学予定者からも延期の希望が寄せられている。

学生交流のための大学間協定の交渉も滞る恐れがある。多様性に富んだグローバル・キャンパスを目指す本学にとって大きな壁が立ちはだかることとなった。こうした日本の状況をめぐる海外からの不安感には、大学だけでなく、政府も一体となって対処する必要がある。

以上は本学の課題の点描に過ぎない。個々の大学にとって、その課題の程度・態様は様々であり、一律に語ることは困難であるが、やるべきことは明確である。

まずは、被災した大学・学生、地域住民に対する支援である。大学界を挙げ、復興に向けて人員・物資・資金のニーズに対応しなければならない。義援金の仕組みをつくり、寄付を呼びかけることも有益である。国立大学協会にも援助の要請は寄せられており、これに応える取り組みが始まった。本学も数次にわたり物資を送り出した。

各地の大学付属病院の医師も、現地で懸命の努力を払っている。そして、一定の条件が整えば、志ある学生ボランティアの出番となろう。教育者として、彼ら・彼女らの自主的な取り組みを促し、励ます態勢をつくらねばならない。産業界に対しては、被災した学生が不利とならないよう、採用活動時期の後ろ倒しなど、就職にかかわる最大限の配慮をお願いしたい。

より長い目で見れば、今回の震災が日本の社会・経済のシステム全体の転機となることは間違いない。従来のエネルギー政策、人々の生活のありようや価値観は根本的な転換を迫られる。新たな「国づくり」、そして、それを担う「人づくり」に正面から取り組んでいくことが、今後の日本社会の発展に欠かせない。

すべての大学は、それぞれの個性・特色に応じて、ふさわしい役割・責任を果たさなければならない。その負託に応えられなければ、大学の存在理由は失われよう。震災の打撃から社会を再生していく重要な決め手は、教員・学生そして卒業生が日々生み出し学び続けている知識に他ならないということを、まず私たち大学関係者が心に刻みとめなければならない。

「世界を担う知の拠点」を掲げる本学も真価が問われる。公共のために奉仕する「市民的エリート」を育成していくこと。多様な学術の成果を生かし、社会の直面する課題の解決に貢献していくこと。そうした使命を果たすべく、更なる努力が求められる。今回、自然の力は人知を超えた猛威を振るった。私たちはこれにひるむことなく、自然現象や人間社会の在り方をめぐる真理を探究し続けなければならない。

氾濫する情報の中、大学は、当面の危機に対処しつつ、冷静に事実を見据え、正しい知識を発信していく責任を担っている。そして、今後長く続くであろう、あるべき社会の実現に向けた営みに向け、世界の英知と手を携えながら着実に歩み続けなければならない。一人ひとりの教員、学生が、大学に生きる者として、その本分を問い直し、ふさわしい行動をとってほしい。

人の絆、組織の絆
――「絆」を明日へ――

二〇一二年三月一八日
遠野市主催「東日本大震災・後方支援の集い～『縁』が結ぶ復興への『絆』～」での講演

本日は、この「東日本大震災・後方支援の集い」にお招きをいただき有難うございます。

あの東日本大震災から一年あまりが過ぎました。この機会に改めて、亡くなった多くの皆さまに哀悼の思いを捧げるとともに、いまなお行方不明の皆さまが一日も早く見つかりますことを願っております。また、厳しい避難生活を余儀なくされていらっしゃる皆さま方に、心よりお見舞いを申し上げます。

今日ここにおいでの皆さま方には、三・一一以降一年の間、この遠野市を拠点として、被災地への支援にそれぞれのお立場で大変なご尽力をいただきました。心からの敬意を表したいと思います。

一年を経ても被災地では復興がまだなかなか進んでいないことは、大変もどかしく感じます。たしかに建物一軒を立て直すというのとは異なって、街並みを再建し、産業を復興し、またコミュニティを再生していくというのは、大変な事業であることは間違いありません。後方支援活動も、息長く取組んでいかなければならないものと、この機会に気持ちを新たにしております。

そうした長い取組みを、一つには私たちの〈心の持ちよう〉として、またもう一つには〈社会の仕組み〉として、支えていくのが、「絆」であると思います。この「絆」という言葉は、皆さまご承知のように、この大震災の後、よく取り上げられてきた言葉です。現代社会では人びとの関係が疎遠になりつつあり、かつての共同体的な人びとの間の結び付きが地域でも家庭でも薄れてきていると言われている時に、改めてこの「絆」ということが、おそらくは人びとの心の内から絞り出される言葉として呼び起こされたということであったと思います。それは、大震災によって、人のつながりも、家や物も、身体も心も打ち砕かれている時に、物心両面にわたって人びとを支えてくれた言葉であったと思います。

こうした「絆」という言葉は、被災地の方々にとっての支えになっただけではありません。被災地から遠く離れた場所、たとえば東京に住んでいる私たちにとっても、「絆」というのは頼りとする言葉となりました。たしかに東京の方は東日本大震災による被害は比較的少なかったのですが、すさまじい津波などの被害をテレビで目のあたりにする私たちの心は言い知れぬ不安で一杯でした。また、被災された皆さんのために私たちが何をできるのだろうかという切実な思いで一杯になりました。そうした不安を支え、また被災された皆さんへの思いを表してくれたのが、「絆」という言葉でした。

その意味で、「絆」というのは、大震災後の日本の社会全体を支え続けてくれた、間違いなく大切な言葉であったと思います。

この言葉がこれからも長く色あせることなく、私たちが被災地の復興に向かって力を注いでいく中で生き続けていくこと、さらには、この「絆」というものがより広く、これからの新しい日本の社会を支える心として、あるいは社会の仕組みとして生かされていくことが、とても重要であると思います。

今日このように、遠野市を拠点として救援と復興にご活躍いただいてきた皆さまが、再びここに集まっていらっしゃるということは、これまでの「絆」が果たした役割をもう一度確認するとともに、この「絆」を明日に向けてさらに強めていこうという気持ちを固める機会でもあると思っています。そのような思いで、今日これから少し時間をいただいて、「人の絆、組織の絆――『絆』を明日へ――」というテーマでお話申し上げようと思います。

私自身が、言葉としてだけではなく、実感として、この「絆」というものを受け止めたのは、昨年四月に初めてこの遠野にうかがった時のことでした。被災した市役所本庁舎の傷跡もまだ生々しい中で、庁舎内の壁上方一面に、沿岸地域の支援に向けた遠野市の時々刻々の動きについて、模造紙に手書きの記録が貼られていました。また、震災後もう一月近く経とうとしているのに、庁舎の中は、職員の皆さんにくわえて、おそらく今日おいでの皆さま方も含めて、支援の方々でごったがえしており、人びとが激しく動きまわっていました。そして、その中で、緊張感とともに不思議な温かさ、人が自然に持つ一種の「熱さ」が充満していることも感じました。これが、「絆」というものを、理屈ではなく感覚で受け止めた瞬間でした。

その折に、本田敏秋市長からも、沿岸地域の支援に向けた強い思いをうかがいました。遠野市を、沿岸被災地域に対する「後方支援拠点」として位置付けていらっしゃることも知りました。それにしても、自らも震災によって激しい被害を受けながら、本田市長をはじめとする市職員の皆さん、さらには市民のボランティアの皆さん方が、長期にわたることを覚悟しながら活発な支援活動を行っていらっしゃることには、なみなみならぬ思いを感じました。

大震災後、沿岸地域に向けた自衛隊や自治体などの、あるいは企業の皆さんや多くのボランティアの活動拠点としてこの遠野市が機能してきているのは、たんに地理的位置や、後方支援拠点としての行政的な位置付けだけでなく、まさしく「『縁』が結ぶ復興への『絆』」という強い思いを、遠野市の皆さん方が持っていらしたからだろうと思います。沿岸地域に支援に向かおうとする者が、たんに便利さ以上に、心から信頼して頼りにできるものが、この遠野の町にあったということです。

東京大学も、大槌や釜石、あるいは陸前高田など沿岸地域への支援の拠点として、この遠野市を活用させていただいています。市のご配慮によって、市庁舎の中に私たちの救援・復興支援室の分室を置かせていただいており、また、市庁舎の後ろの駐車場をお借りして、東京大学からのボランティア学生、教職員が宿泊も含めて活動を継続できる建物を設けています。こうした便宜を図っていただいていることで、沿岸地域への支援にどれだけ役だっているか、言葉では言い尽くせないものがあります。

あの大震災から一年が経ったいま、私が改めて大切だと考えているのは、さきほども申し上げたように、こうした「絆」に支えられた思いや仕組みを一時的なものとせずに、どれだけ持続させていくことが出来るか、ということです。別の言い方をすれば、災害が発生する以前の普段の生活の中で、こうした「絆」をどれだけしっかりと日常的なものとしておくことが出来るのか、ということです。残念ながら、この日本という国では、どの地域であれ、自然災害から絶対に安全というところはありません。日本全国どこへ行っても、歴史の中で災害の記憶を聞かないことは稀です。そうした意味では、「絆」への共感が生み出され、また「絆」の必要性を実感することについての条件は備わっているはずです。こうした「絆」への思いを私たちの意識・心の中で持続させ、また具体的な社会の仕組みに結び付けていくために、「人の絆」と「組織の絆」の双方を考えておく必要があるように思います。

東京大学では、東日本大震災の発生直後の時期、被災地への救援・復興支援活動を行う時に、いわば「両構え」、「両輪」の態勢をとりました。一つは、個人一人ひとりの思いからほとばしる自主的なボランティア活動を大切にするということ、もう一つは、組織的な支援体制を整えるということです。組織的な支援ということでは、私たち大学のように教育研究を日常の業務としている組織の場合、緊急的な医療や物資の支援を別にすれば、災害時の初動が難しいところがあります。私も、大震災の発生を受けて大学として早く支援に動かなければと焦りながら、まずとにかくは、教員、職員、学生の個々のボランティアの動きにお願いするしかないと思いました。他方、少し時間を得て態勢が整えば、ボランティア活動に対するものを含めて組織としての支援は、持続性やボリュームの面で大きな効果を発揮します。こうして、震災直後は、この個人的な動きと組織的な動きの両輪で動く、という形で対応することになったのですが、時間が経ったいまでは、双方の活動はかなり融合してきて進むようになっています。

こうした経験を踏まえながら、今後も復興支援活動を力強く継続していくためには、このように人の思いと組織の思いの双方、人の絆と組織の絆の双方をしっかり組み合わせて展開していく必要があると考えています。

人の思い、人の絆はあらゆる支援活動の出発点となるものです。ただあえて冷静な言い方をしますと、時間が経つにつれて人の心が移ろい行くことも生じてきます。震災の後しばらくは、被災地から遠い地域に住む人も同じように心を痛める思いに支えられていた「絆」であっても、時が経つにつれて、なかなか復興が進まない被災地の人びとの思いと遠隔地の人びとの思いとの間に距離が出てくる場合があることも事実です。あるいは、被災された地域の中でも、たとえば地域再建の具体的なあり方となると、被災直後のような「絆」が必ずしも保てないという場面も出てきます。

私が思いますのは、こうした時こそ「組織の絆」の出番だということです。自治体などの組織や団体が持っている、絆を作り持続させる力は、個人の思いの弱まりや人びとの絆のゆらぎを、取り戻させる力、再び呼び起こす力があります。また自治体の間の絆、あるいは自治体とさまざまな組織・団体との間の絆といった「組織の絆」は、作るのには時間がかかりますが、一旦出来れば、長い期間にわたって取組みを継続していくために、大きな力となります。人の思いや人の絆を支え励まし続けることができる、いわば「絆を日常化する」ために大きな役割を果たすのが、「組織の絆」です。

もちろん、「組織の絆」といっても、何よりまずは個人一人ひとりの絆への思いが強くないと作ることは出来ません。私が申し上げたいのは、これから長きにわたって、被災地に対する支援を持続的に展開していくためには、人の絆と組織の絆の、この双方の絆が互いに強めあっていくことが重要だということです。

「組織の絆」ということを考えてみる時に、例えば自治体というのは文字通りは「自ら治める」ということですが、いまの時代のように複雑化した時代において、単独で日々やっていけるわけはありません。まして、自然災害のような緊急的な事態においてはなおさらです。そうした意識を持つ自治体、同じ思いを持つ自治体が他の自治体と、あるいはさまざまな組織・団体と手を携えて、それぞれの強みを生かし、また弱みを補い合いながら、難しい課題に取組んでいくという必要性は、ますます大きなものになってきています。今日の話の冒頭で、いまの社会では、人びとの関係が疎遠になり薄れつつあると言われていることに触れましたが、実は、いまの時代こそ、「絆」を強めることを必要不可欠なものとしているのだと思います。

「一人では出来ない」というと、それは、つい「弱さ」と受け取られがちかもしれませんが、そうではありません。「一人では出来ない」という思いは、むしろ「強さ」を生み出す、他者との「絆」を求めることによって「強さ」を生み出す、大切なきっかけとなるはずです。このたびの大震災をきっかけに意識されることになった「絆」というものは、ただ大震災後の一時の流行語ということではなく、これから長きにわたる復興活動をとことん支え続ける言葉であってもらいたい、さらに言えば、厳しい状況に置かれているこの日本社会の活力を再生していくために、さまざまな場面で人や組織のつながりを生み出し後押しする言葉であってほしい、と思います。今日のこの場が、大震災後に作られた「絆」を、明日へ向かってさらに強めていく、新しいスタートの場となり、「復興元年」を象徴する場となればと願っています。

「『縁』が結ぶ復興への『絆』」という言葉を掲げ、そして全力を挙げてこの言葉を実践してこられている遠野市の皆さまに、もう一度敬意と感謝の言葉を申し上げて、私の話を閉じさせていただきます。ご清聴有難うございました。

東日本大震災を忘れない

二〇一三年四月三日
『教養学部報』第五五五号

新入生の皆さんに、東京大学へのご入学を心からお祝い申し上げます。これから皆さんが、東京大学という知的な魅力に溢れた世界の空気を思う存分に吸収して、実り豊かな学生生活を過ごされることを願っています。

そうした皆さんに、いま改まってうかがいたいと思います。一昨年の三月一一日、皆さんはどこで何をしていたでしょうか。また、何を思っていたでしょうか。「その時」のことは、きっとまだ皆さんの記憶に鮮明だと思います。

大地震、大津波、原発事故から二年あまりが過ぎましたが、復興への道のりは決して平坦なものではありません。他方で、この惨禍の記憶がしだいに薄れてきているようにも感じることがあります。時間の経過がもたらすこうしたギャップをいかに埋めていくことが出来るかということにこそ、今後の日本社会のありようが、そして私たちの生き方が問われていると、私は考えています。

改めていま、東日本大震災を「忘れない」、ということで皆さんに思い起こしてもらいたいのは、何よりもまず、死者・行方不明者が一万九〇〇〇人近くにも上ったという事実、また、今日なお三〇万人を越える人たちが、不自由な避難生活を余儀なくされているという事実です。このすさまじい惨禍を日本社会が経験していることの重さを自らにかかわることと捉え、さらに、そこから復興へ向けてさまざまな形で苦闘を続けている人びとの姿を見、その思いを知ることは、皆さんがこれから大学での学びを始めようとする時に、学びの意味というものを考える上で大切なことです。

また、皆さんに「忘れない」でいてほしいのは、こうした惨禍を知ったその瞬間に皆さんが感じたであろう思いです。おそらく少なからぬ皆さんが、自分に何か出来ることはないだろうかと、反射的に考えたことと想像します。その思いをこれからも持ち続けてもらいたいのです。新しく入学した多くの皆さんはきっと、大学を出て社会の役に立ちたい、公共的な役割を果たしたいと考えていることと思いますが、その「社会の役に立つ」ということの原点が、震災時に感じた皆さんの思いの中にあるはずです。これから大学での勉学を続けていく中で、その時の思いを幾たびも思い返すことを通じて、「社会の役に立つ」ということの皮膚感覚を育んでいってもらいたいと願っています。

この大震災に際しては、学問の意味、とりわけ科学の意味、役割、責任ということも厳しく問われました。学問は、なぜ大震災や津波の被害を予測できなかったのか、あるいは原子力発電所の事故を防止できなかったのか。さらには、国民への情報伝達にあたって専門家として十分な役割を果たせたのかなど、多くの課題が残されました。そこには、学問の水準としてなお目指さなければならない高い目標が示されていることはもちろん、学問と人びととの間のコミュニケーションのあり方や科学者の責任についても課題が投げかけられています。そうした目標や課題を、これから学問というものに向き合おうとしている皆さんにぜひ共有してもらいたいと思いますし、また、そうしたことへの十分な理解を踏まえて、学問に向き合う覚悟を培っていってもらいたいと思います。

この東日本大震災にあたっての救援・復興には、東京大学の学生や教職員が数多くボランティアとして参加しました。ボランティアの皆さんは、瓦礫の片付けや溝浚い、支援物資の仕分けや被災地の皆さんの話し相手・相談相手などさまざまな活動をし、あるいは避難して学習環境に制約を受けている小中学生たちへの学習ボランティア活動も行ってきました。こうした活動を経験した学生たちからの報告を耳にすると、日々の勉学とはまた異なった体験をすることを通じて、学生の皆さんが自らの中に、より広がりのある成長の芽を生み出しかけていることを実感します。皆さんもそうした活動に加わることで、「忘れない」ことの意味を感得する機会があるかもしれません。

一昨年の五月に、東京大学の救援・復興支援活動のスタンスとして、「生きる。ともに」という総長メッセージを出しました。「生きる」という当たり前のように見えることが実はいかに大変なことなのか、どれほど価値のあることなのか、それをこの大震災は否応なく私たちに考えさせました。また、「絆」という言葉が当時盛んに使われたことを、皆さんは記憶していることと思います。人が社会的な存在として生きていく以上、「ともに」、「絆」は不可欠な意識です。つまり、皆さんが勉学をすすめていく上でも、勉学の意味を考えていく時にも、やはり大切な言葉です。これからの日本社会が、こうした言葉をどのように意識に組み込み、社会の仕組みとして具体化していくことが出来るのか、皆さんの肩にかかっているところは小さくありません。

すなわち、「東日本大震災を忘れない」ということは、人間としての原点、社会としての原点、学ぶ者としての原点を忘れない、ということです。このたびの大震災に限らず、残念ながら無くなることのない自然災害や事件事故などに際しても、皆さんが生きていく上での原点を考えさせられる機会があると思います。そうした場面に真剣に向き合いながら学び続けることを通じて、皆さんが、ただ「頭がよい」存在から、「人として信頼され、頼りにされる」存在（東京大学憲章では、「市民的エリート」という言葉が使われています）へと成長していかれることを願っています。

Column

――あの日、あの時

東京でもこれまで私自身は経験したことのないような激しい揺れだった。東日本大震災の発生当時、私は本郷キャンパス竜岡門脇の本部棟八階にいたが、最初の揺れが少しおさまったところで建物正面の駐車場スペースに避難した。余震が続き、駐車場から見ているると本部棟の建物がしなっているのが目に見えるほどだった。しばらくの後、山上会館に向かい災害対策本部を設置して緊急対応にあたった。学内では幸いに火災等大きな事象は無かったが、とにかく情報がなかなか入らなかった。その夜は、学内に泊まった。

こうした状況の中、マスメディアの報道で被災地における被害の大きさ、人々の深刻な状況が刻々と伝えられ、余震もなお続く中で教職員や学生の精神的な動揺も心配だった。そのことを考えて出したのが、次のような総長メッセージである。

* * *

東北地方太平洋沖地震について

平成二三年三月一八日

このたびの東北地方太平洋沖地震によって尊い命を失われた多くの方々に深い哀悼の思いを捧げるとともに、ご家族やご親族、ご友人を失われた皆さまの悲痛、お怪我をなさった皆さま、そして生活の場を失われた皆さまの苦しみに対して、心よりお見舞いを申し上げます。同時に、こうした厳しい状況の中で、自らの気持ちを振り起こして、あるいは周囲の方々と手を携えて、この大きな苦難を乗り越えようとなさっている皆さまの姿に、心より敬意の気持ちをお伝え申し上げたいと思います。

東京大学において働いている教職員、勉学に励んでいる学生の皆さんも、私と同じ痛切な思いを持っていることと思います。同時に、新聞・放送やネットなどを通じた膨大な情報の中で、過度に気持ちが落ち込んだり、不自然に高揚感にとらわれたり、あるいは噂に動揺しがちになってしまうことがあるかもしれません。

　東京大学で働き学ぶ皆さんにぜひお願いしたいのは、こうした状況の中で事実をしっかり見定めて行動する姿勢を保ち、被災なさった皆さまへの深い思いを、救援物資等の送り出し・医療支援など当面する具体的な支援や被災状況を少しでも緩和するための知識の活用につなげていくとともに、これからの人々の生活再建や社会の復興の基礎となる知識の教育、勉学と研究を着実に続けていっていただきたいということです。このたびの震災が日本の経済・国民生活にも長期的に大きな影響を与えることが懸念される中で、こうした打撃から社会を再生していく重要な決め手は、私たちが日々生み出し学び続けている知識にほかなりません。

　東北地方太平洋沖地震に対する東京大学としての対応は、まだ予断を許さない余震や福島の原子力発電所の状況への対応も含めて、かなり長期化するものと考えています。大学として、緊急対応にくわえて、中長期的視野にたった対応体制を順次整えていきますが、教職員、学生の皆さんには、大学から責任をもって送られる連絡等を随時確認するとともに、各自の肉体的・精神的負担の蓄積にも十分に留意しながら、大学に生きる者として相応しい行動をとり続けていただければと願っています。

東京大学総長　濱田純一

*　*　*

この震災にあたっては、日本国民の一人一人が、また世界の多くの人々が、それぞれの立場で出来ることを、心からの思いを込めて行ったと思う。東京大学の教職員や学生も、本当によく頑張ってきた。私の目についただけでも、震災直後の災害対策本部の動きは実に機敏で実効的だったし、それぞれの学部や研究所などでも学生だけでなく帰宅困難者への対応も含めて全力で動いていた。また、直後の時期に、大槌町の国際沿岸海洋研究センター教職員の避難先に、車に積める限りの救援物資を積み込んで駆けつけた車両チームの活躍も印象的だった。私は四月八日に初めて、支援物資とともに大槌の町に入ったが、高台の城山から見下ろした町の光景はいまも目に焼き付いている。現地で記者に印象を聞かれて、「言葉が出ない」と答えたことを記憶している。

被災地への継続的な支援のために、関東大震災以来はじめて、東京大学として学生ボランティアを組織することになった。学生たちは教職員のボランティアと一緒になって、被災地でのがれき等の片づけ、支援物資の整理やケア活動、さらには津波での被災や福島の事故で避難している児童生徒たちへの学習支援活動などに頑張ってきた。また、教員がそれぞれの専門領域を生かして被災地の復興にかかわっていることも頼もしい。救援・復興支援室に登録されている復興支援プロジェクトの数は九〇を越えている。「再生のアカデミズム」として、復興支援と新たな研究課題への取組みとがリンクしていけば、大学らしい長続きする被災地への支援が可能になると思う。学生たちは支援ボランティア活動の中で自ら成長した経験を語っており、いますすめている「体験活動プログラム」とも連動しながら、こうした学生の活動も大学が被災地とのかかわりを長く持ち続ける絆となるだろう。

知識の役割

二〇一一年三月二四日
平成二二年度卒業式告辞

皆さん、ご卒業おめでとうございます。また、皆さんが学業に励んできた間、皆さんをしっかりと支え、この晴れの日をともにお喜びいただいているご家族の皆さまにも、お祝いの気持ちをお伝えしたいと思います。

皆さんがいま、大学に入学した頃を振り返ってみると、きっと、自分が随分と変わったなという感慨をもつことでしょう。間違いなく、皆さんは知的に、そして精神的に大きく成長したのです。これから社会に出て、あるいは大学院にすすんで、その力を遺憾なく発揮し、さらに鍛えていってもらいたいと思います。

このたび卒業する皆さんの数は、合計三二〇一名になります。うち留学生は一〇三名です。

今年の卒業式は、例年とは大きく異なり、各学部卒業生の代表の皆さんだけに出席してもらい、卒業証書の授与を行うこととしました。場所も安田講堂ではなく、この小柴ホールを用いることになりました。これは言うまでもなく、東北地方太平洋沖地震、そして福島の原子力発電所の事故の影響を考慮したものであり、また多数の人間が一堂に集まった場合、万一の際の避難リスクの高さに配慮したものです。この式典の模様はインターネットで中継されていますので、多くの皆さまにご覧頂いていることと思います。

皆さんがこの東京大学で過ごしていた間にも、世の中は大きく変化しました。二〇〇八年のリーマン・ショックに端を発した世界的な金融危機、経済危機は、皆さんが大学に入ってから間もなくの出来事です。その時からだけでも、時代は急速に動いています。経済の低迷や社会的格差の拡大、少子高齢化の進行、あるいは国際的なパワー・バランスの変化など、日本の社会に試練をもたらすさまざまな出来事が起きました。

さらに、つい先ごろ、東北地方太平洋沖地震が発生しました。ここに卒業の日を迎えようとしている皆さんあるいはそのご家族、ご関係の皆さまにも被害が及んではいないかと、憂慮しています。この震災によってすさまじい数の尊い命が失われたことに、深い哀悼の気持ちを捧げたいと思います。まだ行方不明の方も多く、関係の皆さまのご心痛はいかばかりかと存じます。また、負傷し、あるいは心に傷を負われた皆さま、生活の基盤を失われた皆さまに、心よりお見舞いを申し上げます。このたび卒業する皆さんの中にはすでに、さまざまな形で被災地への支援活動を行っている人たちがいると思います。ぜひこれからも、さまざまな工夫をして支援の輪を広げていただければと思いますし、東京大学としても出来る限りの努力を行っていくつもりです。

日本は、第二次世界大戦の惨禍から驚異的な復興を遂げ、六〇年あまりを経て、今日の豊かな近代社会を形成してきました。そうした社会でなお、なぜこれほど多くの人命が失われ、心身を傷つけられ、あるいは生活の基盤を奪われるような大きな犠牲を出さなければならなかったのか、さらには安全を極めたはずの原子力施設をなぜ十全にコントロールすることができず、多くの人びとが不安におののいているのか、まことに無念に思います。それは、人間としての無念さであると同時に、学問に携わる者としての無念さでもあります。

こうした大きな時代の試練を大学在学中に経験して卒業していく皆さんには、これらの出来事があったことを生涯において忘れることなく、学んできた知識がこのような事象に対して何を出来たのだろうか、また何を出来るようになるべきなのだろうか、それらを問い続けることを、これからの仕事や研究のバネとしていただきたいと思います。とても残念なことですが、知識はしばしば悲劇をバネにして成長を遂げます。技術が戦争をきっかけに発展するということはよく言われますが、日本では第二次世界大戦後の復興の槌音の中でも技術は大きく成長しました。また、たとえば日本の社会科学は、戦争の惨禍に対する深い反省を踏まえて大きく発展してきたところがあります。さらに、このたびの大震災は、人間と自然との関係のあり方についても課題を投げかけているように思えます。苛酷な事態から真摯に学び、痛みが少しでも早く癒えるように、また、次の世代が同じ苦しみや悲しみを味わわなくて済むようにすることが、学問の務めであり、そして学問を学んだ人間の務めです。

たしかに、物事をぎりぎりまで考え抜く力は、極限的な状況に直面し、あるいは極限的な状況を想定することから生まれます。学問においては、そうした限界状況の設定が、個人の精神の内面で生じることもあれば、外界の事情、困難や悲劇によってもたらされることもあります。いずれにしても重要なことは、そうしたぎりぎりの状況を直視することから知識は生まれる、ということです。

いま私は、知識の役割を、社会に対する直接的な貢献の面からお話ししてきました。しかし、知識の役割は同時に、きわめて個人的なもの、すなわち、個人の人格としての成長にもかかわるものです。『論語』の中の孔子の言葉に、「古の学者は己の為めにし、今の学者は人の為めにす」という一節があります。つまり、かつては学問をするという行為は自らの人格を高めていく修養であった、しかし最近の学者は、「人の為にす」となっていると。この「人の為にす」という言葉は一見、「社会の役に立つ」という意味のように受取れ、孔子はそれに否定的であったように読めます。しかし、この論語に訳註を付していらっしゃる金谷治先生の説明では、「人の為にす」というのは「人に知られたいためにする」という意味で、孔子が否定していたのはこのような、もっぱら他者の評価を意識した学問への姿勢です。孔子がいう「古の学者」の姿は、「知を愛求する者」として自らの存在を規定した、ギリシアのかのソクラテスやプラトンの姿勢に通じるところがあるように感じます。知るということをとことん突き詰めていくことを通じて、自らの魂の完成を目指した、その姿勢です。もっとも彼らの場合は、魂の完成は神への奉仕と重なっていますが、人びとの精神的基盤が近代個人主義に支えられている現代においては、そうした重なりを想定するかどうかは個人によって異なるでしょう。

ここで重要なのは、このように自らの魂の完成を知の追求を通じて目指すこと、修養ということが、社会にとっても意味あるものだということです。魂の完成、人格の成長の効用は、個人だけのことにとどまらないのです。たしかに知の愛求は、それ自体として社会の生産性を高め物質的な豊かさをもたらすわけではありません。むしろ、それは、彼らが生きたアテネでは社会に有害なものとして退けられ、ソクラテスへの死刑宣告までもたらしたことはご存知のとおりです。しかしながら、今日までもプラトンの思想が、多くの人びとによって論じられ、参照され続けているという事実は、まさしく、自らの魂の完成を求める知の追求が、一見個人的な事柄であるように見えながら、実は社会のためにも大きな意味を有していたということの証左にほかなりません。

「社会に役立つ」かどうかという時、社会を構成しているのが個々の人間である以上、個人の知的精神的成長が社会に有意味であるのは当然のことです。知識が社会のために役立つべきだと考える時には、

「己の為にす」る学問の大切さも見過ごすべきではありません。このたびの惨禍と多くの人びとの痛みを、一人の個人の内面において思いめぐらし考え抜くことも、次の時代の社会のありようを構想していくための重要なポテンシャルになるはずだと思います。

このように、知識が社会に対して直接的に、あるいは間接的に持つ役割を理解しながら、皆さんにはこれからも、知識というものと深く付き合い続けてもらいたいと思っています。知識をさらに学び成長させていくための基礎的な力は、大学での勉学を通じてすでに皆さんに十分備わっています。もちろん、その知識は、まだまだ素朴なものです。いま皆さんが持っている知識を絶対のものと考えて、それで世の中を割り切ることには慎重であってほしいと思います。今の自分の知識を他の人の知識やこれからさらに学ぶ知識とぶつけ合わせる、あるいは現実の経験の中で鍛えていく、そういう謙虚な姿勢を持つことによってはじめて、皆さんの知識は本物になります。そうしたプロセスそのものが学問を「己の為にす」る行為となるとともに、そこで鍛えられた知識は確実に社会に役立っていくことと思います。

最近、若者が「内向き」だと言われます。例えば海外留学に出かける若者が減っているというごく部分的な現象だけをとれば、「内向き」という表層的な評価が出てくるのかもしれません。しかし、私は、「内向き」かどうかは、いま申し上げたような知識に対する真摯な姿勢を皆さんが持ちつづけるかどうかで決まると考えています。この点では、皆さんが「内向き」であるとはまったく思いません。すさまじい惨禍をもたらしたこのたびの震災は、これからの日本社会の形にも大きな影響を与えることになるはずです。新しい日本の姿を求めていく格闘の中で、知識というものに正面から向き合い続ける皆さんの姿勢が、間違いなく、次の時代を生み出す力となると信じています。

皆さんのこれからのご健闘をお祈りしています。

知識人の役割

二〇一一年三月二四日
平成二二年度学位記授与式告辞

このたび東京大学より、博士、修士、そして専門職の学位を授与される皆さんに、心からお祝いを申し上げます。また、この晴れの日をともにお迎えになっているご家族の皆さまにも、お祝いの気持ちをお伝えしたいと思います。

今年の学位記授与式は、例年とは異なり、各研究科修了生の代表の皆さんだけに出席してもらい、学位記の授与を行うことにしました。また、場所も、安田講堂ではなく、この小柴ホールを用いることになりました。これは言うまでもなく、東北地方太平洋沖地震、そして福島の原子力発電所の事故の影響を考慮したものであり、また多数の人間が一堂に集まった場合、万一の際の避難リスクの高さに配慮したものです。この式典の模様はインターネットで中継していますので、多くの皆さまにご覧頂けていることと思います。

本日、大学院を修了する学生の数は、修士課程二八〇〇名、博士課程七〇六名、専門職学位課程四〇五名です。留学生の数は、それぞれの課程の内数で、二四八名、一一九名、七名です。

長い期間にわたる学生生活を終えて、これから社会に出て学術の成果を試そうとする人もいれば、引き続き研究の世界で学術の蘊奥《うんのう》を究めようとする人もいます。大学院において学部時代よりもいっそう深く専門的な知識を探究する機会を持ち、これから人生の新しい段階に踏み出そうとしている皆さんに対して、それぞれの分野の専門家であると同時に、「知識人」であってほしい、というメッセージを私から伝えたいと思います。

つい先ごろ、東北地方太平洋沖地震が発生して、多くの人びとにすさまじい被害をもたらしました。ここに大学院を修了しようとしている皆さん、あるいはそのご家族、ご関係の皆さまにも被害が及んではいないかと、憂慮しております。この震災によっておびただしい数の尊い命が失われたことに、深い哀悼の思いを捧げたいと思います。まだ行方不明の方も多く、関係の皆さまのご心痛はいかばかりかと存じます。また、負傷し、あるいは心に傷を負われた皆さま、生活の基盤を失われた皆さまに、心よりお見舞いを申し上げます。このたび修了する皆さんの中にはすでに、さまざまな形で被災地への支援活動を行っている人たちがいると思います。ぜひこれからも、可能な活動を展開していただければと思いますし、東京大学としても出来る限りの努力を行っていくつもりです。

一言申し添えておきたいと思いますが、このたび修了する皆さんの中には多くの留学生がいます。留学生の皆さんの国からも日本に対して、お見舞いや激励、さらに緊急物資等の提供や救助隊の派遣など、多くの温かい支援をいただいています。この機会を借りて感謝を申し上げます。

いま現に非常に困難な状況にある被災された皆さまへの直接的具体的な支援にくわえて、学術という専門性を身に付けた私たちに求められているのは、これからの被災地の復興に、さらには日本全体の復興に、どうやって私たちの専門的な知識や知恵を生かしていくことができるのか、真剣に考えることであろうと思います。これからの復興は、社会インフラの整備や町づくりなどとともに、生活や社会の仕組み、さらには、自然との付き合い方も含めて、私たちの生き方そのものについても改めて考えていくような復興となるだろうと思います。それは一つの時代の終わりであり、また始まりです。こうした大きな変化の時期にあっては、第二次世界大戦後の六〇年余だけを振り返ってみても、いくつかの節目に、個々の専門知識を活用するというだけでなく、幅広い知識を基盤に、歴史的な視野のなかで時代を見る力を備え、また理念の作用力を信じることによって、時代を前に突き動かす役割をした人びとが存在したように思います。そこで私は、「知識人」という言葉に今日触れようと思ったのです。

「知識人」というのは、おそらく最近は影が薄くなってきたように思われる用語です。ときどき、「有識者」といった言葉は使われますが、これは専門的知識を備えた者といった意味合いに近くて、少し違います。

この知識人という言葉を語る時に思い出すのは、東京大学の創立一三〇周年の際に、大江健三郎さんが「知識人となるために」という題名の記念講演をなさったことです。その講演の中で、大江さんは高校生時代に、あるフランス文学者の一冊の本を読み、知識人というものになりたいと考えて大学へ行こうと思った、という話が出てきます。ここで、大江さんは、「知識人とは個人の声で語る」、そして「個人のスケールで、しかしその個人の全力を挙げて、社会における自分の責任をとろうとする」、「普遍的な原理に立つ人間」だということを述べています。個人であるということの大切さとともに、個性がもつひずみ、ゆがみ、欠けているところなども認識しながら発言し、なお普遍性という原理への志向を失わない、ということを、知識人の資質として強調されています。

この大江さんの言葉は、いわゆる知識人が政治的権力との緊張を失いつつあることに対する警鐘も含んでいるのですが、私は、この視点を少し広げて、歴史的な視野と理念の力への信頼を軸足に、いま目の前にある社会の枠組みや考え方との緊張感を失わないのが「知識人」だ、という風に応用させていただきたいと思います。あえてこのように、大江さんのもともとの概念が持つ鋭角的な切れ味を犠牲にして拡大解釈させていただくのは、これからの日本のあり方というものを考える時に、政治的権力というだけでなく、これまでの社会の枠組みや考え方全般と、建設的な緊張を持ちながら次の時代を作っていく役割が、「知識人」という存在に期待されるだろうと考えるからです。

すでにこれまでも、「日本の再生」が私たちの大きなテーマとなっていたのは、ご承知のとおりです。経済の停滞、少子高齢化の進行、社会的・経済的な格差の拡大、国際社会における日本の地位など、多くの議論がなされてきました。そこでは、時代の大きな変わり目を意識しながら、新しい形の社会のあり方、ものの考え方が模索されてきました。そして、このたびの大震災が、こうした議論の必要性をさらに加速することになったと思います。とりわけ、この近代化されたと思っていた社会で、これほどのすさまじい惨禍をどうして避けることができなかったのか、あるいは、原子力をどうしてもっと適切にコントロールすることが出来ないのか、これまで良しとされていたものをもう一度見直してみることが、いま求められているように思います。それは、技術の問題だけではなく、社会の仕組みの問題であり、私たちの生き方の問題であり、つまるところ、私たちの基本的なものの考え方の問題にもかかわってくるところがあります。

こうした時代に求められるのが、専門家であると同時に知識人である人たちです。つまり、「今あるもの」にとらわれず、自らの知的意味での全存在をかけて建設的な挑戦を行っていく人たちです。そうした知識人が多くの人びとと協働して大きな変化のうねりを作っていくことが、日本の復興を支える重要な基盤となるはずだと考えています。

大江健三郎さんが大学に入って知識人となろうと考えた頃の大学進学率は一〇％くらいでした。いまは、大学院に進学する人も多くなってきていますから、これからの時代に知識人になろうと志す人は、大学院を目指すということであっておかしくはありません。実際、多くの国で社会的に重要な役割を果たしている人びとの間で、修士あるいは博士といった学位を持つ人が増えているのはご承知のとおりです。そうした意味では、今日学位を授与された皆さんは、知識人となるための足がかりを得た、と言ってよいかもしれません。

もちろん、皆さんが学位を得ただけで知識人として一人前だと言うのは、言いすぎでしょう。しかし、これからもなお皆さんが知的な営みを続けていくことによって、これからの社会が求める知識人となっていくための基盤は、大学院という特別な勉学の機会を持ったことによってすでに培われているものと思います。この基盤の上に、建設的な批判力をもった知識をどれだけ育て表現していくことが出来るかは、皆さんのこれからの意識と努力にかかっています。

さて、私は今日、被災地の復興、日本の復興ということに重ね合わせて、皆さんが知識人として活躍することへの期待を話してきました。ここにいる多くの留学生の皆さんは、若干の違和感を持ったかもしれません。しかし、ここで話した私の問題意識、そして皆さんへの期待は、普遍的なものです。皆さんの母国も、それぞれに固有の表れ方をみせつつ、私がいま申し上げた課題、つまり、これまでの社会的な仕組みや生き方、ものの考え方を大きく見直さなければいけない状況に直面しているはずです。世界的な規模での変化の時代にあって、やはり留学生の皆さんも、それぞれの国の文脈において、「知識人」であることを求められているのは間違いないと思います。

これから長い人生を送る皆さんにとって、この学位記授与式の記憶は、大震災のすさまじい惨禍の記憶とともに残ることになるはずです。その記憶をバネとして、「知識人」として成長し、新しい社会を作るために先頭に立って活躍する皆さんの姿を楽しみに、私の告辞を終えることとします。

Column

一人ひとりの遠野物語

「遠野物語」という本の名前は何度も聞いた記憶がある。ただ、柳田民俗学を世に知らしめた本であると知って、さっと目を通したことはあっても、格別の印象に残ることは無かった。それが身近になる機会は突然にやってきた。東日本大震災である。

震災から一月近くたった頃、私は初めて釜石と大槌の町を訪れた。その機会に立ち寄ったのが遠野市役所である。遠野市は、被災した沿岸地域への支援の拠点と聞いており、東京大学としても今後の支援を継続して行う相談のためだった。その折に市役所の中で、本田敏秋市長を先頭とする支援活動への熱気に触れたときの感動は、本章に収めている講演「人の絆、組織の絆」で語った。

それから何度か遠野市を訪問するうちに、遠野物語の世界はだんだんと私に近しいものとなってきた。遠野は地勢的に山に取り囲まれた地域であるせいだろう、遠野物語には山の中の話が多いが、大津波の話も出てくる。遠野出身の男の人が沿岸部の村へ入り婿したが、「大海嘯《かいしょう》」で妻子を失った。ある霧の夜に渚を歩いていると、「その霧の中より男女二人の者の近よるを見れば、女は正しく亡くなりしわが妻なり。」連れの男も「海嘯の難に死せし者なり」、という具合に話は続く（柳田国男『遠野物語』岩波書店・二〇〇七年より）。「海嘯」は津波の古語だが、津波というのが沿岸部から離れた遠野の人々にも身近な話だったということがわかる。

いま遠野市には、大学の救援・復興支援室の分室を置かせていただいている。また、以前の市庁舎の裏手の駐車場スペースに、ボランティアの学生たち、あるいは支援の研究プロジェクトにかかわる教員たちが宿泊したり活動したりする場となる遠野東大センターの建物を設けさせていただき、ここを拠点に、学生や教職員は大槌、釜石、陸前高田などに出かけている。宿泊する学生は、決して立派とは言えない仮設の建物の中で、支援をめぐる議論をしたり、あるいは知り合った仲間と語らいをしただろう。学生たちは、近所で買い物をしたり銭湯にも出かけていたという。あるいは、工学系の教員や学生たちは、遠野市などで、コミュニティとして住民間のケアやコミュニケーションがうまくいくことを考えた、仮設まちづくりに取組んだ。こうしたさまざまな経験の中で、きっと、それぞれの「遠野物語」を紡いだことと思う。

学生ボランティアということでいえば、大槌町にある吉里吉里も、私にとって三度目の出会いで、改めて記憶に刻まれた地名の一つである。たしか中学生の頃、当時所属していた地歴部の夏の旅行で東北地方に出かけ、山田線を列車で旅している途次に「吉里吉里」という駅名が興味深くて駅の入場券も買っている。その日付は、昭和三九年八月四日である。その後忘れていたが、二度目の出会いは、一九八一年に井上ひさしが出した『吉里吉里人』という小説である。本の帯から借用すると、「経済大国日本から煮湯を飲まされてきた吉里吉里村は周到な準備と大胆な切札によって突如独立を宣言」、という奇想天外な話である。一つ国家が出来るわけだから、法律の話も随所で顔を出す。当時まだ駆け出しの憲法学者であった私も、日本の中で一つの地域が独立国家となるという想定に意表をつかれた思いをもちながら、分厚い本のページを繰った記憶がある。

そして三度目が三・一一の後だった。ボランティアに出かけた学生たちは、緊急的な支援活動が少し落ち着いてからは、海水浴場として知られた吉里吉里海岸の清掃に出かけ、海岸の砂をふるいにかけて、ガラス片などの異物をとるという大変な作業を行っている。私も後になってその場に行ったが、広い浜辺を見るにつけ学生たちは本当によくやったと思う。砂浜に立つと右手の岬の上に建物が見える。大津波の直後、大槌にあった大気海洋研究所の国際沿岸海洋研究センターから避難した教職員たちが一時滞在させていただいた特別養護老人ホームだという。

海岸の砂をふるいにかけるという単調な作業を繰り返しながら、学生たちは仲間と何を話していただろう。何を感じていただろう。滞在先の遠野からの行きかえりに、何を見、何を考えていただろう。ここでも、きっと一人ひとりが一生記憶に残る「物語」を紡いだに違いない。

知識と現場

二〇一一年四月一二日
平成二三年度学部入学式式辞

この春、東京大学に入学なさった皆さん、おめでとうございます。また、これまで皆さんの大変な受験勉強を支えてこられたご家族の皆さまにも、心からお祝いを申し上げます。

今年の学部入学者は、三一五五名です。その内訳は、文系の新入生が一三〇四名、理系の新入生が一八五一名となります。またこのうち外国人留学生は、三九名です。これから皆さんがその一員となる東京大学は、知的な刺激と知的なチャンスに満ち溢れています。皆さんが、国民から東京大学に与えられている、この素晴らしい環境を存分に活用し、国民に対して、そして世界の人々に対して、知的な責任を全うできる人間として成長なさることを願っています。

本年度の入学式は、例年とは大きく異なり、武道館での開催ではなく、この小柴ホールで代表の皆さんだけに集まってもらう、小規模な式典としました。これは言うまでもなく、東日本大震災とその後の状況を考慮したものです。今年は入学式を中止する大学も少なくなく、東京大学もさまざまな可能性を検討してきましたが、最終的に、このような形で実施することとしました。

このように小規模でも入学式を行うことにした理由としては、これまでの厳しい受験生活を終えて大学生活を始めようとする、人生の大きな転換点というタイミングで、皆さんが気持ちを新たにスタートできるきっかけとなる場が必要だろう、という思いがもちろんありました。しかし、それ以上に、このたびのすさまじい大震災の惨禍を、皆さんの生涯にわたる知的な生活の原点にあるものとして心に刻み込む機会、そして、膨大な人々の悲しみや痛み、苦しみを正面から見つめ、その惨禍と皆さんがこれから学ぼうとしている知識とのかかわりを、真剣に考えてもらう重要な機会という観点から、むしろ積極的にこうした場を設けるべきだと考えました。

東日本大震災による人的被害は、昨日の段階で、死者が一万三一三〇人、行方不明者が一万三七一八人という数に上っています。想像を絶する数字です。ただ、数字というものは全体の規模感を直観的に理解するには有用ですが、往々にして、現実の被害の生々しさを抽象化してしまうきらいがあります。一万三一三〇人、一万三七一八人という数字をみる時に、この大きな数字を構成している一人ひとりの方々が、ついこの間まで皆さんと同じように生活を送り、喜び悲しみ、生きていらしたことを想像してもらいたいと思います。それが一瞬にして失われたことの重さを、深く受け止めて下さい。また、幸いに命をながらえた方々も、治療を受けたり不自由な避難生活を送ったり、生活再建の厳しい現実に直面しています。皆さんがこれから知識というものにかかわっていくときに、そうした「現場への想像力」をつねに持ち続けてもらいたいと思います。

たしかに、被災された方々や被災地という現場への想像力をたくましくすればするほど、皆さんは、その重さに打ちひしがれ、茫然自失に陥るかもしれません。しかし、だからといって、現場への強い思いから逃げるのではなく、その重みに耐えて前に進んでいくのが、知識というものにかかわる私たちの使命です。今日、大震災による被害がまだ続いている、決して終わっていない中で入学式を迎える皆さんには、この地震によって起こった事実を、たんなる数字や紙の上の知識、抽象化された知識としてではなく、生きた体験として自らの心に刻み込んでもらいたいと思います。それによってこそ、皆さんがこれまで学んできた知識、そしてこれから学ぶ知識を、本当に人々に幸せをもたらす力として成熟させていくことが出来るはずです。

ほとんどの皆さんにとって知識というのは、受験勉強の中で抽象的なものであったと思います。それはそれでよいのです。知識というものは抽象化されることによって、多くの人々に時代を越えて伝えられていきます。また、直接的な経験とは切り離された知識を、集中的に蓄積していく時期というのも、人生の中で間違いなく必要です。大学でのこれからの勉強もまだ、すぐには現場とのかかわりを意識することは難しいかもしれません。しかし、そうして学んだ知識が現場と強いかかわりを持つことを、これからの人生の中で皆さんは、いずれ気付いていくだろうと思います。

私自身の学生時代の経験を振り返ってみると、知識が社会の現場で具体的に意味を持つことを感じたのは、公害問題とかかわった時でした。「公害関係の立法過程」というテーマのゼミに参加していた時のことですが、法律の制定過程に影響を与えるさまざまなステイクホルダーについて、ゼミ生がそれぞれ分担して東京大学新聞に記事を書くことになりました。私は労働団体を担当しましたが、その折に熊本県の水俣に行って、原因企業の労働組合の人たちへのヒアリングを行ったことがありました。これは、私が最初に自分の勉強の成果を公表したという意味で、思い出深い機会なのですが、それ以上に、自分が学んでいる知識が社会的・現実的なものであることを、はじめてはっきりと意識した機会でした。皆さんにも在学中に、どういう形であれ、自分の知識が現場とかかわる経験をしてもらえると、素晴らしいと思います。

それでは、私たちは、このたびの東日本大震災がもたらした事態に対して、どのようにかかわることができるのでしょうか。皆さん、そして皆さんのまわりの人たち、そしてすべての国民が、また世界の多くの人々が、自分がこの惨禍に対して何を出来るのだろうかと、自ら問うてみたことと思います。私も、個人として、また東京大学として、何が出来るのか、ずいぶん悩みましたし、今も考え続けています。人々が、肉親を失った悲しみと、あるいは生活基盤を破壊された苦しみと格闘している時に、大学の拠って立つ知識というものが何を出来るのか、無力感を感じることもあります。また、知識よりも、食料、水、毛布、あるいはガソリン・灯油といった援助物資の方が、はるかに目前の役には立つように感じます。

そうした中にあって、東京大学でも、ボランティアとして活動しはじめている皆さんがいることを、心強く感じます。もちろん、ボランティアの活動では、必ずしも自分たちのこれまでの知識が役立つわけではありません。子どもたちへの教育や医療支援、あるいは法律相談など、自分の知識がすぐに役立つこともあれば、家の中に流れ込んだ汚泥の除去や瓦礫の片づけ、あるいは介護や物資の積み下ろしなどの作業に直面して、とまどうことが多いかもしれません。しかし、そうした作業こそ、今を必死で生きている人々が切実に求めているものであるのを知ることは、皆さんがこれから、知識のあり方、社会が必要としている知識の多様さを考えていくために、得難い経験となるはずです。

自分たちの専門知識を牛かして活動しようと動き出している教員たちもいます。附属病院の医療チームはいち早く現地入りしましたが、いま、地域での高齢者も含めた生活再建や町づくりへの協力、あるいは、漁業・農業の復興支援など、被災地の復興に向けた活動も始まろうとしています。私もつい先日、たまたま宮城県沖で大きな余震のあった日ですが、救援物資の搬送と、東京大学としての今後の復興支援について打合せるために、岩手県の大槌町へ行ってきました。大槌町は、ご存知のように大津波で町が壊滅状態に陥ったところですが、ここには東京大学の大気海洋研究所の研究センターがあり、長い間、地元の人たちとの親密な交流が続いてきたところです。また、これまで東京大学の研究者が地域の人たちと心の交流を重ねてきた釜石市、そして遠野市も訪ねてきました。遠野市はやや内陸部で比較的には被害が少なかったところですが、大槌や釜石など沿岸部の被災地への後方支援基地として、市全体が救援活動に全力を挙げておられます。その熱い思いとご奮闘には、頭が下がりました。

こうした活動を紹介すると同時に皆さんに申し上げておきたいのは、このように、被災地の現場で実際に行動することは大切ですが、被災地に行かなければ何の役にも立てないのだと考えるのは、間違っているということです。被災地の状況は、いまメディアを通じていろいろな形で伝わっており、すさまじい被害の光景はもちろん、被害の苦しみ、悲しみ、その中での人々の勇気、思いやり、きずな、さらにこれから復興に向けて求められている事柄など、皆さんは十分に理解しているものと思います。そうした現場からの情報を自分自身の中で徹底的に消化し、吸収し、そのようにして、いわば「身体化された現場」との緊張感を、皆さんがこれから知識を学ぶ時に、またそれを社会で生かしていく時に、絶えず持ち続けることも、このたびの惨禍に対する行動として同じく重要なものです。

この東日本大震災がもたらした惨禍からの復興には、これから長い年月がかかるだろうと思います。そして、それは、日本社会全体の活力の復活の動きとも重なっていく、非常に大規模なものとなるでしょう。いま入学したばかりの皆さんも、大学を卒業してからも長く、直接的にしろ間接的にしろ、この復興のプロセスにかかわっていくことになるはずです。また、ぜひともかかわっていただきたいと思いますが、そうした見通しを持てば、今あせることはありません。

すぐにボランティアなどの行動に出るのもいいでしょう。そのための枠組みを東京大学も準備しつつあります。昨日、大学として救援・復興支援室をスタートさせましたので、これからの現地への継続的な支援の窓口になると考えています。しかし、この大学という場にあって、じっくりと自らの知的な力を磨き続けることも大切です。現場への想像力、現場との緊張感さえ忘れなければ、皆さんは被災地の復興に、そしてこの国の未来に、さらには世界の人々のために、間違いなく大きな貢献が出来るはずです。

皆さんのこれからのご健闘を祈って、式辞といたします。

科学の役割

二〇一一年四月一二日
平成二三年度大学院入学式式辞

このたび東京大学大学院に入学、進学なさった皆さん、おめでとうございます。また、ともにこの日をお迎えになったご家族の皆さまにも、心からお祝いを申し上げたいと思います。

この四月の大学院入学、進学者は、全体で四六二七名です。その内訳は、修士課程が二九〇九名、専門職学位課程が三七〇名、そして博士課程が一三四八名です。また留学生は、このうち五三四名で、全体の一一%あまりを占めています。皆さんがこれから、学問研究のさらに奥深い世界で大いに活躍なさることを願っています。

例年ですと大学院の入学式は、武道館で行われます。しかし、今年は、この小柴ホールで、各研究科から代表の皆さんだけに出席してもらい、ごく小さな規模で挙行することとしました。これは言うまでもなく、東日本大震災と、その後の状況を考慮したものです。

今年の入学式をどうするか、中止の可能性も含めてさまざまな観点から検討を行った結果、このような形で式典を実施するという判断を下しました。その理由として、これから学問研究の新しいスタート台にたつ皆さんが、気持ちを引き締める場がやはり必要だろうという思いが、もちろんありました。しかし、それと同時に、そしてそれ以上に、こうした時期だからこそ、これから皆さんがさらに深くかかわっていこうとしている学問、とりわけ「科学」というものの社会の中での立ち位置を、しっかりと確認しておく機会を設けるべきだと考えました。

科学という言葉を、私たちはいまごく日常的な言葉として用います。また、皆さんは、学部、あるいは修士課程での勉強・研究を通じて、科学というものについて、それぞれのイメージを形成してきていることと思います。私自身振り返ってみると、科学という言葉については、おそらく皆さんの多くと同じように、子どもの頃から科学雑誌などで何とはなしのイメージを持っていました。ただ、それは、自然現象や技術工作の分野でもっぱら使われる言葉、といった感覚でした。それだけに、大学に入ってはじめて、「社会科学」という言葉を聞いて、社会にかんする研究の分野でも科学というものがあるのかと、大変驚いたことを覚えています。

今日、科学という時には、自然科学を指す狭い意味で用いられることもありますが、より広義には、概念、論理、証明の厳密さという方法によって、特徴づけられる学問であると言ってよいと思います。

さらに言えば、そうした概念の広がりの下では、学問と科学は基本的に同義と言うことも出来ます。今日は、こうした広義における科学という用語法を前提に、お話したいと思います。

科学が果たした歴史的な役割という観点から見た時に、今日的意味での科学の誕生が、非合理的な心理や考え方、行動様式に囚われがちであったとされる、ヨーロッパ中世世界からの脱却の場面に位置することは、ややステレオタイプに過ぎるかもしれませんが、よく知られているとおりです。ルネサンスの精神的土壌の上に展開された一七世紀のいわゆる科学革命は、天動説から地動説への転換に代表されるように、人々の世界観やものの考え方に根本的な変化を生みだしました。こうした傾向が自然科学に限らず学問全般に見られることは、人類の主知主義的合理化の発展を描く中でマックス・ヴェーバーが用いた、「魔術からの解放（Entzauberung）」という言葉でも知られています。

もっとも、このような「魔術からの解放」という科学の役割は、必ずしもヨーロッパにおける近世の始まりという、遠い話にとどまるわけではありません。第二次世界大戦後の日本においても、この「科学」に対する一種の渇望と呼んでもよいような空気が生まれました。こうした空気は、とくに社会や法、さらには歴史を対象とする分野において、科学という視点の重要性が強調された状況に典型的に示されています。それは、戦前の神話的な歴史観、権威的な国家体制、あるいは情緒的な共同体としての社会観などに対する反作用であったことは、言うまでもありません。

このような経緯を経ながら、日本でも科学は、その制度的発現による社会の近代化、そしてその技術的発現による高度成長への貢献を通じて、人々の信頼を勝ち得てきました。魔術からの解放としての意味のみならず、科学は、社会の進歩、経済の発展にとっての原動力、シンボルとして、多くの人々に受け止められてきたのです。もちろん、個々にはさまざまな議論が、原子力開発、環境破壊、臓器移植や遺伝子操作などの問題をきっかけに行われてきました。しかし、科学の意味そのものを根本的に疑う議論は、ほとんど無かったように思います。

最近において、科学の意味、ということに対する問題意識が広がったのは、意外な方向からでした。皆さんもご承知のように、科学研究にかかわる予算について、ここ数年来の政府予算の編成過程で、削減の動きが出てきました。それを、科学の進歩ないしその社会的意義に対する無理解、あるいは科学研究者の説明不足といった言葉で片付けるのは簡単です。しかし、その背景として、少なからぬ人々の科学に対する受け止め方と、科学研究に携わる者の意識との間に、ぼんやりとした仕切り幕が存在していたように感じます。それは一言で言えば、科学に対する曖昧な信頼と裏腹になった曖昧な不信です。

もう一つ、科学が直面したのは、何より、このたびの東日本大震災というすさまじい出来ごとからの問い掛けです。科学に対するこちらの問い掛けは、きわめて本質的なものです。科学はこれまで、自然や社会の解明に向けて、営々とした努力を積み重ねてきました。その結果、かなりのレベルにおいて、自然が恣《ほしいまま》に人々の命や財産を奪うことを阻止するとともに、自然が社会にもたらす恵みをより大きなものとすることに成功してきました。しかし、科学によって地震や津波の規模を想定し、それに耐えうるように科学の力を結集したはずの巨大堤防が、無残にも破壊されて数多の命が失われたこと、あるいは、科学の知恵によって原子の力を制御し、電力という、産業や日々の生活に不可欠な基盤を提供していた原子力発電のシステムを、容易にコントロールできないまま、多くの人々が生活の場からの避難を余儀なくされ、あるいは不安におののいている状況は、科学の力に対する無力感、あるいは懐疑を生み出すに足る十分な出来ごとです。

もちろん、巨大堤防にしても原子力発電所にしても、現実の形としてそれを作りだすファクターとして働いているのは、科学の成果だけでなく、財政の論理であり、政治や行政のスタンスであり、あるいは企業経営の発想です。科学の社会的な活用は、それが自然科学的なものであれ、あるいは社会科学的・人文科学的なものであれ、科学だけではなく、リスクの受忍限度の議論などをはじめ、利益衡量や価値選択に基づく、さまざまな社会的取引の産物です。ドイツの社会学者であるウルリヒ・ベックなども指摘しているように、科学の合理性と社会の合理性はしばしば異なるのです。

ただ、現実はそうであるとしても、科学の社会的な活用というのはそんなものだ、そうした妥協やリスクがあることを織り込んでおかなければしょうがないのだという風に、簡単に割り切りたくはないと、私は思います。そうした割り切りに寄りかかってしまうと、人々のより多くの幸せと豊かさを目指す科学の、ぎりぎりまでの進歩はあり得ません。むしろ、なぜ科学がその問題を解決できないのか、という人々の厳しい視線を正面から受け止めながら、科学で対処できる事柄の範囲を拡大していくために全力を尽くすということが、科学に携わる者の原点であろうと思います。

たしかに、いつの時代においても、あらゆる課題に科学がきちんと答えを出せるわけではありません。答えを出せない、あるいは、出来ない、ということを明示することも、科学の一部です。たんに科学の夢や希望を明るく語るだけでは、科学に携わる者の役割は果たせません。やや強い言葉で言えば、そうした素朴な明るさは、社会に新たな魔術をもたらすだけのことです。科学に対する曖昧な信頼は、曖昧な不信とともに、非合理的な判断につながります。しかも、そうした世界の方に、人々が心ひかれることもあるのです。

フランスの数学者であったアンリ・ポアンカレの『科学の価値』という本の冒頭近くに、次のような一節があります。ここでは、私たちの先輩である吉田洋一先生の翻訳をお借りしたいと思いますが、「真理がどんなに残酷なものかをわれわれはよく知っている。そのため、むしろ、幻想の方が真理よりも、もっと心の安まる、もっとわれわれを力づけてくれるものなのではないか、とつい疑ぐるようなことになってしまう。というのは、われわれに信頼感を与えてくれるのは、この幻想にほかならないからなのである。そうはいっても、いったんこの幻想が消え去ったとき、人はなお希望を失わず、引き続き行動する元気をもちこたえていられるだろうか」、というものです。

人間が陥りがちなこうした弱さに、自らも陥らず、そして人をも陥らせない役割が、科学に携わる者には求められています。科学は精神安定剤ではないのです。人々の期待に力の限り応えながら、同時に期待の圧力に屈しない知的廉直が、科学には求められます。科学の世界に生きる者に求められているのは、科学の領分の拡大に全力を尽くすことは当然として、今の科学で出来ることと出来ないこととの区分を明確に示すとともに、その限界を乗り越えるために苦闘している姿を率直に見せることです。

魔術を克服すべく生まれた科学が、再び新たな魔術を生み出すのではなく、科学の本領を突きつめていくことで、科学の社会的な活用のために、一定の社会的取引を行わざるを得ない場面であっても、最大限に合理的な判断の基盤を提供するという、重要な役割が、この時期だからこそ改めて思い起こされてよいように思います。そこからこそ、未来へのたしかな希望が生まれます。科学に携わる者としての誇りを忘れずに、皆さんがこれから健闘なさることを祈って、式辞を終えることといたします。

Ⅲ

秋季入学構想、そして総合的な教育改革

私の任期中に取組んできた大きな課題が、秋季入学構想の検討をきっかけとした教育改革です。これは、これまでの教育のシステムや方法を改革することにより、学生たちが持っている高いポテンシャルをさらに引き出すことができるはずだという確信によるものでした。とくにグローバル化の流れや社会の激しい変化に真正面から対応できる学生たちを育てることは、彼ら彼女らの未来の幸せや社会からの期待を考えれば必須であると考えました。またそのことが、東京大学が国内のトップ大学であるにとどまらず、世界のトップ大学の一つであるために不可欠の取組みであるとも考えました。秋季入学構想については、さまざまな観点からの意見を取込みながら検討を深め、まずは二〇一五年度から四ターム（学期）制というステップをとり、同時に総合的な教育改革という大きな流れの中に位置づけて展開していくことになりました。この章の前半部分には、そうした構想の提案や検討状況を社会に広く説明したインタビューや寄稿記事、講演を、また後半部分には、この教育改革に通底している理念や考え方を示している一連の式辞・寄稿記事などを収めています。

この秋季入学構想と総合的な教育改革の展開については、本書巻末に主要な一次資料を収録しました。本章とあわせて参照いただくことで、このたびの教育改革の流れの全体像やポイントとなった考え方をさらに俯瞰的に理解いただけることと思います。

東大の秋入学

二〇一一年九月一日
朝日新聞朝刊
（インタビュー・まとめ　山口栄二記者）

――「東大、秋入学に移行検討」というニュースには驚きました。なぜ今、検討を始めたのですか。

自然科学など研究の分野では、東大は十分国際的に競争を行っていますが、教育に関する国際化は遅れています。これまで国内だけで十分な高等教育への需要があったため、それに応えて国内の労働市場に向けて人材を育てていればよかったのです。しかし、一八歳人口が減少し、国内の労働市場も縮小傾向の今、日本の大学が従来通り国内だけを射程に置いた教育をしていたのでは、「ガラパゴス」的な存在になりかねません。グローバル人材を育てるために、大学教育の国際化は避けて通れない道です。

――大学の国際化が秋入学とどういう関係があるのですか。

外国から留学生を受け入れたり、日本人学生を海外に送り出したりする上で、入学や学期の始まりの時期のずれが大きな障害となっています。欧米の多くの大学や中国の大学は入学や新学期開始の時期は九月だからです。このずれのため、留学への躊躇や時間の無駄が生まれています。九月入学にすれば、この障害を解消することができるのです。

――二〇一五年三月までの総長任期中の目標「東京大学の行動シナリオ」で、「『タフな東大生』の育成」も掲げています。東大生はヤワですか。

かつては知識をたくさんもっていることが力になりました。しかし、これからの時代は、人の気持ちをどれだけくみ取れるか、人々の力をどううまくまとめて発揮できるか、といったコミュニケーション力や説得能力が必要とされます。その意味で、東大生は知識の量ではタフかもしれませんが、これからはレジリエンス（弾力性）、しなやかさのある力も必要です。この力は同質な集団の中ではなかなか育ちません。海外に行ったり、異文化に触れあったりして、「あれっ、話がうまく伝わらない」と驚く経験をしなければならないのです。

――「行動シナリオ」では「女子学生比率三〇％」を二〇年までに目指すとしています。東大も「女子力」ですか。

そもそも男女の比率が八対二という現状がおかしいのです。男性優位の環境の中で教育を受けると、男女が半々の実社会に出た時に戸惑うことになります。

――女子学生の比率を上げるために、女子の受験者を入試で優遇することは考えていますか。

入試はあくまで学業成績を中心にして決めます。ただ、女子高生向けの特別のガイダンスを充実したり、女子東大生が出身校を訪れて東大のよさや学生生活の楽しさを伝えてもらう活動をしてもらったりして、「東大は女子学生を求めている」というメッセージを伝えることを続けていきたい。「東大に行くと結婚できなくなる」とか「女が東大に行ってまで勉強しなくても」といった偏見は今はないでしょうが、優秀な女子がもっと東大に来てくれるようPRしたいと思います。

――秋入学の話に戻りますが、入試の時期は現在のままで、入学時期のみ変更すると、そこにすき間（ギャップ）が生じます。一般に日本社会は浪人や留年などのギャップをあまり肯定的に評価していませんが。

かつて日本では一つの会社に就職して、そこに生涯勤めるという単線的なキャリアが長く主流でしたが、現在の経済状況では会社が倒産したり、リストラされたりという事態が普通に起きるようになりました。個人の力がモノを言う社会です。そこでは、ギャップイヤーを利用して自らの力を鍛えて次の仕事を探すという感覚が必要になってきます。あえて入試と入学の間にギャップを作ることで、人生の中でのギャップの意義を認めるように日本社会に対して意識改革を求めていきたいのです。

――ギャップイヤーに学生は何をすればいいのでしょうか。

選択肢はいろいろです。バックパッカーになって海外を放浪してもいいし、ボランティアや企業へのインターンでもいいと思います。大学として、過ごし方についてメニューを提示することも必要でしょう。

――しかし、いくら就職や国家試験、公務員試験で圧倒的に強い東大生といえども、入学が半年近く遅れると不利になりませんか。

たぶん、学内の慎重論の一つは司法試験などの資格試験の問題だと思います。あらゆる制度は四月入学を前提にできていますから、これについては、秋入学やギャップイヤーの有用性について社会に訴えて、必要ならば試験の時期や制度について改正や柔軟な運用を求めることも考えたいと思います。

——東大の事情で試験制度を改正せよというのは少し乱暴では？　東大が変えれば、ほかの大学は従うと考えていませんか。

制度の改正は社会の理解と支援がなければできません。同じ問題意識をもつ他の大学とも一緒に動きます。グローバル化の中で日本が直面している事態は、一部の大手企業やエリートだけの問題ではなく、中小企業や一般国民の生活にもリアルタイムで直接影響を及ぼしています。一生国内で生きていくという人にとっても、異文化への理解力やコミュニケーション能力は欠かせません。グローバル人材を育てることは、一東大だけの事情ではなく、日本社会全体にとって必要なことなのです。

——「秋入学への移行は東大単独でやっても失敗する」と指摘する識者もいます。

新聞で報道された後、多くの大学から問い合わせをいただいています。私たちが集めた情報や論点整理を材料に、他の大学ともじっくり議論していきたいと考えています。経済界からも賛同の反応がありますし、さらに理解の輪を広げていきたいと思います。

――大学全体を秋入学に変えなくても、「外国人留学生は秋入学、日本人学生は現行通り春入学」ではだめなのでしょうか。

積み上げ式の授業をやっているので、入学時期を別にすると、留学生向けと日本人学生向けの複線で授業を用意しなければならなくなります。それだけの労力を注ぐ教員の余力があれば、もっと教育活動の質の充実に集中させたい。また、留学生と日本人が一緒に机を並べて同じペースで学んでいくことが大切だと私は考えています。

――「秋入学移行」に向け、どういうスケジュールを念頭に置いていますか。

学内の議論の範囲を少しずつ広げていますが、今年四月に学内に発足した「入学時期の在り方に関する懇談会（座長・清水孝雄副学長）」の報告書が年内に出たら、それをベースに企業や社会に向けて問題提起をしていきたい。他の大学や高校の先生方とも話し合いたい。そうした活動を一～二年続ける中で着地点が見えてくると思います。私の任期中には難しいかもしれませんが、五年をメドに緊張感を持って検討すべきだと考えています。

——かつて、国の審議会などが何度か「秋入学」を提言しましたが、世論の理解が得られず挫折しました。東大が日本社会全体の意識改革に挑むのは、大変な作業では？

大学としての覚悟をどう示すかが大事ではないかと思います。「いつか秋入学になればいいなあ」なんて言っていても何も前へ進みません。我々は本気で考えるんだという姿勢を示さない限り、社会も相手をしてくれません。

——そこまでしてこの問題に取り組もうとしている理由は？

若い世代に対する責任感です。国際化、グローバル化は待ったなしで私たちの身の回りに迫っています。企業はどんどん海外に出て行き、日本人学生より外国人留学生を積極的に採用する企業も少なくありません。学生をこのまま放っておいてはかわいそうだし、社会にとっても損失です。アジアでも、中国、韓国、シンガポールの大学は、学生を外に出したり、優秀な留学生を受け入れたりするために政府が積極的に投資しています。政府に「金を出せ」と言うことも必要でしょうが、まず大学として「ここまでやっているんだ」と覚悟を見せることが大事だと考えています。

秋入学でタフな学生に

二〇一一年一〇月八日
読売新聞朝刊
（インタビュー・まとめ　服部真編集委員）

国際化待ったなし

――秋入学の検討を始めたそもそもの理由は。

大学の国際化は待ったなしという思いが中心にある。入学時期のずれを直せば、海外留学に行くのも、海外から留学に来るのも容易になる。何より、国際化への不退転の姿勢を秋入学という形ではっきりと示すことは、学生たちへの後押しになるし、海外経験する学生への社会的な評価につながる。

高校卒業から秋入学までの半年間のギャップは、タフな学生を作ることに生かせる。この期間に受験勉強とは違った知識の鍛え方をしてもらいたい。卒業時期も変わる可能性があるから、今の就職採用のあり方を社会全体で議論してもらうきっかけになるとも考えた。

――東大の国際化の現状は。内向きといわれるが、学生の意識はどうか。

研究面では既に当たり前のように海外と競争し、刺激し合っているが、教育面では手当てが遅れていた。学生たちは決して内向きではない。社会の閉塞感や保守化のために、道を外れると戻れないという圧力が学生たちを内向きに見せている。国際化への学生の意識は強い。でも身動きができず、焦っている。

――タフな東大生になれと、学長に就任以来、訴えている。東大行動シナリオにも盛り込まれた。今の東大生はそんなに弱々しいのか。

弱々しいというイメージはないが、グローバル化し変化する社会にチャレンジするために、可能性をもっともっと伸ばしてやりたい。タフさとは、知識を社会で実際の力にしていくために必要な力。ペーパーテストでいい成績を上げるのに注いできた力を、テスト以外でもどう発揮するか、正解がない課題にどう立ち向かうかを考えさせ、鍛えなければならない。

チャレンジする力

——国際化でどう鍛える。

英語で人々と話せるだけではなく、今まで生きてきた世界とは違った生き方、価値観や発想に触れさせる。それによって時代の変化に対する柔軟性や、新しいことにチャレンジする力も養われる。

——そのために必要なのが異文化体験というわけだが、東大の学部で海外留学する学生は〇・四％、外国人留学生も一・九％と少ない。

ちょっとサマー・プログラムにと思っても学期中で行けないとか、半年ぐらいの留学でも一年まるまる遅れてしまうといった話はあるが、秋入学は、こうした時期の調整だけではなく、日本人学生や日本社会に国際化を促すメッセージの意味合いも大きい。

外国人留学生が来るかどうかは、秋入学以外に、奨学金や宿舎などの支援で米国などに対抗できるかによる。伝統的に競争力のある物理や工学のほか、老年学、環境など新しい得意分野も魅力になる。海外での日本語教育の環境整備や、卒業後、日本でキャリア形成できることも重要だ。

世界で鍛える仕組み

——ギャップイヤーについて。秋入学の副産物として生まれた半年間を有効活用できないかという話だった。

社会が一緒になって育てるという発想だ。大学だけではなく企業、NPO、国など、いろんなところがかかわり、担い手になってもらう。質の高いメニューを用意し、人生には広い幅があるということを経験させてやりたい。インターンシップやNPOの手伝いでも、国内外で人とふれあって歩き回るのもいい。この間の経済的負担が抑えられる工夫もしたい。

——秋入学と一緒の実現を目指すのか。

秋入学と同時に仕組みを作っていく。かりに秋入学の実現に時間がかかっても、学生を社会や世界で鍛える仕組みの一部は在学生にもすぐ生かせる。その実績は、秋入学実現のためのてこにもなる。

議論の先頭に立つ

――東大以外の大学にとってメリットは。

国際化も、学生のコミュニケーション力や行動力を鍛えることも、どの大学にも共通した課題だ。単独でやるつもりはない。たくさんの大学と一緒にやれるよう全力を尽くす。東大の役割は、議論の先頭に立って頑張ることだ。

――企業にとっては。

今までよりも鍛えられ、現場ですぐ底力を発揮する人材を採用できるようになる。メリットを分かってもらえれば採用活動も変わってくる。

――今後の展開は。

ギャップイヤーから就職の仕組みまで全体を視野に入れて議論しないとうまくいかない。学内の作業チームが年内に出す中間報告をもとに、他大学・高校、企業、社会一般とも議論していく。五年後を目標にして検討と働き掛けを行っていきたい。

秋入学――時代と向き合う

『文藝春秋』二〇一一年一一月号（原題「『秋入学』は生き残りへの賭け」）

二〇一一年一一月

東大は秋入学の導入について、本格的な検討を始めました。こうした動きに対して、多くの賛同の意見とともに、「高校卒業後の半年間のギャップをどうするのか」「就職はどうなるのか」といった懸念の声も出ていますが、私は真剣です。これは単に東大の入学時期をめぐる問題ではなく、他の多くの大学、そして日本社会全体の未来にかかわる問題でもあるからです。

最近は政治の混乱をはじめとして、組織のトップに立つ者の機能不全が気になります。原発問題でも、危機対応時に適切なリーダーシップを発揮できないというエリートの限界が指摘されることがあります。トップに立つ者としての責任感や矜持が薄れた感も受けるのは、日本の教育に問題があるのかもしれません。しかしそればかりではなく、時代の変化により求められるエリートの質が変わった、その変化に付いていけていないという側面もあるのではないでしょうか。

日本では、かつては、商社や外務省など一部を除けば、大学卒業後は日本に足場を置いて一生仕事をすることができました。組織自体も戦後長らく続いてきた年功序列型・終身雇用で、安定したシステムの下、同じ企業で同じ仲間と定年まで過ごすことができたのです。「異質なもの」と付き合う必要はさほどなかったでしょう。

しかし、この「失われた二〇年」といわれる時期の間に日本を取り巻く環境は激変しました。世界がグローバル化し、企業の海外進出や海外からの企業参入が加速度的に拡大するなど、パラダイムの転換が起きたのです。ユニクロや楽天などの大手企業はグローバル採用をどんどん増やし、半数以上が外国人という企業も珍しくなくなりました。パナソニックに至っては採用人数の約一三〇〇人あまりの八割をグローバル採用枠に当てるなど、より優秀でグローバルな人材を国籍問わず採用する姿勢を見せています。そこで求められているエリート像とは、たとえばシンガポールの現地法人で華僑系、マレー系、インド系など、さまざまな文化圏の人々と相互理解を深めながらコミュニケーションを取り、彼らを先導できるリーダーです。ITと英語ができるのは当然のこと、さらに現在は、高い専門性をもったグローバル感覚を身につけた人間が必要とされています。

たとえば官僚の仕事にしても、国内のことだけ考えていればいい時代ではなくなりました。国際的な潮流をわきまえていないと規制ひとつ決められません。生活のあらゆる場面がグローバル化している現代では、省庁でも一部の人だけが国際対応できればそれでいい、というわけにはいかなくなっています。国際的な感覚や外交交渉の進め方も含め、異文化圏の相手に対して柔軟に対応できる作法と度胸を身につけておかなければ、これからの時代を生き抜くことはできないでしょう。国際性を身につけ、協調性を生かしていく理想的な官僚を育てていかなければいけません。阿吽の呼吸や権威といったものは、日本人同士では通用しても、文化圏の異なる相手ではまったく通用しません。

エリート像の変化

新しい時代が求めているエリート像は大きく様変わりしました。国際的な協調を加味した新しい枠組みを前に、大学自体もまた国際社会に貢献できる人材を育成すべく、グローバル化が求められています。しかし、残念ながら東大に留学する外国人学生も、東大から海外の大学に留学する学生数もまだまだ少ないのが現状です。

世界の有名大学と比較すると、学部生と大学院生を合わせた外国人留学生の比率は、ハーバード大学が二〇%、オックスフォード大学が二九%、シンガポール国立大学が三〇%であるのに対し、今年五月時点での東大の留学生受け入れ数は、大学院生こそ二六九〇人（全体の一八・六%）ですが、学部生では二七六人（同一・九%）しかいません。今年五月時点で海外へ留学に出た学部学生の数にいたっては、わずか五三人（同〇・三%）に過ぎず、大学院生でも二八六人（同一・九%）にとどまっています。東大の国際化の遅れには、さまざまな理由が挙げられますが、海外大学との入学時期のズレに一つ大きな要因が求められます。

ある意味では、日本国内にいながら、これだけの高い水準の高等教育を受けることができるのは、素晴らしいことです。また、外国人研究者の少ない中で、これだけ強い国際競争力をもった研究を行っていることは、誇りとしてよいところです。しかし、いつまでもこの状況が続くとは思いません。

国際化そのものは、前任の小宮山宏が総長の時代から、そして私が〇九年に総長に就任して以降も、東大にとっては大きな課題でした。海外の大学と協定を結んだり、留学先で得た単位を東大でも認めるシステムを整えるなど、さまざまな手を打ってきましたが、状況を打開する決定打にはなりませんでした。

個別的な改革の積み重ねも大切ですが、グローバル化を妨げている根っこの要因を取っ払わなければ、事態を変えることはできません。留学が本当に意味のあることなのか、社会に出たときに実質的にどれくらい評価されるのかなど、親兄弟含めて社会全体の評価を変えていかないと、学生たちが海外へ出て行く状況にはなかなかならないと思います。

「ガラパゴス」化の危機

少子化に対する危機感もあります。一八歳人口はピーク時（昭和四一年）の二四九万人から、直近の一二〇万人（平成二三年）と大幅に激減しているなかで、東大の入学者数は最大時から五〇〇人ほど減らしましたが、現在も三〇〇〇人あまりを受け入れています。東大はもっと前から「分母」を増やす努力をすべきでしたが、一番優秀な学生が来るはずだと暢気にかまえていたところがありました。「分母」を増やすための鍵は、中国や韓国はじめ、世界各国から優秀な学生を呼び込み、日本人学生と競わせることと、そして女子学生の受験者数をもっと増やすことにあります。女子学生が増えれば、多様性が増すことも間違いないでしょう。

多様性は教育における本質です。もっとバラエティー豊かな学生を増やしたいと思っています。東大に入学する学生は、首都圏出身者が約六割を占め、また中高一貫型の私立校出身者の割合も半分を越えています。私が東大に入学した一九六八年にくらべて、均質化してきている感じがします。東大学生の親は、専門職や大企業・官公庁の管理職、中小企業の経営者といった人たちが七割以上です。他方で、年収四五〇万円未満の世帯の学生も二割近くに増えています。東京で生活するにはたしかに経済負担がかかります。不況の影響で上京を諦めざるを得ない学生も多いと思いますが、地方の優秀な学生にもっと東大で学んでもらえないのは、非常に残念です。

このままでは、東大は日本のなかでトップであっても、あと何十年かのうちには世界に取り残された辺境の一大学になってしまうことを懸念しています。今年発表された「世界大学ランキング」（タイムズ・ハイヤー・エデュケーション）では、留学生の数や外国人教員の数の少なさが災いして、総合点では二六位というランクで、アジアでトップの座を香港大学に譲っています。もっとも、研究力・教育力についての世界の有識者の東大評価は世界八位です。この研究力・教育力の高い水準こそが大学の命ですので、やみくもな国際化でこの力を落とすべきではないとは思っています。しかし、これから活躍する学生たちの未来を考えると、先手先手を打っていく必要があります。秋入学を検討し始めたのは、こうした状況に強い危機感を覚えたからです。

世界の有名大学は優秀な学生を集めたり、大学間の交流を広げようと積極的に動いています。欧米諸国の約八割は九月入学で、世界二一五カ国中で四月入学を行っている国は、日本やインド、パキスタンなど七カ国だけ。日本の大学が春入学というシステムのままで二〇年、三〇年先ももつとは到底思えません。いずれ「外圧」で現行のシステムを変えざるを得なくなるなら、一刻も早く自らの手で主体的な改革をすすめるに越したことはありません。国際競争のなかで日本の大学だけが「ガラパゴス」化してからでは遅いのです。それは大学の衰退にとどまらず、日本という国家の衰退を意味します。

東大が秋入学の検討に着手したことが明らかになったあと、外部から寄せられた懸念の声で多かった一つは、「四月入社が前提となっている就職で不利になるのではないか」というものでした。たしかにこの点は産業界ともよく話し合う必要があると思っています。ただ、三年生の秋になると就職活動が始まってしまい、本分である学業が疎かになってしまうような今の一斉採用のあり方に問題がある、という認識は多くの企業がもっています。「春入社にこだわる必要はない」という反応も企業側からかなり出ており、企業や官庁の採用方針が「四月新卒採用」から、新卒も既卒者も区別しない「通年採用」に転換していく日もそう遠くないと思います。力のある人材をいつでも採用できるほうが企業側にもメリットがあります。秋入学は関係するすべての教育機関や企業、そして社会システム全体に影響をおよぼす問題なので、今後、各方面と議論を重ねていきたいと考えています。

ギャップイヤーの効用

入学時期が秋になると、大学の合格発表が出てから実際の入学までに約半年間のブランクが生じることになります。この「ギャップイヤー」を、国際経験や社会の見聞を広げるための期間として有効活用してほしいと思っています。

ギャップイヤーは六〇年代にイギリスで始まり、九〇年代にほぼ定着した制度です。イギリスでは一六カ月もの期間を設けており、中退率が下がるなどの一定の効果をあげていると聞いています。いまではイギリスの大学生の約一割～二割がギャップイヤーを体験しているそうですが、日本の大学でギャップイヤーを取り入れている大学は、まだまだ少ないのが現状です。

東日本大震災などの被災地へボランティアに行くのもいいし、ＮＰＯ活動の手伝いをしてもいいでしょう。企業でのインターンや研究室でのアルバイトといった選択肢もあります。ギャップイヤーを通して知識の習得だけではない、別の世界が存在することを知ってもらいたいのです。厳しい受験勉強の時期から解放されて、自分たちが生きてきた世界とは違った価値や原理で動く社会を身をもって体験し、そのうえで何のために大学で学ぶのかについて考える時間が学生には必要です。半年間のギャップによって、大学で学ぶのを辞めようと考える学生が出てきたってかまいません。訳も分からず、ただひたすら勉強だけして、卒業する頃になって「ン?」と違和感を覚えるようでは遅すぎます。勉強がまず大切なのは当然ですが、勉強することしか知らない人間になっても困ります。

かつては就職氷河期であっても、大学の偏差値レベルが就職時に大きくものを言い、大学入学後の中身はそれほど問われませんでした。大学教育は無用だという議論まで出てきたこともあるくらいです。しかし、大学教育の国家間競争が熾烈さを増す時代に、このような悠長なことを言っている場合ではないでしょう。大学で何を学んだのかに加え、学んだ知識を社会で力として発揮するためにどれだけ世界や社会と触れ合う体験をしてきたか、その経験値とコミュニケーション能力の高さがこれからの人材をはかる基準となります。

卒業時期も検討中ですが、現行の四年間の修業期間を前提にすれば、四年後の八月ということになるでしょう。もっとも四年半に延長して三月卒業にする手もありますし、三年半の早期修了という仕組みも議論してよいと思います。

昔に比べていまの学生は精神的に幼いという言い方がよくなされますが、それはあまりにも短絡的な見方です。社会的な経験が少ないのは仕方ありませんが、いろんな状況に晒され、それに耐えうる体力も知力も十分に備えているはずです。機会がないだけです。各企業が我先にと採用活動を前倒しし、学生の実質的な修学期間が短くなっている問題も何とかせねばなりませんが、人生の節目でいわばショックを受ける体験がなければ、つぎつぎと変化していく時代に柔軟に対応できる能力は身に付かないでしょう。豊かな知識をベースに入学前や卒業後の社会経験を通して鍛え抜かれた学生は、一味違うはずです。単純な即戦力とまでは言わなくとも、変化の時代に企業や社会が求めるニーズに正面から応えられる、タフさと幅の広さを備えた優秀な学生に育つことは間違いありません。

女子学生を増やしたい

いまのところ、入試制度を大きく変えるつもりはありませんが、授業内容は国際化を見据えて見直しをはかる必要があります。しかし、私は先生が壇上に立って講義する方式、つまり知識の習得を鍛える方法を根本的に変える必要はないと思っています。相手が何か言ったことに対して自分の意見を述べたり、新しい考えを提示する討議力のトレーニングは強化するつもりですが、ベースに十分な知識がなければ議論を発展させることはできません。「頭デッカチ」もだめですが「議論デッカチ」もだめです。

二〇二〇年までに英語による授業科目を現在の三倍以上に増やす目標を掲げていますが、同時に、分野によって本当に英語で教え学ぶ意味があるのかを考える必要があるでしょう。一般に理系と文系ではその重要性の比率は異なりますし、文系でも経済学と国文学では必要の度合いが違うはずです。

たとえば、ふつうの授業で『源氏物語』を英語で読み解く必要はありません。先生も学生も英語しか出来ないのであればともかく、無理に英語で授業を行うと、授業の質が落ちる危険性があります。むしろ、その面白さを英語で説明できる基礎力を鍛えてやることこそ重要です。日本の魅力をうまく説明できるのは大切なことですし、それは間違いなく国際社会で求められる一種の教養にもなります。

国際化の中では、「異質なもの」を知ることによって、逆に日本に対する愛情やその価値が分かってくることもあるでしょう。人間関係も同じことですが、周りを見ないと自分の本当の価値がどこにあるのかは分からないものです。国際化というのは、単に異文化圏の人たちと幅広く付き合い、コスモポリタン的な感覚を磨くだけではなく、自らの立ち位置を振り返り、そのかけがえのなさを見直すきっかけにもなるはずです。

昔はドンと構えて学生を待っていればよかったのですが、少子化時代を迎え、より優秀な学生を確保するためにも、大学は積極的に説明会を行っています。特にいま力を入れているのは地方での入試説明会と女子学生向けの説明会です。理屈だけで言うと、一八歳人口という「分母」が小さくなり合格者という「分子」がそのままの数であれば、学生たちの平均的な学力水準が下がっていく可能性が出てきます。それをカバーできるのは、東大に十分合格できる能力をもっているはずの女子学生、なかでも親の意向等により、地元の大学に進学せざるを得ないような地方の女子学生です。女子学生が増えれば、一八歳人口の減少分も十分補え、学生全体のレベルは落ちません。

女性の社会進出も高まり、今後ますます女性の役割が重視される世の中でありながら、いまの東大にはあまりにも女子学生が少なすぎます。世界の有名大学は男女比が半々であるのに対し、東大の入学者数に占める女子学生の割合は九〇年代から二割前後を推移している状況です。これでは実社会とギャップがあります。こうした背景には、いまだに「ガラスの天井」があり、女性はトップを目指して頑張る必要はないという社会風潮が根強く横たわっているのかもしれません。しかし、「女の子が東大なんて」という考え方は、時代遅れです。研究者として、あるいは企業の中で、官僚として、また国際的な機関やＮＧＯで活躍する女性もたくさんいます。やはり大学も現実の社会構成に見合った構成を目指すべきです。

若者は内向きではない

○四年の大学法人化でそれぞれの大学が合理化を進め、独自性を打ち出せるようになったのは歓迎すべきことですが、政府からの運営費交付金が毎年一％ずつ削減されるなど、財政的には本当に苦しい状況に追いやられています。国際化や社会連携など新しい課題に対応するための業務量が飛躍的に増える一方で、さらなる人員削減によって職員が疲弊し、教員の負担が重くなり、教育研究に大きな支障が出ています。先生たちの研究レベルは高いのに、その力をフルに発揮できないというのは実にもったいないことです。大学等への公財政支出について、日本が対ＧＤＰ比でＯＥＣＤ加盟国中最下位というのは情けないと、口を酸っぱくして言っているのですが。

国の財政も厳しい状況では、いまより多くの交付金を国から期待することは難しいでしょう。長い道のりですが、大学基金を欧米並みに増やす努力も続けなければなりません。東大が一兆円基金を達成することが私の夢ですが、すでにハーバード大学の基金は約二兆円強、イエールやスタンフォード、MITなどの各大学の基金も一兆円を超えるなど、海外の有力な大学では基金を活用して研究のための施設設備や奨学金の充実を大胆に行っています。

日本の優秀な高校生が海外の大学へ進学する傾向は、今後ますます高まるでしょう。先日、私の母校である灘高校からイエール大学に入学した高校生が話題になりました。優秀な高校生が東大を選ばないのは残念なことですが、海外の大学を視野に入れて進路を選択できる時代になったことは、むしろ歓迎すべきことです。東大だって世界中のあまたある大学の一つという意識で、他大学とは異なる持ち味で競争しなければいけない時代です。しかし、MITやイエール大学の真似をしても意味はありません。逆に、MITなどが東大のような魅力を持てるわけでもありません。むしろ、学生たちがこれからどういう時代を迎え、どういう場で活躍するかを見据えてベストな環境をつくることこそ私たちの責任であり、使命であると思っています。

いまの若者は内向きだと言われますが、決してそうは思いません。むしろ、デフレ不況をなかなか克服できず、いまの生活水準や経済産業をどのように維持するかに躍起になっている日本社会のほうが内向きではないでしょうか。社会がそうなると、若い世代はどのように社会と折り合いをつけて生きていくかということしか考えなくなります。こうした社会の閉塞的な雰囲気から変えていかないと、若い世代は元気にならないでしょう。

自分たちの学生時代を振り返ると、自らの手で世の中を変えられるかもしれないといった、無謀ではあるけれども自負のようなものがありました。高度経済成長期で右肩上がりの時代でしたし、社会がどう発展していくか可能性の幅がまだまだあった時代です。極端に言えば、日本が社会主義国家になる可能性もあったわけです。

優秀な学生は国力の源

私も、安定した生活を送る方法について悩んだ記憶はありませんし、横道に逸れることやリスクを冒すことにももっと貪欲というか、無邪気でした。それにくらべると、いまの社会は中途半端にできあがりすぎているという印象を受けます。自分が行動を起こしても世の中がどう変わるかが見えにくいですし、大胆な生き方をしようにも意欲を削がれる条件が多すぎます。留学にしても同じことです。社会の評価が期待できないとなれば、躊躇するのは当然のことです。いまの社会は学生に躊躇をさせる要因が多すぎます。秋入学を導入したいという理由には、そういう心理的な壁を思い切って取っ払ってやりたいという強い思いもあります。

豊かな知識とともに経験の幅を広げることで、心身ともに強靱な人材を育てることは、グローバル化に必須の条件です。人を育てるというのは、その人自身の利益につながるだけでなく、社会の利益、ひいては国益にもつながります。優秀な学生は国力の源泉です。失敗を恐れず、みずから率先してリスクを背負える人間こそが、次世代の日本を支えるリーダーです。私たちにはそのような人材を育てていく使命があります。

秋入学　こう考える

――大学と社会　総合改革――

二〇一二年四月三〇日
日本経済新聞朝刊

昨年四月に発足した本学の「入学時期の在り方に関する懇談会」（座長は清水孝雄理事・副学長）は、今年の三月末に最終報告書を総長に提出し、その役割を終えた。そこでは、秋入学構想の意義や基本的な枠組み、今後取り組む必要のある諸課題が掲げられている。

構想共有に意味

一年前は、さほど注目されない、小さな一歩だったと思う。しかし、ここに至る間に状況は大きく変わった。秋入学にどのような立場をとるにせよ、グローバル化など現代の重要な課題に対応できる教育の在り方を真剣に考えようという社会的気運が大きく高まった。

入学時期の変更だけで国際化が進むわけでないのは自明である。秋入学は「自己目的ではない」「打ち出の小づちではない」と何度繰り返してきたことだろう。秋入学の構想は、さまざまな教育改革や社会システム改革と連動してこそ意味を持つのであり、またそうした総合的な改革を誘導し加速する効果を現に生み出している。

誤解を恐れずに言えば、秋入学の構想はいわゆる「グローバル人材」や「タフな人材」を育成し活躍させる環境をつくるための、大学や社会のシステム改革と意識改革に向けた運動である。秋入学という結果だけではなく、そこに込められた課題を真摯に考えていくという意欲と取り組みのプロセスも大きな意味がある。

このダイナミックなプロセスの中で、さまざまな制度の工夫が試みられ意識の変化が生まれていく。であればこそ、今のこの瞬間だけをとらえて、賛成・反対を論じたり、各大学におけるグローバル化への対応の工夫の違いを過度にうんぬんすることは、さして意味は無いと思う。

慶應義塾の清家篤塾長の言葉を借りれば、いろいろな大学の間であるいは社会とともに「ベクトルを共有」して動きをみせていくことこそが、今は大切なのである。多くの大学がそれぞれのやり方でこの動きに参加して、教育と社会を変え始めていることは心強く、敬意を感じている。

一〇年先見据える

秋入学の構想について、その意義が三点あると考えている。一つ目は、学事暦の変更といわゆるギャップタームの活用による学生たちのスムーズな国際経験や社会体験の条件づくりである。留学生の受け入れも増やし学生の多様性を高めたい。

二つ目は、こうした条件の意義を実質化させていく総合的な教育改革と社会システム改革の誘導。そして三つ目は、世界と同じ平面に立ち、言い換えれば、日本という柵を取り払ったグローバルな大平原で、能力を競い合い、また協調していこうとするマインドセットを大学にも社会にも根付かせることである。

学生たちが社会で本格的に活躍する一〇年後、二〇年後、時代の様相は今とはすっかり変わっているに違いない。現状の継続を前提とした教育ではなく、未来を生き抜き、新しい時代づくりに貢献してくれる人間を育てたいという強い思いがある。

先日、私は「改めて、総合的な教育改革に向けて」というメッセージを大学の構成員に発した。その中では、本学が取り組む課題として、入試改善や教養教育の高度化、教育システムの国際化等を掲げ、再確認した。多くは、すでに取り組みが始まっており、それらの取り組みを着実に進めていくことが秋入学構想の実質化につながる。

秋入学への移行に山のような課題があることは想定済みである。それについては「課題があるから動かないのではなく、課題を主体的に解決するために行動することこそ重要だ」と述べてきた。

ギャップタームの例をとっても、この期間を高校卒業直後の若者が有効に使えるか、家計への負担や教育機会の格差の発生、数学や語学などの学力が低下する可能性などの懸念が指摘される。それらの懸念には真剣に対応する必要がある。一方、慎重な意見の前提になっている事柄を改めて問い直さなければならないことも少なくない。

例えば、私たちは、一八歳の若者の選択と自己責任の在り方という問題に正面から向き合い、最善の対応をしてきたと言い切れるだろうか。

現状だけを前提に議論していると、すべての物事が動かなくなってしまう。私たちのこれまでの暗黙の前提も問い直しながら、懸念の克服に向けた検討と取り組みを進めたい。今は秋入学について構想を提起する段階から、可能なトライアルを行いつつ慎重論もしっかり消化していく、次の段階に入っている。

幅広い連携探る

目下、高度なグローバル人材の育成を志向する一二大学で総合的な教育改革をすみやかに推進するための協議体をつくろうとしている。その枠にとどまらず、改革に意欲的な大学・企業・自治体・非営利組織（NPO）等と幅広い連携を模索していきたい。政府でも思い切って、教育国際化への投資の拡充や国家資格試験の時期・回数などの見直しを行ってもらわないと、事は動かない。

まだ秋入学の構想の大枠ないし理念型が提示されたばかりである。本学においても、総合的な教育改革を進めていく中で、課題をさらに消化し、具体的な仕組みを設計していくために、新たな検討会議を発足させることにしている。

東京大学一三〇年余の歴史において、最初の約四五年間、つまり三分の一は秋入学だった。一九二一年に諸学校の学年暦変更の動きや徴兵制度への対応などのため四月入学に変更した。議論当時の山川健次郎総長の文部大臣への上申書に、「止ムヲ得ス」四月に改めると記されているという。

この言葉を二度と使いたくないと思う。激しい時代の変化に追い詰められて「止ムヲ得ス」秋入学に戻す時を待つのではなく、主体的に自らの判断で対応していくことが、学生と社会に対する大学の責任である。

社会システムとしての秋入学

二〇一二年一二月一九日
日本経済新聞社主催　大学改革シンポジウム「秋入学と人材育成」講演

今日は、「社会システムとしての秋入学」というテーマでお話を申し上げたいと思います。秋入学の問題については、この間、さまざまな議論が、大学の内のみにとどまらず社会でも幅広く行われてまいりました。私は、否応なく激しいグローバル化のただ中に置かれる中で、そこから身を逸らすのではなく、グローバル化というものを積極的に活用して生きていかなければならない日本社会としては、秋入学に限らずさまざまな社会のシステムや意識について、国際的な動きとの距離をさらに縮めていかなければならないと考えていますが、今日は、秋入学をめぐる議論に含まれている、いくつかの論点について眺めてみたいと思います。秋入学の構想についてこの一年半ばかりさまざまな議論が出されてきたことを受けて、それらの論点をきちんと消化しながら今後の議論や取組みをすすめていくことが必要な段階にいま差し掛かっていると、私は考えています。

秋入学の構想が持つ意味ということで、私は三つあるだろうということを申し上げてきました。秋入学に関心を持たれた多くの方々も、意識的であれ無意識的であれ、おそらくこうした点を感じておられることと思います。

まず一つ目は、学事暦の変更によって、海外の多くの国と学事のスケジュールをあわせて、日本人の学生が留学しやすくする、あるいは留学生を受け入れやすくするということ、そして、いわゆるギャップターム（三月の高校卒業から九月の大学入学までの半年の期間）を活用して、学生たちが大学での勉学のための主体的・能動的な姿勢や課題意識を育てる国際経験あるいは社会体験の機会を設けるということです。

二つ目は、こうした学生の主体的・能動的な学習姿勢や多様な経験に対応することが出来るように、教育のカリキュラムやシステムの改革を誘導していくこと、さらには、こうした学生の姿勢や経験のための条件や受け皿を作り、またそれらを積極的に評価するように、社会のシステムや意識の改革を誘導していくということです。

そして三つ目は、激しく急速なグローバル化の状況の中で、世界の国々や社会と同じ平面、同じ土俵に立って、言い換えれば、日本という柵を取り払った国際社会の大平原の上で、互いに能力を競い合い、また協調していこうとするマインドセット、気持ちの構えを、大学にも社会にも根付かせていくということです。

このことでお分かりいただけるように、つまり秋入学というのは、大学が学事暦を九月入学という形式にすれば、それで出来上がるという単純なものではありません。そうした形式だけでなく、九月入学の仕組みや意識を支える社会の実質的な環境条件が同時に作られていかなければ、秋入学は社会の中で現実に効果のある仕組みとして、つまり「社会のシステム」として、出来上がりません。「社会の実質的な環境条件」と言いましたが、たとえば、ギャップタームのような自由な期間を主体的に使いこなせるような若者をきちんと育てられる社会なのか、秋入学のシステムの中で三月とは違った時期に卒業する学生たちの就職や国家資格試験に公正な条件を整えられる社会なのかということ、あるいは、国際経験や社会経験などで「寄り道」をした学生にも正当な評価を与えることができる社会なのか、などといったことです。すでに企業やＮＰＯの方々の中に心強い動きもありますが、こうした環境を作っていこうとする社会の具体的な動きがさらに広がってこそ、「社会システムとしての秋入学」、本当の実体・実質を伴った秋入学というものが初めて生み出されるものだと考えています。だからこそ、私は、秋入学というのは一種の「社会運動」的な面を持つ、いわば「社会プロジェクト」だろうということを申し上げてきました。

いずれにしても、秋入学の話は、グローバル化という問題と切り離しては考えられないわけですが、実は、グローバル化が何か、またどのような意味があるのか、ということについては、人によってイメージがさまざまであるように感じます。私はとにかく学生たちに、高い水準の知的な能力をいっそう鍛えていく、さらにその能力を思い切り発揮していくためにも、「よりグローバルに、よりタフに」ということを言ってきましたが、その時に「グローバル」ということで私が考えているのは、まずは外国語でコミュニケーションできるということは当然の前提として、大事なことは、今まで自分が生きてきたものとは異なる生活や知識、ものの考え方、価値観などとぶつかり合う。そうしたものを受け入れたり、そうしたものにチャレンジしていく中で、異質なもの、多様なものを自分の力として取り込んでいくことであろうと考えています。こうした力には、実行力と同時に想像力、つまり、他の人の幸せや悲しみ、苦しみに対する想像力といったものも含まれるべきだと思いますが、そこから、新しい課題に直面した時にも、柔軟な発想や工夫、新しい知恵が生み出されるのだと考えています。それは、一言で言えば、「世界の持つ多様性を自分の力として取り込む」ということです。

そうした意味では、グローバルな経験によって鍛えられる力は、いわゆる「グローバル人材」として国際的な場面で発揮されるだけでなく、日本の国内での活動においても、地域社会などにおいても、自分が今まで経験したことがないような新しい場面にぶつかった時に大いに生かされていくものだと考えています。私はそうしたところも視野に入れて、グローバルに学生を育てたいと考えています。

社会のグローバル化はもちろん、社会の将来について予測が困難になってきているいまの時代、新しい課題が次々に生まれてきているいまの時代においては、こうした力は、学生、卒業生たちに、知的な力そのものと同時にぜひ身に付けておいてもらいたいことです。そのために、大学でこれまでもさまざまな国際化に向けた取組みを行ってきているのですが、個々の取組みだけではなかなかいまのグローバル化のスピード、時代の変化のスピードに追い付いていけないという危機感の中で検討を始めたのが、秋入学の構想という、私たちがこれまで当たり前のように考えてきた大きな枠組みへの挑戦です。

学事暦の変更は決して「打ち出の小槌」ではないことを、これまで繰り返し述べてきました。東大の場合は、この学事暦変更の検討とあわせて、「総合的な教育改革」をすすめています。これまで気になってきたけれども手がつけられていなかったさまざまな教育課題が、学事暦という大枠の変更という動きに刺激され誘導されて始まっています。そして、その中で、若い人たちの育て方など、教育の本質にかかわる議論も深まってきていることが、とても貴重なものであり、そこには、大学はもちろん社会全体として考えていただかなければいけないことも数多く見えてきています。

そのいくつかの例を、これからお話し申し上げて、後ほどのディスカッションのご参考にもしていただければと思っております。

大学で秋入学という構想を検討していく時に、もちろんさまざまな課題があります。とくに議論が多いのは、ギャップタームというコンセプトです。ギャップタームについては、その自由な時間の使い方を学生の自主性に任せることの大切さに同感する意見もたくさんあります。『東京大学新聞』という学生新聞が、東大にこの四月に入学してきた新入生たちのほぼ全員にアンケート調査した結果があり、そこでは半数が秋入学支持という回答（支持しないという回答は一三％）をしていて印象的であったのですが、そこで「ギャップタームがもし与えられるとどう使うか」という質問項目では、海外に留学・旅行、語学など好きな勉強、ボランティア活動など、それなりにこの時期を有効に使うという回答をしていますので、実はさほど心配することはないのかもしれません。しかし、他方で、本当に高校を出たばかりの学生たちが、この自由な期間をうまく使いこなせるのか、学力や学習意欲が低下しないかという懸念や、この期間の身分の不安定性、あるいは活用の仕方に経済格差が反映する可能性などを指摘する意見もあり、ここは、学生のギャップタームの過ごし方に対する大学の関わり方や社会からのサポート体制、受け皿のありようも含め、丁寧に検討を行っておく必要があります。

ただ、ここの話の根底には実は、若い人たちの自主性や主体性をどう捉え、期待するのか、という大変大きな問題が存在しています。そして、このテーマは、この秋入学、学事暦の問題を議論する時にあちこちで顔を出してくる問題で、私は、この間の議論を見ていて、秋入学というテーマは、大学の教育のありようについての課題であると同時に、若い人たちに対する評価の問題であり、さらにはそういう若い人たちを育てている社会の課題ではないか、ということをつくづく感じています。

「大学の教育のありよう」に関する課題という点はまた最後にお話しさせていただくとして、「社会の課題」というのは次のようなことです。

つまり、それは、極言すると「一八歳の学生たちは未熟か」という問題になるのですが、さきほど秋入学導入への慎重論の一つに、「一八歳くらいの若者は未熟だから、このような期間を上手く使いこなすことはできないだろう。なんとなく無駄に過ごしてしまうだろう」という意見があるということを申し上げました。確かに、この不安は私も分からないではないのですが、ただ、一般的に言えば一八歳はもう結婚ができる年齢です。海外では選挙権がある国もありますし、徴兵制に直面する国もあります。また一八歳で働き始める、あるいは既に働いている若者もたくさんいます。それなのにどうして「未熟だから」という前提で議論をしなければいけないのか、これは少し残念な気がします。これは結局、「このような年齢に至る若い人の主体的な選択の力をどのように養っていくのか、どの程度自分で責任をとる主体として育てて行くのか」という問題に、日本社会がこれまで正面から向き合って十分な取組みをしてきたのか、という根っこの問題に突き当たります。つまり、論理必然的に「一八歳は未熟だ」というのではなく、私たちの今までのやり方として、そのような育て方しかしてこなかったから「一八歳は未熟だ」という評価をせざるを得なくなっているのかもしれないと思います。どうやら、秋入学というテーマは、こうした大きな問題への取組みを不可欠なものとしているように感じます。もしギャップタームということで、春から秋の半年間をしっかり使わなければならない、一八歳でもそこで自ら主体的に選択して責任を負わなければならない場面に必ずさらされるということになれば、当然、このことを想定して中等教育、初等教育、さらには家庭教育も変わっていくのかもしれません。秋入学は、そうした社会の仕組みや意識の変化と相伴っていくものだろうと考えています。

こうした問題は大学だけではなかなかすぐにカタがつかないことでもあるので、私たちの学内の検討会議では、グローバル化の動きにとにかく出来る限り早く対応していこうということで、四月入学九月始業の案、「新学事暦」案と呼んでいますが、これも検討してみようということで、いま学内でも議論が交わされているところです。この新学事暦案が実現された場合の秋入学との関係ですが、私は新学事暦案は、いわば「斜め前方」への動きであると理解しています。つまり、一方で、新学事暦への変更は、学事のスケジュールの点で秋入学の枠組みになる、世界の多くの国々に良く整合して学生の国際的な流動は容易になり、秋入学への大きな一歩になります。他方で、新学事暦案は四月に学生を入学させ、主体的・能動的な学びの準備をさせたり、学問の先端的な魅力に向き合わせたり、語学を集中的に鍛えて留学などに備えさせたりといった大学の密なプログラムを準備して、通常の授業カリキュラムとは違いますが、ギャップタームのように学生の自主性に基本を委ねる期間は設けない点で、秋入学とは異なったコンセプトを取り入れています。これが、まさに、さきほど申し上げたギャップタームについて指摘されている懸念に配慮をしたところになるわけです。こうした両面からすると、新学事暦への変更は、秋入学との関係では、将棋に例えて言えば、香車的な動きというより桂馬の動き、チェスで言えば、ルーク的な動きよりナイトの動き、というと分かりやすいかもしれません。そのようにいったん斜めに動いたものが、さらに先で再び桂馬の動きをして秋入学の直線的な流れに入り込むか、それとも斜め前のままの向きで一気に進んでいくかは、さきほど申し上げた一八歳までの育て方の話をはじめ、社会の環境条件がどのように整えられていくかによるところが決定的であると、考えています。

このようにまずは斜め前方に手を打つことも検討するにしても、新学事暦案は、「社会システムとしての秋入学」というものを考えて行く上で、大学の役割としてなすべきことの大きな部分、もっとも困難な部分を実現することにつながるものと考えています。つまり、学事の暦を変えるということは、ただ時期をずらせばよいという単純な話ではありません。大学のさまざまな業務が複雑に絡み合っていまの暦の上に乗っかって動いているわけで、暦を動かすことによって、例えば、一月から始まる学期で、授業と論文審査と入学試験などが重なって業務が輻輳《ふくそう》するのをどうするかという問題から、他大学と学事暦がずれると非常勤講師を依頼するのが困難になるのではないかといった懸念まで、実に数多くの課題があります。こうした課題を一つ一つ丁寧に片付けていかないと暦は動かせません。と同時に、これは、これまでのさまざまな業務をより合理的なものに出来ないか、あるいは違った形の工夫が出来ないか、そういうことを考えてみるチャンスとなる可能性もあります。

こうした議論の中で、技術的な業務処理のやり方の話に留まらず、秋入学や新学事暦案の構想の中で見え隠れしている、学外での国際経験や社会経験の位置づけ、あるいは学生の主体性・自主性をめぐって、「大学における教育のあり方」をどのように考えるのか、本質的な論点も出てきているように感じています。私からのお話しの最後に、この点に触れさせていただければと思います。

論点をはっきりさせるために、少し極端な形で議論を設定させていただきたいと思いますが、学外での国際経験や社会経験の位置づけ、あるいは学生の主体性・自主性をめぐって、一つの意見としては、教育というものは基本的に大学内で完結させるべきものであり、それに応えうる責任をもった授業を学内で提供しているのであって、学外での国際経験や社会経験は、少なくとも学部の時代にはさほどの意味は無いとする考え方があるように感じます。これは、大学の教員の自負として、また責任感として非常に重要な考え方であると思う一方、大学を卒業する若者が入っていく社会では、ますますグローバル経験が重視され、また社会経験の中で自らを鍛えることも評価されるようになってきていますし、グローバル経験などが知的な力を鍛えるためにも有効だろうということは先にも申し上げた通りです。ハーバードやスタンフォードをはじめアメリカの多くの有力大学では、学生の間に留学や海外でのインターン、ボランティアなどが大学から奨励され、四〇～五〇％の学生がそれらを経験しているというデータもあります。これらの大学では、大学としての教育の中に学外、とくに海外での経験も統合的に組み込もうとしているということだと思います。

もう一つに、学生には授業で徹底的に教え込まなければだめだ、海外に行ったり社会経験をしている暇は無い、とにかく学部時代は授業をしっかりこなすことが大切だ、という意見もあります。こうしたやり方は、ある意味で、日本のこれまでの学術の強さに裏付けられたものであり、またそれを支えてきたものと言えます。しかし他方で、多様な環境でこそ鍛えられるはずの知的な力や人間的な力を育てていくのに、そのようなクローズドなやり方だけで、これからの時代大丈夫なのか、学生が学習の過程で自主性・主体性をより発揮できる機会、さらにはさまざまな経験をする機会がなくてよいのかは、やはり海外の大学の学生の動きを見ても気になるところです。

これらはなかなかどちらがよいとは簡単に割り切れないところもあり、学問分野によって、あるいは学生の資質や進路によっても、それぞれの考え方をどの程度強調して組合わせていくかのポートフォリオは異なってくるかもしれません。ただ、いまの時代の流れを見ていても、またこれからの学問のより一層の発展に必要な多様な刺激と言うことを考えても、さらに海外の有力大学の動向を見ても、大学内で教育をすべて完結させるというやり方だけでは十分でない時代に入りつつあることは間違いないと思います。

秋入学、学事暦については、まだまだいろいろな論点がありますが、今日指摘させていただいただけでも、この話が、たんに大学の入学時期を九月に移せば出来上がりという技術的で形式的な性格のものではないことがご理解いただけたかと思います。若者の主体性の評価やその育て方、あるいは、大学の教育の本質論など、いまの日本社会の重要な課題がここには詰まっています。これらは、大学だけでなく社会全体で真剣に議論いただく価値があるものと思っていますので、今日のディスカッション、あるいはこれからの皆さま方がいろいろお考えいただく上での参考になれば有難く存じます。

ご清聴有難うございました。

四学期制、変わる東大

二〇一三年八月一九日
日本経済新聞朝刊

東京大学は七月二五日、「学部教育の総合的改革に関する実施方針」を役員会で議決した。要点は①四ターム（学期）制の全学的導入②教育の内容・方法に関する抜本的改革③秋季入学への取り組みの推進――である。

この「総合的な教育改革」には、二〇一五度末までに実施、という期限が付されている。激しいグローバル化の潮流を真っ向から受け止め、「タフな東大生」を育成する態勢の基本がここに整う。東京大学の歴史に画期をなすこの改革によって、東京大学は、研究のみならず教育の面でも世界の有力大学と競争・協調できる、真にワールド・クラスの大学となるだろう。

年度最初の授業期間を集約する工夫も視野に入れた四ターム制の導入を通じて、夏季休業期間（海外の多くの大学では六月からサマープログラムが活発に展開される）とともに通常の学期のスケジュールも、世界の多くの大学とできるだけ整合させる。それによって学生の国際的な流動性が大きく増すはずだ。こうした改革の趣旨は、秋季入学の構想と軌を一にしている。

もっとも、四ターム制の導入だけでは効果が限定されるのは、入学時期の変更が「打ち出の小づち」ではないと強調してきたところと重なる。私は、秋季入学の構想は「三点セット」だと常々述べてきた。すなわち、「国際水準の学事暦」「国際水準の教育内容・方法」「国際水準の社会システム」の三つである。これらがセットとして動くことによって初めて、大学にも社会にも、グローバル化を正面から受け止める力が培われる。

東京大学のこのたびの教育改革が日本の高等教育の未来に大きな意味をもち、また秋季入学に向けた重要なステップとなりうるのは、四ターム制を導入したからだけではなくて、同時に、教育内容・方法の抜本的改革を伴っているからである。

改革の「実施方針」に掲げた多岐にわたる個別の取り組みに、ここで逐一は触れない。そこには、学びにおける学生の主体性の強化や国際的・社会的な多様性に富んだ学習環境の拡充などを柱にしながら、さまざまな工夫を盛り込んでいる。それらに通底するのは、グローバル化に対応して、これまでの日本の教育のあり方を大きく組み替えていこうとする、チャレンジの姿勢である。

それは、あえてフォーマット化すれば、「モノトーンの学習からカラフルな多様性にあふれた学習へ」、ということになる。つまり、定められた内容をいかに効率的に学びマニュアル的に使いこなすかという学習ではなく、不定型な内容について多様な知的経験を試行錯誤的に繰り返しながら血肉化していくような学習である。このような教育スタイルの転換なくしては、明日の日本や世界を創造的に担う若者は育たないだろう。

明治維新以来、日本の教育では大きな傾向として、「効率的に教え込むこと」に重点が置かれてきた。さまざまな寄り道をしたり無駄や失敗もしたりしながら学んでいくという余裕は、鎖国状態から欧米にキャッチアップし、あるいは敗戦からいち早く立ち直ろうとする日本にはなかった。また、そうした方法をとったからこそ、日本がこれまで成功したことも間違いないだろう。

教育スタイルを転換する必要性がつとに指摘されながらも、「成功体験」がその実現を妨げてきたように見える。だが、もう先送りはできない。

こうした歴史的な文脈の中で初めて、いま東京大学が試みている新たな取り組みの意味が見えてくる。「点数至上の価値観のリセット」という教育改革の基本的な問題意識、国際経験も含む体験活動の強化や初年次長期自主活動（FLY）プログラムという日本版ギャップイヤーの仕組みの導入、さらに専らペーパーテストによる選抜システムに風穴を開ける推薦入試制度の計画などは、すべて教育スタイルの転換を志向するものだ。

多様な環境の中で鍛えられながらリスクを恐れず課題に取り組んでいく学生の姿勢を、カリキュラムの内外で培っていくことが、東京大学がすすめようとしているチャレンジである。

秋季入学の構想を提起して以来二年あまりにわたって、学内外で盛んな議論が行われてきた。「ガバナンス」の観点から、「意思決定に時間がかかり過ぎる」、あるいは「教授会が学長のリーダーシップの発揮を妨げているのではないか」という意見も散見される。

しかし、私はそうは思わない。一三〇年を超える長い歴史と実に多様な学問分野で先頭に立つ東京大学は、壮大な「知の森」である。おそらく開学以来の、全学にわたる大胆な教育改革を巡り、むしろ、よくこの限られた期間に実行の態勢が整ったものと率直に思う。

それは、日本でトップ大学と評される現状に安住していてはいけない、学生の力をもっと伸ばさなくてはいけないという危機感や使命感を、教員がすでに共有していたからだと思う。そうした共通の思いの中に学長から投げ込まれた、秋季入学という大きな構想を受け止め、教員は現場からの知恵を出し、具体的な改革の実施設計へと昇華してくれた。この双方向の対話こそ、知の共同体たる大学の本質である。

いま、「知の森」は大きく動き出した。開けつつある眺望の先に、秋季入学の構想で提起した山の頂が見え始めている。

Column

「学年ハ九月十一日ニ始マリ　翌年七月十日ニ終ル」

東京帝国大学は、大正一〇年四月から学年の始まりを四月とした。それまでの学部通則の第一条では、「学年ハ九月十一日ニ始マリ　翌年七月十日ニ終ル」と規定されていた。いわゆる秋季入学である。大正一〇年の学事暦変更は、明治以来、先進的な知識のみならず教育制度なども含む学術の大規模な輸入をすすめてきた日本の大学の国際的な性格が、終わりを告げたものであるとも言える。

いま東京大学で進めている総合的な教育改革をめぐって、私がいつから秋季入学を考えていたのか、と聞かれることがある。特別のきっかけがあったわけではない。ただ、グローバル化が高等教育の分野でも激しい勢いで迫ってくる中で、海外の多くの大学が採用している秋季入学に象徴されるグローバル化水準の教育のあり方を検討しない理由はないだろうと、素朴に考えた。また、いずれにしても秋季入学にせざるをえない時が来るだろうと考えた。「せざるをえない」状況に立つのは嫌だった。それでは、大学としても日本社会としても遅れをとると思った。東京帝国大学が九月入学から四月入学に切り替えた時に、関係者の口吻《こうふん》でうかがえるのは、「やむを得ず」変えるというスタンスだった。

東京大学における秋季入学の検討が四ターム（学期）制の導入に落ち着いた、と理解する人も少なくない。これで秋季入学の議論は終わった、と受け取る人もいる。それは間違いである。たしかに、「議論」の段階は過ぎつつある。しかし、秋季入学へ向けて着実に歩みを進める実質的な取組みは、いま始まったばかりである。それが、四ターム（学期）制であり、総合的な教育改革である。

興味深い調査結果がある。これは、東京大学の学生たちが編集発行している東京大学新聞が、学部新入生のほとんど全員を対象に、秋季入学への賛否を問うたアンケート調査の結果である。二〇一二年四月の調査では、秋季入学について、支持が五〇・一%、支持しないが二三・三%、よく分からないが二〇・五%だった（東京大学新聞二〇一二年四月二四日号）。そして、同様のアンケートを二〇一四年四月に実施した際の結果は、賛成が三五%、反対が二〇%だった（東京大学新聞二〇一四年四月二二日号）。賛成の数が大きく減り、反対も少し減り、よく分からないという回答がかなり増えているのだろう。この数字を見て、私は残念に思うというより、若い人たちの変化に向かう姿勢の明らかさに力づけられる。

この調査の時点である二〇一四年四月というのは、前年の七月に四ターム（学期）制を含む総合的な教育改革の実施が役員会で議決され、すぐに秋季入学に移行するのではなく、まずは四ターム（学期）制というステップを踏むということで本格的に動き出していた時期である。それでもなお賛成が三五%という数字を見ると、秋季入学の構想の提案をしてよかったと、つくづく思う。また、何より、賛否の立場いかんにかかわらず、新入生が大きな課題を真剣に考えた様子が嬉しい。

いま進めている総合的な教育改革について、秋季入学というような大きな提案をしなくても改革は出来たのではないか、と後付けで言う人がいるかもしれない。東京大学という組織の大きさと複雑さ、また教育という部分にかかわる改革の難しさについて知らなければそうだろう。従来の感覚でいえば、四ターム（学期）制だけが提案されていれば、おそらく私の任期中に実現することはなかっただろう。推薦入試制度にしてもそうだろう。主体的・能動的な学習の深化、進学振分け制度の見直しや修得単位数の適正化なども、やはりすぐには困難だったと思う。

大きな提案というものが持つ意味は、私たち自身を難しい課題に否応なしに向き合わせることにある。そうした場面においてこそ、私たちはぎりぎりまで考え、工夫をし、また意識を変えていくことが出来る。そこには、学問に携わる場面と共通するところがある。秋季入学構想の検討から総合的な教育改革に至るまで、その立場のいかんにかかわらず、より良い教育のあり方に向けて知恵を絞り、あるいは変えるべきところは変えようとする教員や職員、そして学生の真摯な姿勢に、数限りなく出会うことができた。それは、総長として、大変だが幸せな経験だった。

そして、それは、東京大学が持つ底力の強さに触れることが出来た経験であったとも思う。大学間の国際競争が激しくなっても、こうした力がある限り、間違いなく闘い抜いていくことができるだろう。秋季入学に限らず、あきらめなければ実現できる力を、東京大学は持っている。そして、あきらめないということが、東京大学の責任でもある。

よりグローバルに、よりタフに

二〇一二年四月一二日
平成二四年度学部入学式式辞

東京大学に入学なさった皆さん、おめでとうございます。東京大学の教職員を代表してお祝いを申し上げます。長い受験生活を終えて大学での新しい経験に目を輝かせている皆さんを見ると、私たちも心が躍り、改めて新鮮な気持ちになります。また、この日を心待ちになさっていたであろうご家族の皆さまにも、心よりお祝いを申し上げます。

今年の学部入学者は三一五二名です。その内訳は、文科一類から三類までの入学者が一三〇九名、そして理科一類から三類までの入学者が一八四三名となります。また、このうち留学生の数は、四一名です。

つい一年前には東日本大震災、そしてそれに伴う巨大津波が発生して、東北地方太平洋沿岸を中心にすさまじい惨禍をもたらしました。また、関連して福島の原子力発電所の深刻な事故も起きました。こうした事態を受けて、昨年度の入学式は、各学部新入生の代表の皆さんだけが出席して学内で実施するています。

という異例の形をとりました。今年は再び通常の形式に戻して、この武道館で入学式の式典を執り行っています。

ただ、このたびの大震災によって被災した地域が元に戻っているというわけではありません。被災地では、やっと復興の兆しが見え始めているところもあるものの、本格的な復興への動きはまだまだこれからです。東京大学では昨年四月に「東日本大震災に関する救援・復興支援室」を設置して、被災された方々への支援にあたっています。教職員のほか学生の皆さんもたくさん、ボランティアとして被災地に入って活動をしてきました。また、この救援・復興支援室には八〇あまりのプロジェクトが登録されて活動していますが、これらは、大学らしく、それぞれの専門分野を生かして被災地の復興支援にあたろうとしているものです。その中には、健康・医療にかかわるもの、建物やまちづくり、経済生活・産業にかかわるもの、防災、放射線安全、あるいは資源・エネルギーにかかわるものなど、多様な活動が含まれています。こうした復興支援のための活動は、東京大学として息長く継続していきたいと考えていますので、ぜひ皆さんも、自分であればどういうことが出来るだろうかと真剣に考え、あるいは行動しながら、学生生活を送っていただきたいと願っています。

さて、この東京大学ですが、在籍している学生の数はおよそ二万八〇〇〇名で、学部学生の数と大学院学生の数が、ほぼ半々になります。とても大きな組織で、教員はおよそ四〇〇〇名近く、事務系・技術系の職員は約二〇〇〇名がいます。そして東京大学の主なキャンパスは、本郷と駒場、そして千葉県の柏の三つですが、さまざまな実験施設や観測施設、演習林などが、北海道から鹿児島まで、日本全国に存在しています。さらに海外にも、各国の大学や研究機関との協力によって、何十もの研究拠点が設けられています。

東京大学では、このように、たくさんの教職員や学生が、日本だけでなく世界のさまざまな場所で、幅広く多様な研究に携わっており、その中で、これからの時代を担う人間を育てる教育が行われています。

この東京大学で、私は三年前から総長を務めているのですが、任期は六年ですから、ちょうどこの四月が折り返し点になります。この折り返し点という機会に初心に立ち戻って、総長に就任してから、入学式で私が新入生の皆さんに伝えてきたメッセージを、少し敷衍しながらもう一度お話ししておきたいと思います。

私が総長に就任してすぐ迎えた平成二一年度の入学式で、新入生の皆さんに呼び掛けたのは、「タフな東大生」になってほしいということでした。そして、翌年の入学式の時には、「国境なき東大生」になってほしいということを伝えました。

この二つのメッセージ、端的に言えば、「よりタフに、よりグローバルに」ということになりますが、これは、これからの時代の激しい変化を見通しながら東京大学が皆さんを教育しようとする時に、つねに意識されるべき価値であると、私は考えています。この二つのメッセージについて、これからお話ししておきます。

まず、「タフ」であることです。新入生の皆さんが、これまでの厳しい受験勉強を通じて、豊かな知識やきちんとした論理の力、分析の力を備えているはずだということは当然の前提です。その上で、そうした知的な能力を、学問の世界でさらにぎりぎりまで伸ばしていくと同時に、社会に出ても確実に通用しうる力に鍛え上げてほしいという思いを、「タフ」という言葉に込めています。別の言い方をすれば、受験勉強的な意味で「頭がよい」というだけでは、これからの大学生活、さらにその後の社会生活を送っていくためには十分ではない、時代を先導するリーダーとなることを期待されている東京大学の学生、東京大学の卒業生としては、さらにプラスアルファの力を身につけてほしいという思いを、私が持っているということです。

私が三年前に、「タフ」であってほしいと述べた時に強調したのは、「社会的なコミュニケーションの場におけるたくましさ」ということでした。そして、「差異を越えて、知識を人に伝え、受取り、納得させ、互いに論じ合うことのできる力」が必要だと述べました。今日ここでさらに付け加えておきたいのは、「タフさと多様性との関わり」という視点です。多様性というのは、東京大学がさまざまな機会に強調している教育研究活動の重要な価値の一つなのですが、ここでのポイントは、一つは、タフさというのは多様なものであること、もう一つは、タフさというのは多様さの中で培われるということです。

まず、タフさの多様性ということで言えば、タフさというのは、人によって、また置かれている状況によって、異なった表れ方をします。自分が正しいと考える道を貫き通すタフさ、失敗にへこたれずに繰り返しチャレンジを続けていくタフさ、慣れない環境の中で生き抜いていくタフさ、こういったこともあれば、難しい本を粘り強く読み解いていくタフさ、あるいは手間のかかる実験や観測を辛抱強く繰り返し続けるタフさもあります。さらには、自分自身の内面で精神的な弱さを克服しようと一生懸命努力するというタフさもあります。このようにタフさのあらわれ方は多様であってよいのです。

いずれにしても、タフさというのは、自分の能力を精一杯に使って物事に正面から向き合い乗り越えていこうとする姿勢、そして、それを持続していく姿勢が、重要な本質であると私は考えています。

大学での勉学もそうですし、また社会に出ればいっそうそうですが、人生を送る上では、なまなかな努力では実現できない事柄、計算や予測が不可能な事柄、また不合理で理不尽に見えるような事柄など、数え切れないほどの困難があります。そうした課題に臆せずに向き合って、新しい道、新しい解決、新しい仕組み、新しい生き方、新しいものの見方を生み出すために、力の限りを尽くすことを厭わないということが、タフであるということだと考えています。

このようなタフさは、多様な経験の中で培われます。人間は、自分とは違った知識や価値、生き方に出会うことによって衝撃を受け、成長していきます。異なったものに刺激を受けてそれを受け入れることもあれば、反発することもあります。反発する時でさえ自分が何者なのかを改めて確認することになり、そこから成長の芽が育ちます。

こうした多様な経験の第一歩は、読書です。本の中には、過去から現在に至る先人の多様な知恵や多様なものの見方が詰まっています。その意味で、皆さんの大学生活の間には、たくさんの本を幅広く読んでもらいたいと思います。そして、それとともに大学生活で大切なのは、本という頭だけの知識では無くて、さまざまな社会的経験の中で自分とは異質なものにさらされる機会、場合によっては、とまどい、迷い、悩む機会を、できるだけ数多く持つということです。

そうした知識や経験を通じて、困難な課題に直面した時も、どう取組めばよいのか知恵や工夫をめぐらす柔軟性、そして、何とか出来るのではないかという自信や前向きの姿勢が育ちます。それがタフさの源となります。

三年前の入学式でタフさについて述べた時は、ちょうど前年にリーマン・ショックが起こり、その後の世界的規模での金融・経済の激しい動揺の状況が私の頭にありました。しかし、その後も、ギリシア危機をきっかけとしたヨーロッパ諸国の不安定な状況や国際社会における政治経済バランスの変化など、不透明さはさらに増す兆しをみせています。また、日本国内でも、財政再建や少子高齢化の進行、そして大震災からの復興や原子力発電所の事故への対応など、課題はより深刻になってきています。明確な処方箋が見えないこと、予測可能でないこと、計算通りにはなかなか進まないこと、が次々生じてきているのがいまの社会状況です。ただ、東京大学で学んだ人たちが、そうした事態を前にへこたれる、あるいは手をこまねいているようでは困ります。このような時代を生き抜いていく皆さんに「タフさ」を求めたい、そしてそのように育てたいという私の思いの背景は、こうしたところにあります。

さて、もう一つ、私が新入生の皆さんに語ってきたのは、「国境なき東大生」になってほしいということでした。

もちろん、専門知識と語学力を駆使して、世界を飛び回るような活躍をしている東京大学の卒業生はすでにたくさんいます。ただ、国際的な経験をすることの意味は、何より、自分がこれまで生きてきた世界とは異なった考え方や発想、異なった行動様式や価値観と触れあい、刺激を受けることで、自分を成長させていくところにあります。そうした成長を通じて、より大きな貢献が社会に、日本のみならず世界に対してできるように、という思いで、「国境なき東大生」であってほしいと、私は願っています。

そして、このようにして培われる力は、さまざまな異質なものを自分の中に取り込むことによって、時代や環境の新しい変化にも対応していくことが出来る力ともなります。この点は、さきほど触れた、多様性に満ちた環境がタフさを育む、という話に通じてきます。

今日あらゆる場面でグローバル化がすさまじいスピードで進んでいる世界では，国境という障壁がどんどん低くなってきています。こうした時代には，とりわけリーダーとしての役割を期待される人間には，たんに一つの国の枠の中だけではなくて，国際的に通用する競争能力が求められます。皆さんの能力は，ただ日本人相互の間で競争し比較されるだけではなく，他の国の優秀な人々とも比較され評価されていくことになるわけです。実際，ここにいる数少ない留学生の皆さんは，そうした厳しい環境の中で頑張ろうとしています。すでに企業の国際展開や自然科学系を始めとする研究交流などの場面で起こっていることが，少なくとも東京大学を卒業していく皆さんの周りではごく日常的なものになっていくはずです。

言うまでもなく，そうした能力は競争のためだけではありません。競争と同時に国境を越えた新しい協調の仕組み，新しい国際社会の秩序や文化，そこを生きる人たちの人生のスタイルや価値観も生まれていくはずです。東京大学で学んでいく人たちには，そうした新たな国際社会を作ることへの貢献も通じて，次の時代を担う役割を果たしてもらいたいと願っています。

最後になりましたが，今日この場にお越しいただいている，ご家族の皆さまにも，一言申し上げておきたいと思います。

皆さまも，いまの時代が，皆さまの若い頃と比べて，非常に厳しく見通しにくい時代になっていると感じておられるだろうと思います。かつては、東大生、あるいは東大卒という肩書があれば、それなりの人生を送ることができました。しかし、私は、これからの時代、いまここにいる皆さまのお子さんが活躍する時代は、国際化の度合いも社会経済の姿もいまとは大きく異なる時代になるだろうと思います。当然のことですが、私たちが提供する教育も、いまの時代を前提にして行うのではなく、来るべき時代を想定しながら行っていかなければならないと考えています。このたび東京大学に入学されたお子さんには、さまざまに工夫された授業や多様な経験の機会を、これまでの受験勉強の時代と同じような緊張感と、さらにくわえて主体的な問題意識を持ちながら、活用してもらいたいと願っています。

東京大学の教育研究活動が拠って立つ柱である東京大学憲章は、「世界的な視野を持った市民的エリート」を育成することをうたっています。今日ここにいる新入生の皆さんが、「よりタフに、よりグローバルに」ということを意識しながら勉学をすすめていくことを通じて、まさにこの「世界的な視野を持った市民的エリート」として成長してくれることを心より期待しています。

東大の強さ、弱さ

二〇一三年四月一二日
平成二五年度学部入学式式辞

このたび晴れて東京大学に入学なさった皆さん、おめでとうございます。東京大学の教員と職員を代表してお祝いを申し上げます。

また、この日を心待ちになさっていたであろうご家族の皆さまにも、心よりお祝いを申し上げたいと思います。ご家族の皆さまは、この東京大学への入学を目指して全力を振り絞っているお子さんをしっかりと支えるべく、大きな力を注いでこられたことと思います。その過程では、嬉しいこともあれば、苦しいこと、あるいは、はらはらしながら見守ることもあったことでしょう。私自身の経験を振り返ってみても、ここにいる新入生の皆さんは、言葉には必ずしも出来ないにしても、ご家族の皆さまに対して深い感謝の思いをもっているはずです。今日これから、新入生の皆さんにどのような大学生活を送ってもらいたいかをお話ししますが、ご家族の皆さまにも、東京大学としての教育姿勢をご理解いただき、またご協力もいただければと思います。

今年の学部入学者は三一五三名です。その内訳は、文科一類から三類までの入学者が一三〇一名、そして理科一類から三類までの入学者が一八五二名となります。また、このうち留学生の数は、四〇名です。これだけの数の皆さんが、これから素晴らしい教職員や仲間たちと出会って、大学生活の間に大きな成長を遂げていかれることを願っています。

私たちを取り巻いている周囲の状況の厳しさについては、皆さんも承知していることと思います。東日本大震災からの復興は言うまでもなく、経済の見通し、日本の国際的な地位、社会の少子高齢化、あるいは環境・エネルギー問題など、課題は枚挙にいとまがありません。しかし、多くの課題があればあるほど、また直面する課題が困難であればあるほど、「学ぶ」ということの意味は大きくなってくるはずです。また、若い皆さんに対する社会の期待も大きくなってきます。実際、この間、いわゆる「グローバル人材」の育成に対する社会からの期待には、大きなものがあります。東京大学は大学憲章の中で、「世界的視野をもった市民的エリート」を育成することを宣言していますが、「グローバルである」ということの意味は、ただ英語などの外国語でコミュニケーションが出来たり、海外で活躍したりということだけではありません。自分とは異なった考え方や生き方や価値観をもっている人たちと深く触れ合い、あるいは悩んだり、あるいは刺激を受けたりしながら自らを成長させていくこと、つまり、「世界の知恵を自分のものにしていく」ことだと、私は考えています。そうした出会いを意義あるものとしていくために必要なのが、知的な力です。また、そうした世界のもつ多様性との出会いを通じて、知的な力は高められます。

いま、「知的な力」という言葉を使いましたが、私はこの知的な力を必ずしも、良い成績がとれる、良い論文が書けるといった学問的な能力の意味に限定しては考えていません。こうした能力は、とりわけ研究者として生きていく場合は決定的な要件であることは言うまでもありませんが、皆さんの多くがそうであるように、社会で幅広く活躍する場合には、学問的な能力をベースとして、その能力を駆使しながら、多くの人々との交わりを通じて、社会の中で技術や制度や経済や文化などを創り出していくことの出来る、総合的な力をイメージしています。

皆さんにそうした知的な総合力を身につけてほしいと願うときに、何より皆さんに期待するのは、大学にいる間に死に物狂いで学んでほしい、ということです。たしかに皆さんはこれまで大いに勉強をしてきましたが、学問の世界で、あるいは社会で活躍していくためには、まだまだ沢山の知らないことがあるということを強く自覚して、学ぶことに対するハングリーさ、飢餓感をもってもらいたいと思います。人を成長させていくのは、そうした飢餓感です。

「学ぶ」ということについては、教科書や本で、教室で、実験室で学ぶということのほかに、社会の中で学ぶということも併せて強調しておきたいと思いますが、そのことには後ほど触れるとして、何よりまず、大学に入ったばかりの皆さんには、これまでと同じ、あるいはそれ以上の努力と緊張感をもって勉学に励んでもらいたいと願っています。皆さんは、受験生活をやっと終えて少しのびのびしようとしていたところでまた勉強か、とうんざりするかもしれません。しかし、これからの時代は、皆さんがたんに日本の中でのエリートであるにとどまらず、世界のエリートとして活躍することを期待していま す。そのために、さらに学ぶべきことは無限にあります。

日本の学生は、例えばアメリカの学生などと比べて概して勉強をしないと言われます。東大生の学習時間に関する調査があります。学部の一年生から三年生の学習時間は、平均して週六時間から一〇時間という学生が多いのですが、これは国内の他の大学とほぼ同じ水準です。それ以上の時間数を学習している学生の割合となると、国内の他の大学よりは多いのですが、アメリカの有力な大学と比べると少ないという傾向が明らかに見て取れます。私は常々、皆さんの知的な潜在力を、大学ではまだまだ伸ばし切れていないと思っています。

この場合に意識しておくことが大切なのは、学ぶ、学習をするということの意味です。大学での学習に主体的な姿勢が強く求められること、また、ただ知識の量を増やすというだけではないことは、皆さんは、よく承知していることと思います。すでに皆さんは、東京大学への入学を目指す受験勉強を通じて、大学での学習の基礎となる方法論をある程度学んできているはずです。

東京大学のアドミッション・ポリシーの内容を思い出してもらいたいと思います。そこでは、「東京大学が求めているのは、本学の教育研究環境を積極的に最大限活用して、自ら主体的に学び、各分野で創造的役割を果たす人間へと成長していこうとする意志を持った学生です」、と記されています。そして、「高等学校段階までの学習で身につけてほしいこと」として、各教科において、正確で十分な知識に裏打ちされた、論理的な表現力、分析的思考力、総合的な理解力、あるいは、問題や現象の本質を見抜く洞察力・読解力といったものを求めてきました。私たちはそうした力を、入学者を選抜するための便宜として求めているわけではありません。そうではなく、このような力が、大学で皆さんが主体的な学習を行い、知性に裏打ちされた創造力を培っていくために欠くべからざる資質であると考えているのです。

大学でこのような学習を皆さんが行っていこうとするときに、じっくり考える時間というものが必要になります。とにかく効率的に多くの知識を覚え込んでいく、というのとは違った性質の時間が必要です。このことについて、歴代の東大総長が、入学式の式辞の中でしばしば触れておられます。大河内一男総長、第一八代の総長で、ちょうど私が大学に入学したときの総長ですが、昭和三九年の入学式式辞の中で、大学では「自分で考える」ことが大切だと説きつつ、次のように述べておられます。「実務的な細目知識からしばらく離れ、基本の問題を理解し、見識をふかめ、そして自分自身の頭でものを考え、自分自身の意見、ともかく仮にそれが下手な意見であっても、自分自身のものをもつことが諸君のなすべき第一義のことです。そのためにはどうしても、ある意味ではムダだと思われるような時間を諸君はもつことが必要でしょう」、と。また、「大学生活は、このように試行錯誤が許され、引き返すこと、やりなおすことが許されるところに特色があります」と述べて、「真剣な道草」の必要性を昭和五八年に行われた入学式式辞の中で説かれたのは、第二二代の平野龍一総長でした。

このような、一見するとムダな時間があるような、あるいは道草のような、そうしたじっくりとした学習を皆さんには大学で行ってもらいたいと思います。そうした時間をもつことも含めて、さきほど、皆さんにもっと学習のための時間をとってもらいたい、ということをお話ししたのです。

「学ぶ」ということ、それを、このように学問の場において真摯に行うとともに、さらにより広い社会的な場でも行っていくことが、今日のように大学と社会との結びつきが強まっている時代には、とくに求められています。ただ、そうした問題意識は、ずいぶん以前からもしばしば語られてきました。

さきほどお二人の東大総長の言葉を引きましたが、もうお一人の総長の言葉を引いておきたいと思います。それは、第二次世界大戦後の東京大学の再出発にあたって、精神的な指導者としての役割を南原繁総長とともに果たされた矢内原忠雄総長の言葉です。矢内原総長は、戦争を経た経験に立って、「日本の大学が知的技術者を養成するところであって、人間をつくるところでなく人間養成という点では過去の大学は失敗であったという批判に対しては、われわれとしても反省の価値がある」としながら、さらに次のように述べています。

「教室及び実験室を通じて体得されるべき科学的精神と、教室外の生活によって得られるべき人間の形成、人生観の確立によって、諸君が単なる知的技術者たるに止ることなく、人間としての価値と責任を自覚して世に出でることが出来るならば、それがどれだけ諸君の益となるか、又どれほど日本並に世界人類の益となるか知れないのである。諸君が数年の後本学を卒業する日において、そういう方向に高められた諸君であり得るならば、それこそ諸君が大学で学んだ最大の利益であらう」、と。

ただ、このように一見ムダと思われるような時間を過ごすことの効用を言い、あるいは教室外の生活によって得られるであろう人間形成の大切さを語るにしても、そうした時間の余裕を見つけるには、いまの東京大学のカリキュラムはかなり密度の高いものになっています。皆さんのご両親たちの時代と比べると、学問はさらに発展し、あるいは細分化し、複雑になっており、学んでもらいたい知識のボリュームも大きく増えています。それを何とか皆さんに身につけてもらおうと、教員は大変な努力をしています。

私は、こうした密度の高いカリキュラムや他大学と比較しても多い卒業単位数には、皆さんの知的な力を効果的に伸ばしていくためにそれなりの理由があると考えていますが、それと同時に、本当にこのままでよいのかという疑問も持っています。教育のあり方としては、もっと学生自身が主体的な学びを行うこと、またそのための時間的余裕のあることが必要ではないか、という思いです。実際、意欲と能力のある学生には、より主体的な学習や国際経験、社会体験が出来るような機会を、いま大学としても積極的に増やしつつあるところです。

ただ、こうした取り組みを大学の側で進めているだけでは意味ある変化は起きません。より良い教育の姿という餌を皆さんがただ口を開けて待っているだけでは何事も変わりません。ここでは、皆さん自身が、学問であれ社会的な事柄であれ、主体的に学ぼうとする意欲を行動で示してこそ、新しい段階に進むことが可能となります。そうした皆さんの主体性と大学の取り組みとが一体として動いてこそ、新しい時代を支える東京大学の教育の姿が生まれてくるものと信じています。

皆さんが、大学の中であれ外であれ、主体的な活動を行うためには、東京大学というのはまことに頼りになる組織です。東京大学の教員はおよそ四〇〇〇名近くおり、きわめて広範な学問領域をカバーし、しかも国際的にみても最高水準の研究を行っていることはご承知のとおりです。また、事務系・技術系の職員は約二〇〇〇名がおり、主なキャンパスは、本郷と駒場、そして千葉県の柏の三つですが、さまざまな実験施設や観測施設、演習林などが、北海道から鹿児島まで、日本全国に所在しています。さらに海外にも、各国の大学や研究機関との協力によって、何十もの研究拠点が設けられています。こうした東京大学の強さを、皆さんには存分に活用してもらいたいと願っています。

こうした強さと同時に、東京大学という組織のもっているいくつかの弱さも、この機会に率直に申し上げておきたいと思います。皆さんが自らの頭で考え行動しようとする時に、いまの東京大学の姿を所与のものとしてその枠の中だけに留まるのではなく、この組織の弱さ、限界も知り、場合によっては大学の枠を超えて皆さんが活動するということも、私は期待しています。

そうした弱さの一つとしてまず挙げておかなければならないのは、学生の流動性という点での国際化の遅れです。グローバル化ということが大きな時代の課題となっているこの時期に、この面での遅れはきわめて深刻なものがあると私は考えています。もっとも、東京大学の教育研究活動全体として国際化が遅れているとは私は全く思いません。むしろ逆です。もともと東京大学という組織は、その創立の当初から国際的な交流と国際的な水準を強く意識してきた大学であり、また今日、研究の面では強い国際的競争力をもち、また教育の内容も世界の学術との密な交流の上に高い水準を具えていることは、自信を持って語ることのできる事実です。ただ、こうした伝統的な国際性の高さが、逆説的なのですが、学生の国際的な流動性の促進には阻害要因になっている面がある気がします。すなわち、東大の中にいても国際的な水準の内容の授業を受けることができる、そのために密度の高いカリキュラムが組まれている、あるいは大学院への進学率が高いとくに理系学生の場合は、大学院に入ってからでも国際的な経験を積む機会がある、などといった事情が、学部学生の国際的な流動性を減じているように思います。

ただ、それでも私は、学部生の間に国際的な経験をすることは、このグローバル化の時代にはきわめて重要なことであると考えています。実際、卒業時に学生に対して行っている学生生活の満足度調査というものがありますが、そこでは、たくさんの項目で全体として満足度が高い中で、国際経験については「満足」ないし「まあ満足」と答えた学生が二八％、これに対して「満足していない」ないし「あまり満足していない」と答えた学生が六八％、七割近くにも上っています。

この点に関連して注目しておきたいのは、アメリカの有力大学における学生の国際的な流動性の状況です。それらの少なからぬ大学では、学部学生の半分以上が、在学中に外国へ行って勉学をする、インターンをする、ボランティアをするといった経験を持っており、大学もそうした機会を持つことを奨励しています。アメリカですから、海外に出かけて英語をトレーニングするというのは、目的として意味がありません。それは、私がさきほどグローバル化の意味としてお話したこと、つまり、感受性が豊かで柔軟性があり失敗も許容される若いうちに、世界の持っている多様性と出会う経験をしておくこと、それが「世界の知恵を自分のものにし」、このグローバル化の時代に大きな力となることを、それらの大学、また、それらの大学の学生が強く意識している、ということであろうと思います。

そうした思いを私も共有をして、いま日本人の学生の海外への送り出し、そして海外の留学生の受け入れの拡大のために力を注いでいるところですが、システムが変化していくためにはどうしても時間がかかります。大学としての変化に並行して、皆さん自身も、これからの急速なグローバル化の動きについて認識を深め、また必要と思うチャレンジを行っていってもらいたいと思います。

このような、学生の国際的な流動性という問題のほかにも、東京大学はとくに多様性という点で、ある面での弱さをもっています。それは、かなりの部分が東京大学の強さと裏腹の関係にあるとも感じていますが、弱さとしてもっとも気になるのは、学部の学生構成の均質性です。つまり、首都圏出身の学生の割合の高さ、中高一貫の進学校出身者の割合の高さ、学生の家庭の平均収入の高さ、あるいは女子学生の割合の低さ、さらには、今日この場には海外からの新入生の皆さんも出席していますが、そうした留学生の数の非常な少なさ、です。このような学生構成は、現実の社会の状況と、あるいは現実の国際社会の状況と、大きくかけ離れており、皆さんが多様性に満ちた環境の中で知的な力や社会的な力を鍛える機会を減じています。大学としても多様性を増やすようにさまざまな努力を続けていますが、理想的な姿は一朝一夕には実現できないことです。ただ、皆さんが、自分の置かれている環境に、沢山の強さとともにそうした弱さもあるということを認識しておくことは大切です。弱さは意識しなければ弱さのままですが、それを意識し克服しようと正面から向き合うことで、強さに転化させることができます。皆さんが、大学を卒業した後社会に出て、あるいは世界に出て仕事をしようとする時に、能力を競いあう相手となるのは、少なからずが、幅広い多様性を経験して、その中で揉まれてきた人たちであろうことに、想像をめぐらせてもらえればと思います。

このたびの式辞は、新入生の皆さんに注文の多いものとなりました。ただ、それは、大学としても、こうした課題を強く意識し、しっかりと取り組みをすすめようとしているということのメッセージでもあります。今日のこの入学式が、より素晴らしい教育を目指す大学と皆さんとの共同作業のキックオフとなることを願いながら、そして、新入生の皆さんの知的なハングリー精神の発揮に大いに期待をしながら、私の式辞を終えることにします。

大学への自己投企

二〇一四年四月一一日
平成二六年度学部入学式式辞

皆さん、入学おめでとうございます。長い受験生活を経て今日ここに出席が叶った皆さんに、東京大学の教職員を代表して心よりお祝いを申し上げたいと思います。また、この場にはご家族の皆さまにも多数参加いただいています。この日に至るまで皆さんの厳しい受験勉強を支えて下さったご家族の皆さまにも、お慶びを申し上げます。この晴れの日を皆さまとともにお祝いさせていただけることを、まことに嬉しく思います。

今年度の学部入学生の数は、三一五八名です。うち外国人留学生は四四名です。東京大学の入学試験は皆さんがよく知っているように、たくさんの知識をただ暗記するだけではパスできません。豊かな知識を基礎として、それを使いこなすことのできる力、つまり、文章や現象の本質を読み解く力、総合的かつ分析的な思考力、あるいは論理的な表現力などが、入学試験で試されています。それだけに、この試験を突破してきたことによって、皆さんは、東京大学の学生という身分を得たという形式にとどまらず、これからこの大学で人類の長い歴史を背負った学問の広く深い世界を探究していく資格を認められたという実質を、誇りとしてもらいたいと思います。

今年は、本郷キャンパスの図書館工事のために、恒例の三四郎池傍での掲示板での合格者番号の発表は行いませんでした。合格者番号を自分の目でたしかめたい、あるいは胴上げをしてもらいたかったと、残念だったかもしれません。その分、この場では、例年以上の思いを込めて、皆さんに「おめでとう」という言葉をお伝えしたいと思います。同時に、こうした機会に皆さんが、難しい入学試験に合格した時の感激にまさるような感動を、むしろきちんと卒業した時にこそ味わえるような成長を、大学生活の中で目指してくれれば、それもまた素晴らしいことだろうと考えています。それはつまり、これまでの受験勉強以上の豊かな、あるいは時にはハードな学びの経験を、この大学にいる間に行ってもらいたいということです。

皆さんがいま具えている学力は、欧米の有力大学への新入生に比べて、決して遜色ないものであり、少なからぬ皆さんの力はそれを凌駕するほどのレベルのものです。ただ、卒業の時点になると力が逆転していくという話も聞きます。もっとも、これは、海外の大学との交流経験豊かな教員たちの実感ベースでの印象であって、何か明確な統計的証拠があるわけではありません。また、東京大学を卒業するかなりの人たちは、世界の有力大学の卒業生と比較しても高い水準の知的能力を習得しています。しかし、いずれにしても、グローバル化の時代といわれ、将来皆さんには世界のあちこちで思い切り活躍してもらわなければならない時代を迎えて、私は、学生の一部だけではなく、今日この場にいるすべての皆さんが世界トップ水準の知的な総合力を身に付けることができるように、教育を行いたいと考えています。

皆さんはこれまで、日々着実に成長を重ねてきました。たとえば、中学校に入ったばかりの頃の自分といまの自分とではずいぶん変わったと、皆さん自身が感じることもあるでしょうし、何より傍からずっと皆さんを見てきたご家族の皆さまが、その目覚ましい成長ぶりをよくご存じのことと思います。しかし、大学という場で、皆さんはさらに大きく変わるはずです。これまでさほどでもなかった学生の力が、新しい学問の刺激に出会ってぐんと伸びるのはよくあることです。また、性格も入学時は内向的であった学生が卒業時にはずいぶんと積極的になるということも、よく見聞きします。大学では皆さんの能力も人格も、これまで以上に目覚ましい変化を遂げることが多いのです。

その理由は、大学では、知的にも社会的にも、これまでとは大きく違った環境があるからだと思います。知的な面で言えば、高校までは限られた範囲に枠づけられていた授業科目の向こうに、とてつもなく広大な学問の世界が広がっていることを発見するはずです。そして、その学問の世界は、教科書に固定されたように静止しているのではなく、すさまじいスピードでさらに発展していることにも気づくでしょう。そうしたダイナミックな知の世界に身近に触れることによって、皆さんの知識の構造、論理の進め方、物事の見方や価値の捉え方などが大きく変化していくのは、自然なことです。

また、皆さんの世界は、社会的な意味でも大きく広がるはずです。自分が住んでいたのとは異なった地域で生まれ育った人たち、自分とは違った能力や経験をもった人たちとの出会いの機会は、高校時代とは比べ物にならないはずです。大学外での活動も広がることと思います。一言で言えば、一段と多様性を増した世界が、皆さんの周りに広がります。これまで自分が慣れ親しんできたものとは異なった環境、しかもそれぞれに素晴らしい能力を具えた人々に取り囲まれた環境の中で日々を送ることは、間違いなく自分を成長させてくれるものです。そのような変化が起こるのだということを意識し、その変化を楽しむということが、まさしく大学での生活の醍醐味です。東京大学という恵まれた環境を最大限に生かすために、皆さんには、大学での知的な生活、社会的な生活に、積極的・能動的にかかわっていってもらいたいと願っています。

こうした期待を述べるときにしばしば使われるのは、主体性を持つ、という言葉です。私もたしかに使うことがあるのですが、ただ、私は実は、主体性という用語は何となく綺麗な言葉にすぎる印象があって、あまり好きではありません。自分の主体とは何であるのかまだ迷っている人たちに、また、まだまだこれから主体の中身を作っていくことが求められている人たちに、主体性という言葉を当然の前提として期待を述べることに、いささか躊躇を感じます。自ら物事に積極的・能動的にかかわることが求められる時に、主体性という言葉でなければどんな言葉があるだろうかと考えて、私に思い浮かぶのは、少し固い言葉ですが、「自己投企」という哲学用語です。これは、私が大学に入って間もなくの頃に耳にして以来、いまでも印象深く覚えているのですが、たしかドイツの哲学者であるマルティン・ハイデッカーからフランスの哲学者であるジャン＝ポール・サルトルにつながる実存の哲学の流れの中で使われた言葉だったと思います。この概念の厳密な哲学的な議論や当時の時代状況の下での政治的・社会的文脈などはさておき、私がそれをいまも記憶しているのは、これまでの自分というものに囚われず、まだはっきり見えていない未来の可能性の中に自分を投げ込む、そこで思い切りもがいてみることによってこそ自分というものが形成されてくる、というニュアンスを、この言葉から直感的に感じ取ったためであると思います。皆さんには、これまでの受験勉強の時代に別れを告げて、大学という知的な新しい世界に思い切り自分を投げ込んでほしい、そこから改めて大きな成長を遂げてほしいという願いを込めて、東京大学という環境の中に「自己投企」を、という言い方で、皆さんへの期待をあらわしたいと思います。

もちろん、皆さんにこのような期待をし、こうした呼びかけをする以上は、大学の側としても皆さんの「自己投企」が意味あるものとなるように、態勢を整えなければなりません。いま東京大学の学部課程で総合的な教育改革をすすめている理由は、まさにそこにあります。

平成二七年度、つまり来年度からの本格実施を目指して進めている教育改革の全体像については、先ほど皆さんに配布したパンフレットを後ほどじっくり見ておいていただければと思います。皆さんも来年度から、その枠組みの流れに則って教育を受けることになりますが、そこで目標とされているのは、教育の国際化であり、教育の実質化であり、教育の高度化ということです。国際化をさらに大きく進めるために四ターム制をとって、海外の主な大学と授業期間や休暇期間のサイクルを出来るだけ調和させる、そして、さまざまな国際交流プログラムや奨学金を拡充することによって、皆さんが東京大学の中だけでなく、世界を動き回り、新鮮な知識や異なった考え方・価値観、あるいは違った生き方などに触れて、自分の中に眠っているかもしれないあらゆる可能性を試し、伸ばしてもらいたいと考えています。「グローバル・キャンパス」という言葉を東京大学では目標としてしばしば使ってきましたが、これは、海外からさらに多くの留学生を受け入れてキャンパスをいっそう国際性豊かなものとしていくという意味であると同時に、学生の皆さんがどんどん海外に出ていくことによって、世界中の大学のキャンパスを、あるいは世界のさまざまな場を、自分たちの学習の場としていくという状況をも目的としたコンセプトです。

言うまでもなく、学生生活の基本は、教室という場です。私たちは、そこで提供されている授業の内容が世界トップ水準のものであることに、自信と誇りをもっています。このたびの教育改革で行っているのは、そうした内容をより効果的に、さらに実質的に皆さんの血とし肉としてもらうために、さらにどのような工夫が可能かという取組みです。双方向性の高い授業、少人数のチュートリアル的な授業、アクティブラーニングの強化、さらに習熟度別の授業、教養教育と専門教育との有機的な結合、分野横断型のカリキュラムの拡充など、構想されているメニューは実に豊富です。東京大学では定期的に「学生生活実態調査」という学生へのアンケート調査を行っていますが、二〇一二年に行った調査では、「現在のカリキュラムに満足していますか」という問いに対して、満足している・まあ満足している、という答えを合わせると六〇%くらいになっています。これは必ずしも悪くない数字ですが、他方で、大学への要望で一番多いのが授業の工夫や改善に対するものであり、改善をとても期待する・期待するを合わせると七五%に上っています。このたびの教育改革を通じて、こうした学生の皆さんの要望に応えながら、東京大学が研究で世界トップの水準であると同様、教育でも世界トップの水準であることを実現したいと考えています。そうした取組みを基盤として、私がこれまで学生の皆さんに繰り返し呼びかけてきたように、「よりグローバルに、よりタフに」という東大生の姿が着実に実現されていくものと期待しています。

ただ、ここでもう一度強調しておきたいのは、こうした改革は、学生の皆さん自身がそれに積極的・能動的にかかわり、自分の力を伸ばすために仕組みを十二分に活用していこうという姿勢がない限り実を結ばない、ということです。皆さんが大学の今の改革の取組みを口を開けて待っているだけでは、状況はこれまでと大きく変わることはないでしょう。であるからこそ、皆さんに、このいまの東京大学の動きに積極的にかかわっていく、「自己投企」を求めたいと思うのです。

皆さんの先輩の中には、すでにいまの教育環境を最大限に活用して、自分の才能を花開かせている人たちが、たくさんいます。例えば、東京大学には学生表彰という仕組みがあって、毎年、「学業、課外活動、社会活動等において特に顕著な業績を挙げ、他の学生の範となり、本学の名誉を高めた」学生を表彰するということが行われています。そして、そのなかでも「極めて顕著な業績」と認められたものについては、「総長大賞」が与えられます。学業の場合は、成績だけではなく学術的な高い成果なども求められますので、通常は大学院生にこの大賞は授与されてきました。しかし、昨年度は、学部での研究論文が国際的な科学雑誌に掲載されるなど高い評価を受けたとして学部四年生の二人の学生が、この総長大賞を受けています。いまここにいる皆さんも、わずか数年もすればこうした成果をあげられるまでに成長するということであり、そうした可能性を大いに楽しみにさせていただきたいと思います。

また、教育改革の中ですでにスタートしている取組みの一つとして、初年次長期自主活動プログラム、いわゆるＦＬＹプログラムというものがあります。これは、入学直後から一年間特別休学をして国内外でボランティア活動や就業体験活動、国際交流活動などを行って自分を成長させていく自己教育の仕組みです。昨年四月から一一名の学生がこの制度を利用して活動してきましたが、その成果レポートが最近出てきています。そのレポートを読んで私も感動しましたので、ほんの一節だけですが紹介させていただこうと思います。

「この一年様々な国を訪れてみて、日本での当たり前が当たり前ではない、むしろ正反対のことが当たり前とされている世界のあることを知った。そのことから、唯一絶対の『正しい』価値観など存在せず、真実は無数にあると考えるに至った。この気づきは様々な点で自分の変革を促したが、それは一度日本の当たり前の日常を離れてみなければなかったと思う。」と言っています。そして、そこから「自分の変革」の一つとして、「他者を否定しない」という学びを得た、ということにも触れています。

また、「以前私は失敗することを恐れ、決して失敗しないように生きてきた結果、勉強以外の活動にあまり積極的になれなかった。しかし社会に出て自分のしたいことを実現させていく中で失敗や他者からの批判は必ずつきものであり、それを恐れていては何も始まらないことを知った」、ともレポートしています。

このFLYプログラムに限らず、いま東京大学では、いろいろな形、さまざまなタイミングで、社会的あるいは国際的な体験活動に皆さんが参加出来る機会を充実させています。皆さんが知識というものを頭だけでなく実感として肌身で学んでいくために、こうした機会も効果的に活用してもらえればと思います。

大学というのは狭い意味での勉強をするだけの場ではありません。私は「知的な総合力」という言葉を使うことがありますが、高い水準の知的な力を鍛えるとともに、それを実際に生かしていく、高い水準の社会的な力をも鍛えてもらいたいと考えています。それらを併せて、皆さんが将来、大学で研究者としての道を歩むのであれ、社会のどのような現場で活動するのであれ、人々の中でつねに先頭に立って活躍が出来るような「知的な総合力」を育んでもらいたいと思います。そのために、ある時は、一人で夢中で勉学の世界にのめり込むことも必要ですし、またある時は、仲間や他の人々と一緒に、社会の多様な広がりを経験するといったこともして下さい。

たまたま明日から春の東京六大学野球が神宮球場で始まります。開幕戦に東京大学の試合がありますので、私も応援にいくつもりですが、球場に行くと、野球部員の学生たちの活躍はもちろん、後ほど、今日の式典の最後に皆さんにエールを送ってくれる予定の応援部の学生たちの元気一杯の応援ぶりなど、日頃はあまり目にしない、東京大学の姿、学生仲間の魅力を感じることができます。ぜひ皆さんにも在学中、運動会のさまざまな部の試合の競技に参加する人も多いでしょうが、また応援に出かけるといった機会も作ってもらいたいと思います。

こうしたこともすべて含めて、この東京大学は、皆さんが持っているさまざまな可能性を大きく成長させていく宝庫です。そうした可能性の大海に「自己投企」をして、これまでの自分というものに囚われず皆さんの力を鍛え上げてほしいと思います。そして、全力を尽くして卒業の日を迎える時に、いま現在の入学の喜びにもまさる、一杯の充実感や達成感、深い感動を味わってもらいたいと願っています。これからの皆さんの実り多い大学生活を心から祈って、式辞とします。

Column

――学生街の喫茶店

若い読者の皆さんには、ちょっとおじさんの懐古趣味に付き合ってもらいたい。私と近い世代の人は、「学生街の喫茶店」と聞くと、ガロの語りかけるような歌声とともに甘酸っぱい想いが蘇る人も少なくないだろう。歌詞のように異性とお茶を飲むということはめったになくて、だいたい同性でぐだぐだと時間を過ごしたり、議論をしたり、あるいは一人で何時間も本を読んだり、ということなのだが。

東大の中心キャンパスのある本郷近辺は神田周辺や早稲田界隈などとは違って、学生街というほどのまとまりはなかったが、それでも一九八〇年代頃までは、本郷通りに沿って、本郷三丁目から向丘にかかるあたりまで、喫茶店や学生が入りやすいような食堂、古本屋などが並んでいた。麻雀屋やパチンコ屋もあった。「落第横丁」も賑わっていた。その一角の中華料理屋の二階が下宿になっていて、そこに一時、何人かの同級生と一緒に「セカンド・ハウス」を借りていたことがある。「セカンド・ハウス」と言えば恰好がいいが、いつも階下の中華料理屋からの脂っこい臭いが充満していた四畳半一間だった。

私が大学生活を始めた頃は、まだ本郷通りに路面電車―都電が走っていた。いくつも昔ながらの店がある並びに、「白十字」という喫茶店があった。最近まで残って有名になっていた木造三階建ての下宿屋「本郷館」で学生時代を過ごしたこともある私の父も、一度本郷に立ち寄った折に、「ほう、まだあるんだ」と呟いていたことを思い出す。川端康成なども立ち寄ったというずいぶん古くからの喫茶店だったようだが、これもいつの間にか消えてしまった。そんな歴史のある学生街の趣がすっかり変わってしまった。

こうした変化には、学生たちのためにと思って進めてきたキャンパス内の食堂の整備やレストラン、コンビニの開設が悪影響を与えたかと、とても気になった。間違いなくその影響はあると思うが、それだけではないと聞いた。世代交代で、かつて周辺に多かった学生向けの下宿もほとんど無くなり、本郷界隈の店舗の後継者の問題や、人々の生活スタイルがすっかり変わってきたこともあるようだ。私の思いを言えば、学生たちがかつてのように、もっと周囲の街中に溶け込んでもらいたいと思う。本郷通りや周辺の小路をうろついて、そこで、大人の世界を知り、人々の情を知り、社会のルールを知る、そして社会での生き方の基本を学ぶ機会があればと思う。

ただ、さすがに、昔そのままの学生街の復活は難しいかもしれない。ずいぶん以前になるが、東京大学のある著名な教授が、本郷通り沿いの大学の塀をなくしては、という提案をなさっていた記憶がある。それ以上の詳細は覚えていないが、欧米の大学のように街と一体になったキャンパスの姿をイメージされていたのかもしれない。本郷通り沿いの塀を取り払う。そして車道を地下に入れて、いまの本郷通りは歩行者専用のプロムナードにする。そこまで大胆に考えれば、新しい時代に相応しい街の姿と活気が生まれるだろう。学生たちもどんどん街へ出て行くに違いない。

議論せよ　人とぶつかれ

二〇一四年四月一〇日
朝日新聞朝刊
（インタビュー・まとめ　氏岡真弓編集委員・河原田慎一記者）

世界の大学ランキング、たとえば「タイムズ・ハイアー・エデュケーション」だと、東京大学は二三位だ。ランキングは指標の取り方や重み付けに課題があるが、いまの指標だと、この順位にならざるを得ない。国際化の遅れは事実だし、アジアで一位とはいえ各国の大学が追い上げてきているという危機感もある。

だが、東大がいま進めている教育改革は、ランキングを意識したものではない。グローバル化の時代に、学生をさらにしっかり育てたいという思いだ。東大生の力は、入学時だと、米のハーバードやマサチューセッツ工科大（ＭＩＴ）と比べて遜色ないが、卒業時で逆転してしまうと聞く。それはなぜかを考える中で生まれてきた。

改革は、新入生が一年休学して自主活動をする「FLY Program（フライ・プログラム）」や国内外の体験活動が既に動き出しており、主体的・双方向的な学習の強化とあわせて留学などをしやすくする四学期制が来年からスタートする。

改革に踏み出してよかったのは、教育の内容や方法の充実に教員たちが前向きになっていることだ。秋入学も総長が突っ走れば実現できたが、現場が本当について来られるか議論し、ぎりぎりまで考えて段階を踏むことにした。一気に進めていたら今の改革の機運があったかどうか。判断は間違っていなかったと思う。

日本の中で東大が変わる意味は大きい。入学試験は、どんな学生に来て欲しいかというメッセージだ。選抜の方法や高校時代の評価基準はもっと多様でいい。高校教育が多様になるきっかけにもなる。推薦入試はその試みの第一歩だが、ほんの風穴を開けた程度。当分一〇〇人規模で続けながらさらに多様な基準を考え、幅を広げたい。

高校三年生の秋に半年早く入る「秋飛び入学」は、千葉大が今年度から導入するが、東大もどこかで議論する価値があると思う。例えば、中高一貫校は高校二年で大体の課程を終え、最後の一年間は応用の時期。その人を秋に採るのはおかしな話ではない。

ただ、三年でしっかり教育しようという高校の立場や高卒資格を持たない学生の受け入れに伴う責任の重さは考えないといけない。

日本の教育は、小さなところをいじるのではなく、思想自体がそのままでいいのか、もう一回、考え直した方がいいのではないか。

僕らは明治維新以後、短時間でたくさんのことを学び、知識の量を増やすのに力を注いできた。その結果、教育水準は他国にひけをとらない地点まで来た。弱いのは議論する、表現する、社会といろいろな接点を持つ、という点だ。

議論していると効率が悪い。講義だと一〇〇教えられるのに対し、議論だと三〇くらいだが、そこで培われた力こそ最後は効いてくる。

知識を得ようと思えば、自分で本を読み、オンライン講座（ＭＯＯＣ）なども利用できる。教室では、良質な講義を受けるとともに、議論をしてほしい。

世界を体験することも大事だ。言葉や考え方、生活の違う人にぶつかり、触れ合うことが刺激になる。効率のよい勉強をしないと東大に合格できないというジレンマは確かにある。ただ、寄り道が本当にマイナスなのか疑ってかかった方がいいだろう。日本は学歴社会で、そのトップは東大だといわれるが、形式的な権威は意味がない。

世界でも、東大の知名度はハーバードと比べると低い。国際社会では、自分は何ができるかが評価の基準となってくる。学歴社会は簡単には消えない気がするが、東大に入ったことではなく、卒業できたことを誇りにできる仕組みにすべきだろう。そうすれば、社会はもっと実力本位に変わっていくに違いない。

本物に触れ　個性磨く

二〇一四年六月二日
日本経済新聞朝刊

「初年次長期自主活動プログラム」という制度が、東京大学で動き始めた。ＦＬＹプログラムと呼んでいる。「飛び立て」プログラムということになるが、「Freshers' Leave Year Program」の略称である。日本版ギャップイヤーと言ってよいかもしれない。

文部科学省や産業界、非営利団体（ＮＰＯ）からも後援を受けて昨年四月にスタートしたこの制度は、大学に入学した直後の学部学生が、申請して一年の特別休学期間を取得する。その期間に東京大学以外の場で、ボランティア活動や就業体験活動、国際交流活動などを行い、それらを通じて自分を成長させていく自己教育の仕組みだ。

先日、このプログラムを修了してキャンパスに戻ってきた一一人の第一期生が報告会を行った。居並ぶ彼ら彼女らから受けた強い印象は、一年の時を経て、一人ひとりの顔立ちが、つまり個性が、とてもはっきりしたということだった。

学生たちの多くが海外に出ていく中で、東日本大震災の被災地で活動した者もいる。その一人は、ずっと釜石で復興と街づくりに走り回っていた。社会の多様さと複雑さに初めて深くかかわった経験を通じて、「とりあえずやってみる」ことが習慣化したと記している。

学生たちは、驚くほど共通した姿勢を体得している。多様な文化や生活に触れて異なったものを受け止める感覚を身につけたこと、改めて日本や日本文化への自覚・興味が生まれたこと、あるいは、自分に自信を持ったこと、失敗することを恐れなくなったこと、さらに自分の意見をはっきり述べることなどである。まさに、このプログラムが期待していたものだ。

少なからぬ学生が、この期間に語学力を鍛えることも目標にしていた。ただ、普通に英語圏で過ごしたという学生は少ない。活動場所にカナダのトロントやオーストラリアのシドニーを選んだ学生たちの理由は、その都市が持つ人種・国籍・文化の多様さである。別の学生はインドのデリーを選んだ。欧米や日本とはまったく異なる文化の場だったからだと言う。

芸術的素養を深めようと二〇余りのヨーロッパの都市を旅した学生もいた。各地でコンサートなどを鑑賞し美術館を訪れるなど、観光旅行を続けていたようにも見える。しかし、この学生もとても大切な経験をした。それは、「本物に触れる」ということだ。

ＦＬＹプログラムは、学生たちが多様性に出会うことを期待しているが、それは同時に、「本物に触れる」ことでもある。本物とは、生の芸術文化であり学問に没頭する人の姿であり、あるいは人々の実際の生活であり、被災地の現実である。

学生たちは長い受験勉強を通じて、知識としてはたくさんのものを持っている。頭の中で概念や論理を積み上げていく訓練も大切だ。しかし、知識と現実の本物とが重なり合う経験をする時に、個人の能力も感性も大きく飛躍する。歴史的建造物にじかに手を触れた感動を語った学生の言葉も忘れられない。期間の大半を哲学論文の執筆に費やした学生もいる。彼の物理的な移動距離はさほど大きくないが、思考の旅の移動距離は大きい。

このような第一期生のチャレンジが教えてくれるのは、一年という「ギャップ」期間の使い方が実に多彩だということだ。つい、ボランティアやインターン、留学などというカテゴリーで枠づけしがちだが、私たちの想像を超える豊かな生かし方を、学生たちは自分で考え実行している。学生たちが身をもって示したそうしたポテンシャルは、この社会の未来に大きな希望となるだろう。

東京大学で秋入学を検討してきた過程で出された消極論の理由の一つに、春の高校卒業から秋の大学入学までの半年間を、一八歳の学生が有効に使えるのか、という指摘があった。それに答えるエビデンスを、この学生たちは提示してくれた。

もちろん、すべての学生が同じような活動をすぐにできるわけではないだろう。そこには、初等中等教育や家庭教育の課題も出てくる。ただ、学生たちが素直に驚きをもって報告していたように、一八歳を責任ある大人として扱う国は珍しくない。若者が持つポテンシャルはもっと信頼され、もっと期待されてよい。

東京大学がグローバル化の時代に向き合う教育改革を、まず四ターム（学期）制の実施から始めようとすると、秋入学はもう無理かと簡単にあきらめる人たちも少なくない。だがそれは、社会として情けない。むしろ一人ひとりのタフな取組み、一つ一つの積み重ねが、時代を着実に前へと動かしていく。東京大学で進めている「国際化」「実質化」「高度化」を柱とした学部教育の総合的な改革は、まさにそのようなものである。

その過程で制度も人も確実に変化していく。教育改革というのは大学の仕組みや組織が変わることだけではない。何よりも学生が変わることだ。そして、その学生を受け止める社会が変わることだ。ＦＬＹプログラムに参加した学生たちの報告を聞いていて、その確かな変化の兆しを感じる。

Ⅳ

学問をするということ

大学は「学問の府」と呼ばれます。「学問をする」という営為がどういうことかは、大学の中で長く生きてきた者には、だいたい自然に肌身に染みついています。しかし、大学に入ってきたばかりの学生たちはもちろん、大学で過ごした時間がまだ比較的に短い大学院生たちにとっては、「学問をする」ということが、必ずしも十分には直覚できないこともあるでしょう。これは、言葉にして説明するのはなかなか難しいのですが、ただ、その要素となるであろう感覚のいくつかだけは伝えておきたい気がします。それを手掛かりとして、彼ら彼女らはそれぞれに自らの学問の世界を形作っていくだろうと思います。また、そうしたメッセージは、大学の外の人たちにも、大学というものを組織や人からだけでなく、その営為の本質において理解してもらえるきっかけとなるかもしれません。そうした思いで、大学院の式典の機会を捉えて話したことを、この章に収めています。これらの話の中でしばしば、研究倫理というテーマに言及していることも、気づいていただけるでしょう。

高校生や新入生の皆さんであれば、まず、この章の終わりの二篇から読んでもらうと良いかもしれません。この二篇は、新入生への歓迎の言葉として、東京大学の『教養学部報』に寄稿したものです。日々の授業などを通じて真剣に学んでいく中で、ここに記した言葉に思い当たる瞬間があることを期待しています。

他者を意識する

二〇一二年三月二二日
平成二三年度学位記授与式告辞

今日ここに、晴れて学位記を受け取る皆さん、おめでとうございます。東京大学の教員・職員を代表して、心よりお祝いを申し上げます。また、この日まで、皆さん方を支えてきて下さったご家族の皆さまにも、感謝の思いとともにお祝いの気持ちをお伝えしたいと思います。

このたび大学院を修了する学生の数は合計で四〇九五名、そのうち留学生は四四五名、約一割強ということになります。この合計の内訳は、修士課程二八五九名、博士課程八六一名、専門職学位課程三七五名です。

皆さんの中には、学位記を受け取って、これから社会に出て行こうとする人もいれば、引き続き大学の中で、さらに専門的な研究を行っていこうとする人もいると思います。これまで、皆さんは、大学院で研究を進める中で、学部での幅広い勉強や経験とはまた違った形で、より専門的な能力の習得に力を注いできたことと思います。それは、「研究を深める」という言葉に表れているように、考察の対象を絞り込んで深く掘り下げていく、研究としてきわめて自然な方法です。そのことによって、皆さんの中には、ある特定の分野においては、研究の仲間はもちろん、指導教員の知識さえも超える水準の成果を達成した人も少なくないはずです。

このように、ある特定のテーマに精力を集中することで自分の能力の大きな可能性を確認した皆さんは、今度は、「他者を意識する」ということを考えてもらう良いタイミングにさしかかったと思います。今日はこのことをお話しておこうと思います。

昨年度、この学位記授与式は、東日本大震災の直後の式典となり、小柴ホールで、各研究科修了生の代表の皆さんだけに出席してもらうという異例の形をとりました。今年は再び例年の形式に戻して、この安田講堂で式典を行っています。

ただ、東日本大震災によって被災した地域が元に戻っているというわけではないことは、皆さんもご存じの通りです。つい先日も、私は、岩手県の大槌町へ、復興に向けた連携・協力協定を結ぶために行ってきましたが、現地では、やっと少し復興の兆しが見え始めてはいるものの、本格的な復興への動きはまだまだこれからです。いま東京大学の救援・復興支援室には、八〇あまりの関連プロジェクトが登録されて動いています。これらのプロジェクトの中には、健康・医療にかかわるもの、建物やまちづくり、経済生活・産業にかかわるもの、防災、放射線安全、あるいは資源・エネルギーにかかわるものなど、多様な活動が含まれており、大学院学生の皆さんもこれらのプロジェクトに参加してきています。こうした復興支援のための活動は、まだまだ継続していかなければなりません。

皆さんが大学院に在学している間、さまざまな経験をしたことでしょうが、そのうちでももっとも大きな経験の一つが、東日本大震災の発生であることは間違いないと思います。この震災の発生、大津波、そして原子力発電所の事故と相次ぐ危機の中で、皆さんの多くは、被災した方々のために自分が何を出来るのだろうか、と自らに問いかけたことと思います。皆さんがこれから研究を続ける時に、あるいは研究を社会に生かす時に、そのような思いを持ち続けていくということが、何より、「他者を意識する」ということの一つの形です。このたびの大震災がもたらした惨禍を意識し続けることは、皆さんの研究や生き方に、直接的にせよ間接的にせよ、大きな影響を与えていくことになるはずです。

「他者を意識する」ことの必要性は、震災に限らず、社会一般への関わり方において広く言えることです。大学での勉学を終えて社会に出ていく、企業などに就職していく皆さんは、仕事の上で当然に、これまで以上に「他者を意識する」ことになると思います。上司・同僚、あるいは取引先など、大学におけるのとはまた異なった多くの「他者」に出会うことになるはずです。そうした出会いの中で、皆さんにはぜひ、「他者を意識する」ことを面倒だと感じるのではなく、むしろ楽しみとし、自分の成長の糧としていただければと願っています。

これは、私が、「国際化」というものが持つ意義についてさまざまな機会に話してきていることに通じるのですが、自分とは異なった考え方や価値観を持ち、異なった生き方をしている人たちとの出会いは、最初はとまどうことがあっても、お互いの触れあいの中で、皆さんが持っている潜在的な力を引き出してくれるはずです。そうした中で、これまでは自分でも知らなかった、もう一人の自分に出会う経験を重ねていくはずです。それが人生における成長ということであり、「他者を意識する」ことは、そのきっかけとなります。

「他者を意識する」ためには、ふと立ち止まってみる気持ちの余裕、そして時間の余裕を作ることが必要です。自分だけの世界や自分のペースだけで行動していては、「他者を意識する」ことによって自分が成長するチャンスを失います。私は、皆さんがこれまで大学や大学院で学んできた知的な力というのは、そうした余裕をうまく活用するために必要なだけでなく、気持ちと時間の余裕を生み出すためにも使いうるものだと考えています。知的な力は、ただ物事を効率的・専門的にすすめるためだけではなく、「他者を意識する」ことを通じて自分の成長を促す、社会的なサイクルを動かすためにも必要なものです。これから社会に出て働く皆さんは、大学の中での勉学とはまた違ったさまざまな仕事に追われて慌ただしい日々を送ることになるでしょうが、この「他者を意識する」という余裕をつねに持ち続けてほしいと思います。

大学でこれからさらに研究を続ける皆さんにも、「他者を意識する」ということを心がけてもらいたいと思います。

その場合に、一つには、「他者」ということで、皆さんの比較的身近にいるはずの他の分野の研究者、他の学問分野を意識するということを考えてみて下さい。つまり、自分がこれまで狭く深く研究してきた分野のことだけでなく、それと他の分野との関係にも目を向ける機会を、意識的に作ってもらいたいと思います。社会的な課題であれ学術的な課題であれ、現代において私たちが直面しているさまざまな難問の中には、一つの専門分野だけでなく、複数の分野が協力して解決に取組むことを求めているものも少なくありません。皆さん自身もおそらく、自分の研究をすすめていくにあたって、関連する分野の研究の動向についても気になることがあったのではないかと思います。学位記を授与されるこの時期は、一つの区切りとしてしばし、「他者を意識する」余裕を持てるタイミングであると思います。専門的な研究を行うとともに他の分野に視野を広げることは、皆さんが専門を深めていく力をさらに強靱なものとしてくれるはずです。

もう一つ、「他者を意識する」という場合に、研究にあたって社会の人びとを意識する、ということを考えてもらいたいと思います。それは、硬い言葉で言えば、研究者の社会に対する説明責任ということであり、あるいは科学リテラシー、サイエンス・コミュニケーションといった言葉で語られることもあります。

研究が社会の人びとを意識するということは、例えば、自分の専門知識を生かして製品が作られ、あるいは事業が生み出されていくという時には、分かりやすいかもしれません。他方で、基礎科学のように社会的な成果がすぐに見えにくい分野では、そうした視点を意識的に持ち続ける必要があるように思います。

研究において生み出される知識を社会が切実に求めていることは、このたびの大震災に際しても、地震、津波の予知や影響測定、あるいは原子力発電所の事故のコントロールや放射線の影響予測などの場面でも示されています。こうした緊急時には、専門的な知識をできるだけ分かりやすく人びとに伝えることが求められるわけですが、今回のような事態を経験すると、大学で研究に携わる者が日頃から、専門的な知識をもっと人びとに伝え、科学的な事柄に対する人びとの判断能力の基盤を育てておく責任があったように感じます。

大震災後においては、科学的にさまざまな見解がある場合には、専門家が特定の一つの答えを断定的に述べるのではなく、むしろ複数ある考え方を率直に示すことによって、人びとが判断を行う選択肢を提供することの重要性も指摘されました。こうした判断を人びとが適切になしうるためには、危機が生じる以前の日常的な場で、科学的な事象に対する理解を深め、また、科学がもたらす利益とリスクとのバランスを考える枠組みを身につけられるような環境が整えられていることが必要です。いわゆるリスク・コミュニケーションということも、リスクが生じた時点におけるコミュニケーションの在り方だけでなく、普段からのコミュニケーションの蓄積を視野に入れて考えられるべきものです。こうした環境を作ることへの日常的な貢献は、研究に携わる者が「他者を意識する」という時に、当然想定されることであり、また、そこから逆に、研究への思いがけない視点や素材が得られることもあるはずだと思います。

このように、「他者を意識する」ということの大切さを皆さんに伝えようと思った時に、ふと思い出したのが、私がずっと昔、教養学部の学生だった頃、当時必読書と言われて読んだ、『菊と刀』という本です。これは、ルース・ベネディクトというアメリカの人類学者が、第二次世界大戦後の日本の占領統治に役立てようという目的で、日本の文化、日本人の行動様式を分析した本です。その分析について批判も少なからずありますが、日本文化と日本人の特質のいくつかを鋭く描き出していることは事実です。この本の中に、日本人の行動様式を枠づけるものとして、「恥を知る」ことに重きを置く文化があり、個人的要求よりは他者の期待、他者からの評価に応えることを重視して行動するという、よく知られた話が出てきます。

こうした行動様式は、私が今日、「他者を意識する」という言葉で話してきたものとは異なります。『菊と刀』の世界は、自己犠牲を伴いつつ他者を意識するという構造ですが、そうではなく、自己の成長のプロセスの中に「他者を意識する」ということを位置づける、そういう話を私はしてきました。日本人の伝統的な行動様式では、このように積極的な形で「他者を意識する」ことは、あるいは苦手であるかもしれません。しかし、最近の若い人たちの行動を見ていると、こうした「他者を意識する」という感覚は、一方では伝統的な自己規律的な良さも残しながら、私が今日お話ししたような方向に確実に動いてきているように感じます。

今日、この場にも多く出席している留学生の皆さんは、日本人の学生と研究や生活を共にする時に、『菊と刀』の中でこのように描かれた「恥を知る」文化に思い当ることがあったり、あるいは、それとはまったく違う印象を受けたりと、日本社会の中でさまざまな経験をしてきたことと思います。留学生の皆さんは、自分が生まれ育った国とは異なる社会の中で、否応なく「他者を意識する」という経験にさらされ、苦労をしながらもたくましく成長してきたことと思います。留学生の皆さんが、これから日本で生活を続けるのであれ、あるいは自分たちの国に帰るのであれ、勉学を通じて得られた力と同時に、この「他者を意識する」ことによって得た力を、大いに発揮していってもらいたいと願っています。

最後に、ここにいる全ての皆さんの、これからのさらなるご活躍をお祈りして、告辞を終えることとします。

表現することの意味

二〇一二年四月一二日
平成二四年度大学院入学式式辞

このたび東京大学の大学院に入学なさった皆さん、おめでとうございます。これから皆さんが、さらに深い学問の世界に分け入って、充実した学生生活をお送りになることを願っています。ここにいる皆さんの中には、博士課程に進学する人もたくさんいますが、さらに研究の最先端を究めていってもらいたいと思います。

また、今日のこの場には、皆さんの大学院への入学を支えて下さった、ご家族の皆さまにも多数ご出席いただいています。心からお祝いを申し上げたいと思います。

今年の大学院の入学者は、四五〇二名です。学部の新入生は三一〇〇名余りですので、その約一・五倍近い数ということになります。その内訳は、修士課程が二九二七名、博士課程が一二二一名、専門職学位課程が三五四名です。入学者の中で留学生の数は四六七名、つまり入学者の一割強を占めています。また、東京大学以外の大学から入学してきた皆さんも多く、学部時代とはまた違った、多様性に満ちた環境の中で、皆さんの力が切磋琢磨されていくことを願っています。

さて、昨年三月に起きた東日本大震災とそれに伴う巨大津波、そして福島の原子力発電所の事故から一年余りが過ぎました。当時のそうした事態を受けて、昨年度の入学式は、各研究科新入生代表の皆さんだけに出席してもらい、学内で実施するという異例の形をとりました。今年は再び例年の形式に戻して、この武道館で入学式の式典を執り行っています。

ただ、このたびの大震災によって被災した地域が元に戻っているというわけではありません。被災地では、少しずつ復興に向けて動きだしているものの、本格的な復興への取組みはまだまだこれからです。東京大学では昨年四月に「東日本大震災に関する救援・復興支援室」を設置しましたが、さまざまな専門分野を生かした復興支援プロジェクトがこの支援室に登録されて、大学院学生の皆さんも参加して実施されています。また、教職員のほか学生の皆さんもたくさん、ボランティアとして被災地で活動してきました。こうした復興支援のための活動は、東京大学としても息長く継続していこうと考えていますので、ぜひ皆さんも、大学院で過ごす間も、自分にどういうことが出来るだろうかと真剣に考え、あるいは行動をしていただければと思います。

今日は午前中に、この同じ場所で学部の入学式が行われました。そこで私は、新入生の皆さんに、「よりタフに、よりグローバルに」というメッセージを伝えました。こうしたメッセージは、私が三年前の総長就任以来、繰り返し学生の皆さんに伝えてきたことで、東京大学の学部から大学院に進学した皆さんは、ある程度目にし、あるいは耳にしてきたことと思います。この四月はちょうど私の総長任期の折り返し点になりますので、改めて初心に立ち返って、このメッセージを新入生の皆さんに伝えたのですが、この「よりタフに、よりグローバルに」という意識は、大学院学生の皆さんにも同じく期待をしたいことですので、まずこの点をかいつまんでお話ししておきたいと思います。

まず、「よりタフに」ということですが、このタフさというのは、人によって、あるいは置かれている状況によって、表れ方はさまざまです。いずれにしても、タフさというのは、「頭がよい」「知識がある」「弁が立つ」というだけではなくて、自分の能力を精一杯に使って物事に正面から向き合い乗り越えていこうとする姿勢、そして、それを持続していく姿勢が、重要な本質であると私は考えています。

大学での勉学もそうですし、また社会に出ればいっそうそうですが、人生を送る上では、なまなかな努力では実現できない事柄、計算や予測が不可能な事柄、また不合理で理不尽に見えるような事柄など、数え切れないほどの困難があります。そうした課題に臆せずに向き合って、新しい道、新しい解決、新しい仕組み、新しい生き方、新しいものの見方を生み出すために、力の限りを尽くすことを厭わないということが、タフであるということだと考えています。

そして大切なことは、こうしたタフさというのは、さまざまな学問的、社会的、あるいは人間的な接触の中で育っていくものだということです。タフさは多様な経験の中で培われます。人間は、自分とは違った知識や価値や生き方に出会うことによって衝撃を受け、成長していきます。そうした経験を通じて、困難な課題に直面した時も、どう取組めばいいのか知恵や工夫をめぐらす柔軟性、そして、何とか出来るのではないかという自信や前向きの姿勢が育ち、タフさの源となります。皆さんには、大学院生活の間に、少しでも多くそうした経験を重ねてもらいたいと思います。

もう一つ、「よりグローバルに」ということですが、国際化というのはたんに語学が出来る、言葉が通じるということだけではありません。むしろ国際化の価値は、世界の中に存在している多様性にさらされ、異質なものに触れて成長するきっかけになるというところにあります。つまり、自分とは異なった考え方や発想、異なった行動様式や価値観と触れあい、それらの刺激にさらされる機会を持つということです。そうした刺激を自分の中で消化していくことによって、国際的な競争や協調の場面で活躍できる力と同時に、時代や環境の新しい変化にも対応していくことが出来る力がつくはずだと考えています。今日の学術研究が、さらには社会が、こうした力を求めていることは、言うまでもないことです。

皆さんにはぜひ、この「よりタフに、よりグローバルに」ということを強く意識しながら、充実した大学院生活を送ってもらいたいのですが、今日これからお話ししたいと思っているのは、皆さんにとって身近であるはずの、「表現」をするということについてです。

皆さんはこれから大学院で自分の専門研究を深めて行くわけですが、多くの場合、その研究の成果は、何らかの形で表現されることになるはずです。つまり、皆さんが研究に携わるということは、表現をするということとかなりの程度重なっています。そこで、表現を行うことの意味、さらに、表現に伴う責任について触れておきたいと思います。

表現をすることの意味は何なのかというと、まず思い浮かぶのは、人に伝えるということです。しかし、それ以前に、そもそも表現という行為には「自己実現」という意味合いがあります。私は表現の自由という分野の研究に長く携わってきたのですが、そこで、表現の自由の機能の一つとして、「自己実現」という言葉が出てきます。つまり、何か表現をするというのは、精神の作用を通じて人間としての可能性を実現していく、そしてそれによって自分の人格というものを形成していくきっかけになる、ということです。表現するという行為は、感情や思考を活発なものとする触媒ともなります。かりに、研究は自由にやって結構だ、けれども発表はしてはいけないと言われると、多くの場合、研究者の成長は止まるだろうと思います。

表現するということがこうした精神の特別な活動であることを、私たちは通常は意識しません。ただ、ある種の極限的な状況に置かれた時に、そうした表現行為の本質が見えてくることがあります。

昨年の大震災後、いくつかの言葉が繰り返し飛び交ったことを記憶している人も多いと思います。

「頑張ろう」、「寄り添う」、「絆」などといった言葉がその例です。それは、単なる流行語というよりは、個々人の内面から湧き出た言葉であり、かつその言葉を気持ちの中に留めることなく外部に発したい、そして共有したいという思いが込められたものであったような気がします。そこには、何か伝えるという以上に、自らの思いを表現したいという、一種の「自己実現」的な意味合いが伴っていたように感じます。

私自身も、大震災後の東京大学の復興支援の方針として、『生きる。ともに』というメッセージを出したのですが、これは、大学の運営責任者としてのスタンスを述べるものであったと同時に、個人としても自分の思いをそういう形で表現せずにはいられないという感覚を、その時に持ったことを記憶しています。大震災のすさまじい惨禍を前にして、おそらく皆さんの中でも、何か言葉にしたい、言葉を発せざるを得ない、といった衝動に駆られた人が少なくないのではないかと思います。それこそ、表現行為と自己の内面の一体性が表れた瞬間ではないかと思います。

このように、表現を行うということは、本来、自分の内面を絞り出すということです。そうした内面を絞り出すことによって自分の存在というものを確認するということであり、表現は人格と深く結びついています。

表現という行為のこうした原初的な意味合いを理解することから、表現という行為の在り方について考える手掛かりも得られます。

まずは、表現が誠実なものでなければならないということです。皆さんが、研究論文のように何か表現をしようとする時には、他人の言葉を安易に借りるのではなく、自分の言葉や自分の文章をひねり出すために苦闘しなければならないということです。また、表現の確たる裏付けとなる資料やデータを、自分で必死に汗をかいて見つけ出さなければならないということです。無数の先人が蓄積してきた膨大な業績の上に、自分という人格が何を新たに付け加えることができるのか、それを皆さん自身の言葉と努力で探ってもらいたいと思います。

表現が人格と結びついているということは、表現の誠実さが人格の誠実さにもつながってくるということです。また、表現が自己実現であるというのは、表現行為に至るまでの苦闘の過程、すなわち、言葉を探し、文章を練り、資料やデータを集める苦闘の過程を通じてこそ、皆さんは成長するということです。

ところで、表現の自由の意義ということを議論するときに、こうした自己実現という個人的な機能と並んで、それが真理に近づくための手段であるということ、つまり、表現行為の社会的な機能もよく取り上げられます。これは、研究に携わっている人間には身近な感覚です。真理というと大げさに聞こえるかもしれませんが、ここでは、自然科学的な意味での客観的な認識に限らず、知識の有効性や合理性の最善の水準といったところまで広げて解釈しておいてよいと思います。こうした真理、最善のものを認識するために血の滲むような努力をするのが、研究に携わる者の宿命です。

そうした努力を続ける過程においては、私たちが客観的な真理だと信じたものがしばしば暫定的なものであり、乗り越えられる可能性を持ったものだということを覚悟しておく必要があります。表現というのは、自己実現という個人的な行為であると同時に、一つの社会的な行為です。そうである以上、ある表現に対して議論や批判がありうることを当然と考えておかなければなりません。むしろ、こうした議論や批判のプロセスの中に自らを置くということこそ、研究の本質です。

こうした表現の持つ社会的機能の話を推し進めて言えば、皆さんに認識しておいてもらいたいのは、皆さんの表現は、たんに個人の自己実現としての表現に留まらず、「専門家としての表現」になる場合もしばしばあるということです。特定のテーマに関する専門的な研究を踏まえた表現は、たとえそれが大学院学生の研究成果であれ、普通の人びとの表現より重みをもって社会に受け止められることは不思議ではありません。それだけに、皆さんが表現を行うに当たっては、真摯な検証を経た誠実な表現が、自己の人格に対する責任としてと同時に、社会に対する責任としても求められることになります。

皆さんは、これから、さまざまな形で表現活動を行っていくことと思います。膨大な量の表現を生み出していくことだろうと思います。そうした時に、限られた時間の制約の中で多くの論文を書くことに追われて、つい表現の内容や言葉の使い方がいい加減になったり、あるいは実証をなおざりにしたりしてしまう危険性が、つねにあります。皆さんには、忙しい合間にも時々は立ち止まって、「表現をする」という行為の原点、すなわち、個人にとっての重み、そして社会にとっての重みを思い起こしながら、研究に携わってもらいたいと思います。そのように表現するという行為に対する緊張感を持ち続けることによって、皆さんは、立派な研究者として、あるいはしっかりとした研究を踏まえた専門家として、成熟していくはずです。

最後になりましたが、今日大学院に入学する皆さんのご家族の皆さまにも一言ご挨拶を申し上げておきたいと思います。

これから大学院に入学する皆さんは、すでに学問研究というものに対する基本的な姿勢はしっかり持っているはずで、生活の面でも勉学の面でも、間違いなく一人立ちしてやっていけると期待出来る皆さんたちです。ただ、これは私自身の研究生活の経験を踏まえて、いつも申し上げていることですが、大学院での勉学、研究というのは、学部での勉強以上に、強い精神力と体力を必要とします。今日のお話の冒頭で、学生の皆さんに「タフになってほしい」と言いましたが、特定の研究テーマに情熱を注ぎ込むことは、肉体的な負担はもとより、孤独で自分の骨身を削るような緊張を要する作業となることも少なくありません。そのことをご理解いただいて、ご家族の皆さまには、どうか、そうした厳しい学問の世界にいる皆さんに、折に触れ精神的なサポートをして差し上げていただければと願っています。

東京大学は、今日、このように多くの皆さんが、学術の未来の可能性にともにチャレンジしていく仲間として新たに加わって下さることを、心から歓迎したいと思います。皆さんのこれからのご活躍に大いに期待をしています。

Column

地図を歩く

ちょっと日本語になっていないタイトルかも知れない。普通は、地図を読む、地図を見る、という言葉だろう。でも、地図を歩く、という言葉を使いたい。ネットで検索をかけると、この言葉で少しヒットするので、同じような感覚を持っている人もいるようだ。

広げるのはだいたい山の地図、とくに国土地理院発行の二万五千分の一の地図である。ある時は、地図を見ながら山の険しさ、風景を想像し、登りたい山の行程を考える。またある時は、歩いた山道を赤鉛筆で丁寧に塗っていく。さっとは塗らない。丁寧に塗る。何といっても山道は平地の道と違って、同じ一キロでも汗を流してはあはあ言いながら一歩一歩歩いたのだから。最近は、GPS付のナビゲーション機器がある。これで軌跡を自動記録して帰宅してからパソコンにつなぐと、歩いた行程が画面上に一瞬で描かれる。赤鉛筆もいらずにとても便利だ。でも、これでは苦しい山登りをした苦労が報われない気がする。

昔の登山道を知りたいと思って、古本屋で古い地図を買い込むこともあるが、やはり山歩きの好きな人が持っていたらしくて、私の地図と同じように赤線が丹念に引いてあるものもある。いまは道路が整備されて車ですっと山奥まで行けるようになったところも、一時代前の人はしっかりと歩いていたことがよく分かる。他方で、山の中で無くなってしまった道も少なくない。昔は、といっても一九七〇年代くらいまでだが、古くからの炭焼きなどにくわえて森林の大規模な伐採が行われていたために、山奥にも縦横に小道が走っていたようだし、山仕事をする人たちの住まいがあちこちにあった。今でも思いがけないところで、人々の生活の跡に出会うことがある。ただ、山仕事が廃れてくると、小道も自然に帰っていっている。

私の好きな地図の一枚は、昭和七年に大日本帝國陸地測量部が発行した五万分の一「三峯」の地図である。すっかり変色しているが、そこでは秩父の山々を縫って、かつてたくさんの小道が走っていたことを読み取ることができる。そうした道の跡をいくつか辿ってみようとしたことがあるが、たまに思いがけず出くわす山の神の祠を別として、ほとんど痕跡を見つけることが出来なかった。他方で、最新版の地図には、かつての地図には無かった立派な道がたくさん増えている。古くからの道を利用して整備した道路もあれば、まったく新しく切り開かれた道路もある。自然のありのままの姿が失われていくような感覚を受けることは悲しい。しかし、そうした道路のおかげで、生活が便利になり、あるいは自然を楽しむ人が増えてもくるだろう。

そんなことを考えながら地図を眺めていると、何だか学問の世界も似たようなところがあるなあ、とふと思った。あるフィールドについて知りたい、もっと探究してみたいと、これまで人の手がほとんど入らなかったところに、たくさんの道が切り開かれて賑わうことがある。そのうち、ある道は廃れ、その痕跡もほとんど失せて人が通らなくなる。ある道は、道幅がもっと広げられ綺麗に整備されてたくさんの人が通るようになる。

もっとも、違うところもある。現代では測量技術のおかげで、地図には空白の部分はほとんど無いといってよいだろう。しかし、学問の世界では、まだまだ空白の部分がたくさんある。二〇万分の一くらいの地図は出来ていても、五万分の一、二万五千分の一などの詳細地図まではまだ作成されていないところは無数にある。自分が初めて地図を描く、という素晴らしい経験が出来る。どうも、すでに出来上がった地図に歩行軌跡の赤線を引く作業よりは、遥かに楽しいかもしれない。

自由な精神

二〇一三年四月一二日
平成二五年度大学院入学式式辞

このたび東京大学の大学院に入学なさった皆さん、おめでとうございます。これから皆さんが、学問の森にさらに奥深く分け入って、充実した学生生活を送り、大きな成果をあげて下さることを願っています。ここにいる皆さんの中には、博士課程に進学する人もたくさんいますが、さらに研究の最先端を究めてもらいたいと思います。とくに研究者の道に進もうと考えている皆さんの場合、私自身の経験を振り返ってみても、研究者人生における基本的な枠組みの少なからざる部分が大学院生の時期に形成されます。そのような貴重な時間を大切に過ごしていただきたいと思います。

また、今日のこの場には、皆さんの大学院への入学を支えて下さった、ご家族の皆さまにも多数ご出席をいただいています。心からお祝いを申し上げます。いまここにいる大学院生の皆さんは、いずれも、これからの日本の、また世界の多くの国々の知性の未来を担っていく人たちです。そうした人たちが皆さんの家族であることを誇りと感じていただければと思います。大学院での勉学、研究というのは、学部での勉強以上に、強い精神力と体力を必要とします。特定の研究テーマに情熱を注ぎ込むことは、肉体的な負担はもとより、自分の骨身を削るような精神的緊張を要する作業となることも少なくありません。そのことをご理解いただいて、ご家族の皆さまには、どうか、そうした厳しいチャレンジを日々続けている皆さんに、折に触れサポートを差し上げていただければと思います。

今年の大学院の入学者は、四四七五名です。学部の新入生は三一〇〇名余りですから、その約一・五倍近い数ということになります。これは、東京大学が、大学院重点大学、研究ということに重きを置いている大学であることの証でもあります。その内訳は、修士課程が二八〇七名、博士課程が一二九七名、専門職学位課程が三七一名です。入学者の中で留学生の数は四二八名、つまり入学者の一割近くを占めていることになります。入学する人たちの中には、東京大学以外の大学からの皆さんも数多くいます。これらの皆さんが、東京大学に新鮮な力をくわえてくれることはもちろん、教育研究環境に多様性をもたらしてくれることを、大いに歓迎したいと思います。新しく東京大学に入学した皆さんは、最初は戸惑うことも多いと思いますが、この大学のシステムに早く慣れていただくとともに、皆さんそれぞれの個性を十分に生かして、活力ある知的コミュニティを形成し、その中で自他ともに成長を遂げていただければと願っています。

現代社会は、皆さんがすでに承知しているように、複雑で多様な課題を数多く抱えています。そこでは、「解決のモデルのない時代」だということもよく言われます。このように「解決のモデルのない時代」というような時代規定がなされることは、大学という組織にとっては大きなチャンスであり、また同時に、大きな責任を引き受けることにもなると、私は受け止めています。つまり、これまでの技術や制度や仕組みをどこからか真似るだけでは課題解決が出来ないとなれば、救いは、新しい知識や知恵を生み出すことの出来るところに求めざるを得ません。そうした場の最たるものが大学です。最近、大学改革をめぐる議論が盛んになってきています。その背景として、いわゆるグローバル人材の育成への期待ということもありますが、同時に、イノベーションという言葉に象徴されるように、これまでにないような新しい技術や経済・社会の仕組みなどが創造されていくことに対する大きな期待があります。そうした時代の期待にしっかり応え社会に役立っていくということは、この大学の大学院で研究を行う者の責任であり、かつ誇りでもあると思います。

いま私は、「社会に役立つ」という言葉を使いました。その言葉で通常思い浮かべるのは、社会に対してなんらかの具体的な成果をもたらすような活動、というイメージだろうと思います。しかし、学問研究には、必ずしもそのような直接的な形ではない成果があります。長い目で見れば、そちらの成果の意義の方が大きいと言えるかもしれません。それは、学問研究に必然的に伴われるはずの、自由な精神、批判的な精神、そして、真理を求める好奇心と喜びということです。そうした精神を社会の一部として担い続けていくことは、大学、そして学術の持つ大きな価値であると、私は考えています。そして、そうした精神に対する敬意を持ち、さらにはそうした精神が普遍化する社会こそ、さまざまな困難な課題を乗り越えて新しい時代を創造していくことのできる社会であると思います。

皆さんの中には、東京大学の研究組織の一つで、Kavli IPMU、カブリ数物連携宇宙研究機構という名前を聞いたことがある人もいると思います。この機構は、文部科学省が定めた世界トップレベル研究拠点プログラムの一つとして、柏キャンパスを拠点に、研究の先端性や国際性などの点で素晴らしい成功を収めている組織です。ただ、そこでの研究のテーマは、「宇宙は何で出来ているのか」、「宇宙はどのように始まったのか」などといった、一見すればいまの社会に直接的に役立つことが見えにくい内容です。この組織を率いている村山斉さん、この先生は、カリフォルニア大学バークレー校の教授と東京大学の教授を兼務して、太平洋の上を頻繁に行き来しながら活動している大変魅力的な先生ですが、ある本のあとがきで、こんなことを書いておられます。

「IPMUではこうした宇宙の大きな謎に迫るため、数学者、物理学者、天文学者が集まって日々がやがやと新しいアイディアを考えています。いまはまさに『革命前夜』といった雰囲気が漂っています。」

「一方、『こんなことを調べて一体何の役に立つんだ?』と疑問に思われた方もいると思います。実は私は文部科学省や財務省、また一般の方々から同じような質問を受けることがありますが、いつもこのように答えています。『日本を豊かにするためです』と。『豊か』という言葉は、経済的な意味もありますが、心、精神、文化の豊かさも含んでいます。人生の半分近くを外国で暮らした私から見ると、日本はこうした広い意味での『豊かさ』をとても大事にする国です。これからもそうあってほしいですね」、そう、結んでいらっしゃいます。

もう一人、やはりこの組織で一緒に仕事をなさっている、カリフォルニア工科大学の大栗博司さんという先生の言葉も引いておきたいと思います。

少し前に、ヒッグス粒子の発見ということが話題になったのを、皆さんも記憶していることと思います。別にそんなことが分かろうと分かるまいと私たちの日常生活には何の関係もなさそうです。だのに、なぜ、報道などでも大きく取り上げられ、多くの人びとが関心を持つのでしょうか？　このことについて、大栗先生は次のように述べておられます。

「まだ何の役に立つのかわからないヒッグス粒子の発見は、私たちの知的好奇心を満たし、科学のすばらしさを教えてくれました。」

「こうした科学の成果が与えてくれる喜びは、文学、音楽、美術などがもたらすものと変わるところがありません。自然界の奥底に潜む真実を解き明かす科学は、この宇宙における私たち人間の存在について、深く考えるきっかけを与えてくれる。それこそが科学の喜びであり、私たちが大切にすべき価値だと思います。」

このように、「真実を解き明かす」という言葉、それをさらに理念化、抽象化すれば、「真理を探究する」という言葉は、日々の変化が激しく目前の課題への対応に追い回されることの多い現代社会では、さらには、真実であるとされることの危うさにしばしば出くわすような経験もしてくると、この私でさえ、もはや死語に近づきつつあるのではないかという錯覚にとらわれることもあります。

しかし、学問という世界だけに限らず、日々の仕事や生活においても、真実や真理といった究極的なものに対する憧憬は、何であれ、より良いものを目指して新しい課題に挑戦していこうとする行動の根底に存在しているように思います。真実や真理といったものを、意識的にせよ無意識的にせよ観念するからこそ、人は現状に満足しないで夢を持ち、前へ前へと進んでいくことが出来るのだと、私は信じています。そうした意味では、「真実を解き明かす」、あるいは「真理を探究する」という観念に対して信頼や評価が与えられない社会は、明日の時代を築いていく活力を失っていくでしょう。皆さんが大学院で研究というものに携わる原点かつ究極の意味は、実はそこにあります。皆さんが真摯に研究に打ち込むという姿勢そのものが、何か具体的な成果を生み出す以前に、そもそも、こうした社会の根幹となるべき原理を再生産していく活動なのだ、その意味でも「社会に役立つ」のだということを、改めて自覚し、また誇りとして、研究に励んでもらいたいと思います。

このように自由な精神をもって真実を解き明かそうとする時に、「教養」というものがもつ大切さについて、皆さんにお話ししておきたいと思います。

大学院では皆さんは、これまで以上に専門分野、特定のテーマに入り込んで研究をすすめていくことになります。そういうタイミングで、改めて「教養」という言葉を聞くのは、皆さんには違和感があるかもしれません。教養を学ぶということは、もう大学の一、二年生の時期で終わったと考えているかもしれません。たしかに、大学に入って専門分野を学ぶに先立って、学問の世界の豊かな広がりを理解しておくことは大切なことです。しかし、教養を学ぶということは一生涯にわたって続いていくものだと、私は考えています。

東京大学の歴代の総長には沢山の素晴らしい方々がいますが、そのうちでも、第二次世界大戦終了直後に就任された南原繁総長は、戦後の東京大学の制度の基盤を作ると同時に精神的な基盤を作られた総長です。南原総長は、戦後の大学の復興にあたって、「人間性」や「精神の自律」という観念を柱に据えられましたが、新たに東京大学に教養学部が発足したこともあって、しばしば「教養」の意義ということに触れておられます。昭和二六年の入学式、やはり今日と同じ四月一二日という日に開催されていますが、そこでのお話の中に、次のような一節があります。少し長いのですが引用させていただきたいと思います。

「教養の意義は、さやうにして、諸君のこれからの専門知識と研究が展開されてゆく普遍的基盤を提供するばかりでない。その目ざすところは、畢竟、もろもろの科学を結びつける目的の共通性の発見であり、かやうな目的に対して深い理解と価値判断をもった人間を養成することに在る。この意味において、教養は、まさに時代の高きに生きんとする人間の何人もが、欠くことのできない精神的条件である。

かやうなものとしては、それは諸君が、大学において単に教養科目を修得したり、教養学部を修了することをもって、終わるものではない。諸君のすべての学究時代を通し、否、全生涯を通して、常に心がけなければならぬところのものである。それは究極において、われわれがおのおの一個の人間として、人生と世界に対する態度——随って、深く道徳と宗教にまで連なる問題を決定する。かくして、遂にわれわれの裡なる人間性の自覚と独立に向はしめずには措かぬであろう。

然るに、われわれが生を生きるのは、他ならぬ他人との共同生活においてである。だから、教養とは、結局、われわれが自主的に価値を選別し、真理と自由と思惟するところを、社会と同胞との間に実現する能力と勇気を具えた社会的人間の養成といふことに外ならない。そして、それを可能ならしめる根拠は、あくまで人間の自由の自覚と精神の自律である。」

このお話は、ちょうど私が生まれた頃になされたものですが、言葉遣いは別として、その内容は今でも実に新鮮です。ここには、教養を身につけるということが持つ意義が多様に、かつ統合的に示されています。

教養を学ぶことの実践的な意味合いということで言えば、大学に入ったばかりの時に受ける教養教育が、まさに「これからの専門知識と研究が展開されてゆく普遍的基盤」ということになります。また、「もろもろの科学を結びつける目的の共通性の発見」という言葉がありましたが、それを無理矢理、現実的、実践的に解釈すれば、それは、専門分野に進んでからも他の専門分野に目配りすることの必要性、ということにつながってきます。

専門分野に限らず、幅広い分野の知識をもつ、幅広いものの見方ができるということは、「学際」であるとか「学融合」という言葉もありますが、今日では、専門分野に進んでからもさまざまなところで求められるようになっています。たとえば、さきほど触れたＩＰＭＵ、数物連携宇宙研究機構の活動がまさしくそうですし、あるいは、ナノバイオテクノロジーや医療技術などの分野における医学と工学との連携なども、よく知られています。すべてが複雑化しつつある現代社会においては、現実の課題を具体的に解決していこうとすると、複数の学問分野の連携が求められるという場面が非常に多くなってきています。こうした意味で、皆さんが大学院で専門分野を深く掘り進めていくにしても、同時に、知識や知恵を、また、ものの見方をより幅広くしていく努力をつねに怠らないというのは、とても大切なことです。

もっとも、さきほどの南原総長の言葉は、そうした直接的に実践的な意味を超えて、人格の陶冶にかかわる内容が含まれています。むしろそれが、南原総長の伝えたかったことであるはずです。そこには、知的な活動に携わるということの本質的な性格が、しかも、私たちが日頃つい忘れがちになる究極的な意味が、述べられているように思います。その大切な部分の引用をもう一度繰り返しておきたいと思います。

「教養とは、結局、われわれが自主的に価値を選別し、真理と自由と思惟するところを、社会と同胞との間に実現する能力と勇気を具えた社会的人間の養成といふことに外ならない。そして、それを可能ならしめる根拠は、あくまで人間の自由の自覚と精神の自律である。」

大学院での研究生活はどうしても特定のテーマに特化した研究活動になりがちです。しかし、皆さんには、時には、このような言葉も思い起こしながら、大学院で自らの専門性を鍛えていくとともに、自由な精神を具えた人格としての成長も遂げていただきたいと願っています。

自由な精神を具えた人格、これが大学院での皆さんの理想像の一面だとすると、最後に一言申し上げておきたいのは、これから皆さんが研究の成果として発表していくものは人格の一部である、という意識をしっかりともっていただきたいということです。

論文であれ研究報告であれ、何かを発表するというのは、自分の人格の一部を外に表現するということに他なりません。人間の精神は、たんなる中継器のように、外から入ってきた情報をオウム返しに又外へ送り出すといった類いのものではありません。そこには、必ず人間としての精神の作用が介在します。つまり、自分で新しい考え方を、新しい論理を、新しい概念を、新しい言葉を、新しいエビデンスを、探し求める過程が、表現をするという行為の前に存在するはずです。そのように精神が介在するからこそ、人は成長し、またそこから創造がなされるわけです。

そうした意味で、皆さんが何らかの形で研究の成果を発表するとき、安易に人が書いた文章を窃用する、あるいは裏付けとなる資料やデータを欠いたままに発表を行うといった行為は、自らの人格を損なうことになります。研究に従事するという活動は、研究対象、研究テーマとの闘いというより、実は自分自身との闘いという面が少なくありません。今日この場にいるすべての皆さんが、幅広い教養に裏打ちされた自分の全人格をかけて豊かな研究成果を生みだし、学術の未来の可能性に大胆なチャレンジをしていくことを、心から期待しながら、私の式辞を終えることにします。

学問と勇気

二〇一四年四月一一日
平成二六年度大学院入学式式辞

このたび東京大学の大学院に入学なさった皆さん、おめでとうございます。東京大学の教職員を代表して、心よりの歓迎とお祝いを申し上げます。言うまでもなくこの東京大学は、学術の幅広い分野において世界トップ水準の研究を行っている組織です。そうした研究から生まれてくる成果に、皆さんがこれまで以上に身近に接して知的な力を鍛えていくと同時に、そうした優れた研究成果を東京大学がこれからさらに生み出していくことが出来るよう、皆さんが貢献してくれることを大いに期待しています。大学院ではこれまで以上に、深い専門の世界に入り込んでいくことになります。そこでは皆さんは、これまでのように、先人が作った概念や論理や手法を学び、それらを使いこなせるようになるだけでなく、自分自身の概念や論理や手法を生み出し、そこから学術の新しい発展を生み出していくことが出来るようになるはずです。大学院における皆さんの成長を楽しみにしています。

今日、この場には、皆さんの勉学を支えて下さっているご家族の皆さまも、多数ご出席になっています。皆さまにもお祝いを申し上げたいと思います。いまここにいる大学院生の皆さんは、これから研究の世界で、あるいは社会のさまざまな現場で、つねに知の最先端を目指し、人々の夢と豊かさを実現するために活躍するであろう人たちです。時には学問の奥行きの深さにたじろぎつつも、精神的につねに自分自身とも闘いながら、人類の知のフロンティアを開拓すべく日夜努力を続ける人たちです。このようなチャレンジを行おうとしている皆さんを、ぜひこれからも応援し、支え続けてあげていただければと思います。

今年の大学院への入学者は、四五〇九名です。その内訳は、修士課程が二八八九名、博士課程が一二六一名、専門職学位課程が三五九名です。うち留学生の数は四四四名で、入学者のおよそ一割を占めていることになりますが、留学生のみなさんには、自分が慣れ親しんだ地を遠く離れた場所で研究に携わることによって、新鮮な学問的刺激を受けるだけでなく、異なった生活や考え方、文化や価値観の違いなどを大いに楽しんでもらいたいと思います。日本人の学生の皆さんも留学生の皆さんといろいろな機会に交じり合って、さまざまな人々が持っている豊かな魅力に触れてほしいと思います。また、大学院に入学する人たちの中には、東京大学以外からの皆さんもたくさんいて、全体の四割くらいになります。新しく東京大学で学ぶ皆さんは、最初は慣れないことが多いかもしれませんが、積極的に行動して、これからの東京大学を担う主体となっていただきたいと思います。個人の成長にも学問の発展にも大切なのは多様性です。東京大学の大学院は、学部以上に多様な環境に恵まれています。東京大学の学部から進学してきた学生だけでなく、海外からの学生、そして東京大学以外の大学からの学生の皆さんも一緒になって、それぞれの能力と持ち味を発揮しながらお互いに刺激しあうことで、新しい活力や創造力が生まれていくはずです。大学院ではそうした多様な人たちが切磋琢磨する環境を、思い切り楽しみ、自分の成長に生かしていって下さい。

いまここにいる皆さんの将来の計画、未来への思いはさまざまであろうと思います。研究者としての道を歩もうとしている人もいれば、より専門的な能力を身につけて社会に出て行こうとする人もいます。いずれにしても、これから大学院でより深く学問というものにかかわっていくにあたって、いくつか意識しておいてほしい研究姿勢というものがあります。昨今の話題では、研究倫理ということもその大きな柱の一つです。それは決して他人ごとではなく、皆さん一人一人がこれから真剣に受け止めていかなければならないテーマです。東京大学では、この三月に、研究倫理の保持についてこれまで以上に緊張感をもちながら日々の研究を進めようと、『研究倫理アクションプラン』をまとめました。それは、今日いくつかの資料とあわせて皆さんの手元に届いていることと思います。今後、このアクションプランを踏まえて、すべての学生に向けた研究倫理教育、研究者の研修、全学的な啓発活動、研究倫理推進室の設置、研究データの保存体制の整備などといった具体的な措置をとっていくことにしていますが、このプランのサブタイトルに付している言葉は、「高い研究倫理を東京大学の精神風土に」というものです。その意味するところは、研究倫理というものを皆さんが、時々注意して思い出すというよりは、身に染み付いたものとして、日々の研究活動の自然な一部としてほしいという強い思いです。そうした思いを、今日ここにいる皆さんとしっかり共有することができればと思います。

この研究倫理と並んで、皆さんが学問に携わるにあたっての姿勢として意識しておいてもらいたい概念の一つに、「勇気」というものがあると私は考えています。

勇気というのは、戦いの世界、武の世界では、当然のように登場するテーマです。しかし、学問に携わる時に、勇気という言葉が出てくることには、皆さんは奇異な感じを受けるかもしれません。最近はあまり使われなくなりましたが、「文弱の徒」という表現もありました。つまり、学問や文学などをやっている者は肉体的にも精神的にも弱々しい存在である、といった意味の言葉です。しかし、すでに実際に勉学に励んできた皆さんは、文弱という言葉にはかなり違和感を持つのではないかと思います。真剣に研究テーマに向き合う人は、そこで求められる精神の緊張の厳しさを実感しているはずです。精神のたくましさがなければ、難しい試験問題に取組むことは出来ませんし、まして幾たびの失敗にもめげずに何度も実験を繰り返したり、言葉の一字一句を精選しながら文章をまとめ論理を積み上げていったりすることは出来ません。そこでは、文弱という言葉はまず当てはまりません。とはいえ、では、そこに勇気という言葉が馴染《なじ》むかというと、やはりしっくりこない感じがあるだろうと思います。

勇気という言葉は実に多義的で、いろいろな意味合いがあります。これまでの人類の歴史の中で、もっとも多く論じられてきた言葉の一つではないかと思います。古くはギリシアの時代からも、そうした議論がありました。例えばプラトンの対話編の中に『ラケス』というものがあります。ラケスというのはアテネの軍人の名前ですが、この人物にもう一人の軍人やソクラテスたちが絡んで、いつもながらの対話が進んでいくのですが、そこで子どもたちへの教育を論じる中で、「勇気とは何であるのか」というテーマに話が及びます。もっとも、ソクラテスの対話でしばしばあるように、この議論は結局は、アポリア、行き詰まり状態に陥っているようでもありますし、私も哲学の話はさほど得意ではありませんので、ここでは、ごく断片的な言葉を一つだけ拾っておきたいと思います。

私はこの本を、かつて私たちの人文科学の大学院で学ばれた三嶋輝夫先生による翻訳で読んだのですが、この対話への参加者はいずれにしても、勇気がたんなる大胆さや怖いもの知らずではないという点については一致しています。ただ、「知は勇気とは無関係だ」という意見に対して、勇気とは「恐ろしいことと平気なことについての知識」を持っていることであるという考え方が出されています。実は、ここでいう知識という言葉は、いまのフレーズがすぐ後に、ソクラテスによって、「あらゆるあり方の、あらゆる善いことと悪いことについての知識が勇気」である、という議論にも展開されていることから察せられるように、私たちが普通思い浮かべるよりは、はるかに深いインプリケーションをもった概念です。ただ、ここでは私は、とにかく、勇気が知識という言葉と結び付けられている外形的な点に興味をひかれました。

つまり、この結び付けられ方は、知識をもつこと――それは学問をするということにつながると思います――が、勇気の源になるということだと、素朴に理解しておきたいと思います。では、なぜ知識を有する、学問をすると勇気がでるのか。また、そのために何が必要なのかということです。それを考えるには、何より皆さんのこれまでの学問的な経験で、自分の考え方を初めて発表しようとした時の緊張感、その初心を思い返してもらいたいと思います。

皆さんの中には、すでに、いろいろな機会に口頭で発表をしたり、論文を公表したりといった経験をした人も少なくないでしょう。ただ、ディスカッションの中で何か意見を述べるというのとはまた違って、フォーマルに何か自分の考え方や研究成果を発表するという時には、普通は強い緊張が伴うものです。その手前で立ち止まる学生の姿を、私は何度も見てきました。あるいは皆さんも、その緊張の前に立ち止まることがあるかもしれません。その強い緊張を乗り越えていくのが、学問に携わる時に求められる勇気であると、私は考えています。

自分が公にしようとしていることは、本当に正しいのだろうか、意味があるのだろうか、誰しも迷います。そして、その迷いがあるということは、学問にとってきわめて当然かつ健全なことです。しかし、その迷いを乗り越えないと学問の世界にかかわることが出来ないのですが、そこを乗り越えるのが勇気です。ただ、問題は、その勇気の正体です。それは、たんに大胆さや怖いもの知らずということなのでしょうか。

皆さんがおそらく何らかの形で経験したであろう、そうした迷い、躊躇、逡巡を乗り越えるために、皆さんが何をしたかを思い起こしてもらえればと思います。私の経験でいえば、何度も何度も先人の文献や膨大な資料を読み返してみる、いろいろなアイデアを紙に書いて整理してみる、それを幾度も書き直す、それでも迷いが残れば自分で考えるだけでなく先生に相談する、仲間と議論をする、そうしたことを繰り返してやっと、自分の考え方を公にするという勇気が湧きました。学問の原点はそのようなものであると思います。それは、別の観点から言えば、知というものの巨大さ、その歴史の中で磨き抜かれてきた姿に対する恐れを知るということです。

さきほど引いた『ラケス』の話の中に、勇気というのは、「恐ろしいことと平気なことについての知識」であるという説明がありました。つまり、恐れを知らないことが勇気ではなくて、恐れを知るということが勇気につながるということであろうと思います。何に対する恐れか、というと、それは学問の世界で言えば、先人が生み出してきた高い水準の研究成果に対する恐れであると同時に、自分の能力に対する恐れ、自分が公にしようとしている考え方、用いている概念や論理、また実験の方法やプロセスの確かさに対する恐れでもあると思います。その恐れを乗り越えていく勇気を生み出すためには、研究倫理もその要素となる誠実な研究を重ねていくこと以外に道はありません。関係する文献や資料を渉猟し、それらを丹念に読み解き、あるいは何度も何度も実験や観測や観察を繰り返しながら正確なデータをきちんと蓄積して分析をくわえていく、そして、その基盤の上に、厳密な概念や論理・論証を自分の言葉で積み重ねていく、そうした誠実な研究姿勢の上にこそ、勇気は生まれます。これから大学院でより高い水準の研究の世界に分け入っていこうとする皆さんには、そのような勇気を育んでもらいたいと思います。

このようにして培われた勇気は、他の人々に対して自分の考えを明確に主張し、批判に対しても真っ向から応えることのできる力となります。学問の成果は社会にスムーズに受け入れられて活用されていくことも多いのですが、そのような順調なプロセスだけが学問と社会との関係ではありません。むしろ、いま社会で支配的な考え方や制度に対する批判あるいは挑戦となるものも少なくありません。例えば、すでに長く学界の通説となっている学説や有力な研究者が主張している学説を批判することは、いささか勇気が求められる場合があります。また、政治や経済、あるいは社会の現状に対する批判的な意見を述べることに、勇気のいることもあります。しかし、そうした批判や挑戦を行うことこそ学問の本領というべきものであって、それを自由に行う勇気の拠り所となるのが、誠実な研究姿勢の上に組み上げられた概念であり論理です。

こうした意味において、学問に携わることと勇気とのかかわりを確認した上で、皆さんに一つお願いしておきたいのは、そのように研究を行うことによって得られる皆さん一人一人の勇気を、他の多くの人々の勇気に、また社会の勇気として発展させていくことも、皆さんの使命として意識してもらいたいということです。これは広い意味での科学コミュニケーションの話題に属することかもしれませんが、皆さんの誠実な研究姿勢、そこから勇気が生み出されるというプロセスを多くの人たちに理解してもらう、そのために語ってもらいたいと思います。すでに三年余りが過ぎましたが、あの東日本大震災、それに伴う福島の原子力発電所の事故の後、日本の科学は深刻な状況に直面しました。科学の限界にショックを感じた人も少なくなかったと思います。たしか当時、「科学は敗北したのか」といった問題提起や、「地に落ちた信頼」といった表現も科学に対して用いられていたと思いますが、まさにこの時は科学が人々に勇気を与える力を失っていたのです。最近の科学は、その手痛い経験を踏まえながらやっと立ち直ってきつつあるように感じますが、ただ、そこで科学が人々に与えることを期待されている勇気は、盲目的な科学信仰でもなく、科学万能主義でもなく、むしろ科学の可能性に、そしてまた科学の限界に誠実に向き合うことから生まれる勇気であるはずです。そのモデルとなる姿勢を世の中に向けて皆さんに示してもらいたいと思います。

いまの日本社会、そして世界の多くの国々が、貧困、食糧、環境、エネルギー、高齢化、安全、平和など、実に多くの課題に直面しています。これらの課題のカタログを眺めていると、意気を阻喪してしまいそうにもなります。しかし、どんなに難しい課題があっても、どんなに困難な状況があっても、勇気を奮い起こして状況に向き合い解決を見出してきたのが人類の歴史です。そうした歴史の中で、学問が果たした役割、学問に携わった人々が果たした役割は、決して小さなものではありません。その過程では、学問は、人々に利便性や安全、安心などをもたらしただけでなく、未来への勇気を生みだす役割も果たしたはずであると、私は確信しています。

今日ここにいる皆さんが、誠実な研究姿勢から生み出されるはずの勇気によって、自らを奮い起こして学問の発展のために貢献してくれること、そしてまた、他の人々にも、社会にも、未来への勇気を呼び起こすような活躍をしてくれることを心から願いながら、私の式辞を終えることにします。

Column

――海若は霊しきものか

『万葉集』の巻三に、こんな歌が収められている。「海若《わたつみ》は　霊《くす》しきものか　淡路島　中に立て置きて　白波を　伊豫に廻らし　座待月《ゐまちづき》　明石の門《と》ゆは　夕されば　潮を満たしめ　明けされば　潮を干しむ（後略）」（佐佐木信綱編『新訓　万葉集』（上巻）岩波書店・一九二七年による）。『万葉集』の中には、明石海峡付近の明媚な風光が歌われているものがいくつもあるが、そのうちの一つである。明石は私の郷里であり、この歌に詠まれている風景が、遥かな時を越えて、潮騒や海風の感覚も含めて眼前に浮かぶような気がするが、何より心動かされるのは、「海若は　霊しきものか」という冒頭の端的な表現である。海というものの持つ底知れぬ魅力が、見事に凝縮された言葉であると感じる。

大学などの研究組織で何か特定のテーマを研究したいと考えるきっかけはさまざまだろう。慎重な熟慮の結果かもしれないし、一冊の本、あるいはひとりの人との出会いが端緒になっているかもしれない。それらとともに、生まれ育った環境や出会った自然の経験が、そうしたきっかけとなることもあると思う。以前に、『『海』の原体験と『海』の研究」というタイトルで、『Ship & Ocean Newsletter』という小冊子に短文を寄稿したことがある（第二五〇号。二〇一一年一月五日。海洋政策研究財団）。同誌の編集代表者をなさっていた山形俊男理学系研究科長（当時）のお誘いだったが、海に関する研究の豊かな広がりをもたらす「海若の霊しさ」の一端を感じていただければと、ここに再掲しておきたい。

＊　＊　＊

「海」に関する研究は、幅も広いし、奥も深い。東京大学の中で一部を取上げただけでも、海底の地質や鉱物資源から海中の生物や水産資源、あるいは流体力学、ロボット学からの視点、さらには気象や気候変動まで、理学、工学、生物学などの分野で多彩な研究が行われている。海はまことに研究の宝庫である。文系の研究対象としても、海にかかわる文学や歴史、あるいは経済では水産業や通商、国際関係では安全保障といったテーマがすぐ浮かぶ。法律分野でも、一九九〇年代に発効した国連海洋法条約、さらに二〇〇七年施行の海洋基本法などは大きな話題である。

漁業であれ資源開発であれ通商であれ、人びとがビジネスとして否応なしに海とかかわる場面は多い。他方で、ビジネスということを離れても、海に関する研究に熱意を燃やす人びとは多い。その背景には、「海」をめぐるそれぞれの原体験があることも少なくないだろう。私が海に関する研究に心ひかれる時にも、やはり原体験が関係しているように思える。

おそらく、人によって、「海」に対して抱くイメージは違うだろう。海の近くに住んでいた人は、その海の印象が強く刷り込まれているはずである。また海から離れて住む人は、たまたま見た海から「海」のイメージを育むか、あるいは、まだ文字や言葉でしか知らない「海」を夢見るだろう。

私の郷里は兵庫県の明石。明石海峡に面した城下町であり、港町である。私にとっての海は、正面にどんと構える淡路島と、白い砂浜によって印象付けられている。だから、今でも、正面に何もなくてまっ平らに広がっている海を見ると、何か落ち着かない。また、小学生の頃、当時の東海道線の特急「こだま」号で初めて東京に旅行した時に、たしか熱海の周辺だったと思うが、海岸の砂が黒いことに驚いた。いまでも記憶は鮮明である。

川だけでなく海にも「流れ」があると知ったのは、子どもの頃の原体験である。いまは浸食と埋め立てで無くなってしまったが、かつて明石の海岸には砂浜があり、貸しボート屋もあった。小学校の低学年の頃、一〇歳違いの叔父と少し沖合までボートをこぎ出したところで潮にどんどん流されてしまい、ずいぶん離れた浜辺にやっと「漂着」して、波打ち際をボートを引っ張って帰った思い出がある。明石海峡の潮流は、最大速で七ノット(時速一三キロ)にもなるという。そのため、海峡の幅は四キロ弱にもかかわらず、泳いで渡るのは至難とも聞かされてきた。

同じような年頃に、砂浜で遊んでいて、少しずつ砂の突堤を積み上げて波打ち際からどこまで伸ばせるか、友だちと競争したことがある。これを伸ばしていけば淡路島とつながるな、と子ども心に思った。大人からすれば笑いごとだが、その時は真剣にそう思っていた。その夢は、明石海峡大橋ということでカタチになった。

この大橋は吊り橋工法となっているが、長大なケーブルを支える主塔の基礎の建設も、この基礎まわりが強い潮流によって洗屈されないように、特別の工夫がこらされているとのことである。

「瀬」というものの存在を知ったのも、子どもの頃だった。明石海峡を西へ抜けたところ、明石の沖合、淡路島の西に位置する漁場で、「鹿の瀬」という場所がある。プランクトンが多く、魚にとってよい産卵場ともなっている。明石が、タイやタコをはじめ「魚の町」と知られているのも、この漁場の存在が大きい。

どうして「鹿の瀬」という名称なのか、諸説ある。そのいくつかに、明石と淡路島の間を鹿が泳いで行き来していた折に、背が立ち歩いて渡れるほどの場所だったという話が出てくる。一度、漁師船に乗せてもらって、そこまで行ったことがあるが、その時の感動は今も記憶に残っている。陸地からはかなりの沖合なのに、水を透かして海底の砂地が見える。水深は浅いところでは二メートルくらいとも聞いた。ちょうど太刀魚を釣り上げると、うろこがきらきらと海中に光りくねりながら引き揚げられてきたことを思い出す。

ここは良い漁場だが、淡路島と明石の間に位置するために、昔からしばしば紛争の場でもあった。江戸時代以前から争訟の記録があるが、明治の頃にも関係者の間で条約が取り交わされている。その文書を見ると、魚の種類や漁法ごとに、場所や時期の規制が実に細かく定められている。

明石海峡は、最深部が一〇〇メートル以上もある。その周囲は海中の断崖絶壁である。そこを越えてすぐのところに、こうした浅瀬があることには、不思議な思いをかき立てられる。ちなみに、この海底の深い溝は、氷河期の海退の際に生まれた大河川の名残ということである。

こうした、いわば原体験から、「海」についての研究には親しみを感じる。研究の意味が直観的に理解できることも少なくない。いま記してきた、子どもの頃のたわいもない思い出話からだけでも、研究者たちには、さまざまな研究テーマを読み取ってもらえることだろう。明石に兵庫県の水産試験場（現在は統合されて、県立農林水産技術総合センター）が設けられ、また、海峡を挟んで明石の対岸にある淡路島岩屋に神戸大学理学部の臨海実験所（現在は、神戸大学内海域環境教育研究センターのマリンサイト）が設置されたことも、むべなるかなである。

日本は海に取り囲まれた国であるだけに、人びとと海との接点は多いはずである。ただ、本屋に行っても、山の本の数に比べて、海の本の数は圧倒的に少ない。海は陸地より大きな面積をもっているはずなのに、人びとのアクセスがしにくいことがその理由だろうか。また、最近では、海岸線が人工的に整備されることで、原体験の対象として自然の海が遠ざかっていることも、理由の一つかもしれない。

せめて研究の発信を通じて、海の豊かさ、面白さや大切さが、より多くの人びとの間に知られるようになればと思う。それが、海に関する研究への理解を深め、さらには、海をフィールドとする研究や仕事をやってみたいという人びとの数を増やしていくことだろう。

知の森のヴァンデルンク

二〇一一年四月六日
『教養学部報』第五三七号

新入生の皆さん、入学おめでとうございます。皆さんがこれから勉学する場である東京大学は、広大な「知の森」です。そこには、人々の長い歴史の中で育まれてきた知、そして世界のあちこちからもたらされた知が、たくましく繁茂しています。と同時に、いま育ち始めたばかりの若木もあります。豊かな知識が溢れる場を表すのに「知の森」という比喩をなぜ使うのか、私にもその起源は定かではありません。ただ、なかなか言い得て妙だと思います。例えば、「知の山」、「知の川」といった表現では、たしかに変なのです。おそらく、森が持っている密度、多様性、生命力、そして神秘な可能性といったところが、「知」が備えている性格を表現する言葉としてぴったりしているのだと思います。

皆さんには、この知の森のヴァンデルンクを、心行くまで楽しんでもらいたいと思います。自然の森と同じような気持ちで、知の森を歩いてほしいと思います。この「ヴァンデルンク」は、ドイツ語の Wanderung です。野山を歩き回るといった語感で、最近ときどき日本でも、この言葉が使われることがあります。「ワンダーフォーゲル」も類縁の言葉だと言えば、分かりやすいかもしれません。大学での勉学も、後期課程で専門的な分野をより深く学び始めると、知の森を自由に歩き回るという気分には、なかなかなりにくくなります。だからこそ、教養学部での前期課程のうちに、知の森の彷徨や探索を思い切り楽しんでもらいたいと思うのです。そして、それは、皆さんが後期課程で学ぶための基礎力ともなるはずです。

「知の森のヴァンデルンク」というのはどういうことでしょうか。実際に皆さんが、ちょっぴり冒険心を持ちながら自然の森を歩いてみると、きっとその意味を実感できると思います。森を歩くと言っても、普通はまず、すでに作られている幅の広い道を辿ります。学問の世界でも同じです。教科書というのは、先人に踏み固められた道の最たるものですが、それを辿ることによって、足取り軽く迷わずに知の森を歩き回ることができるのです。

ただ、私たちの生活に身近にある道以上に、森の道はあちこちで枝分かれしています。大学が育んでいる知の領域は実に多彩ですから、知の森の道も大きな道から細い道まで、まっすぐな道からうねった道まで、道の形はきわめて多様です。森の真価を味わうのに、道の大小は必ずしも関係ありません。もちろん、皆さんの知の基礎となる分野は大きな道として整備されていて、まずは、そこをしっかり歩いておくことが肝心です。それと同時に、大きな道で足慣らしができれば、そこから少し細い道に入り込んでみると、また違った知の森の魅力を味わうことができると思います。たくさんの道の中でどれを選択して歩いていくかは、皆さんの興味次第です。自分が後期課程で何を専門としたいかによって、必ず歩いておかなければならない道もあります。しかし、それ以外にも自由に歩ける道の多いことが、前期課程での勉学の特色です。

あるところでは、道の形がはっきりしていて歩きやすいかもしれません。ただ、道がはっきりしていても、平坦であれば辿るのは容易ですが、それが険しいこともしばしばあります。そこでは、大いに汗をかかなければなりません。またある時は、背丈を越える藪の中に道の形がかすかにしか見えないこともあります。そういう時は、「藪こぎ」をしながら、全身の神経を張り詰めて道を探し求めていかなければなりません。そのような緊張に満ちた努力を通じて、皆さんの知的な力が確実に養われていくはずです。

あるいは、そのうち皆さんは、すでにある道を歩くだけでなく、ちょっと脇の雑木の茂みの中に踏み込んでみたい誘惑にも駆られるでしょう。その中に可憐な花や何か生き物の動きがあれば、なおさらです。それも、知の森の歩き方の一つです。そこに皆さんが、新しい道を作ることができるかもしれません。ひょっとすると、その茂みは案外すぐに抜けることが出来て、思いがけない道が向こうに伸びているのを発見するかもしれません。

こうした知の森の彷徨や探索を続けるうちに、皆さんは、たんに多くの知識ということだけでなく、知というものに取り組む体力やセンスを身につけることが出来るだろうと思っています。これから大学で勉学を行っていくための基本装備である、概念、論理、証明、といったものの感覚を手に入れることが出来るはずです。本当にそうなのか、それは、まずは皆さんに実際に自然の森を歩いて確かめてもらうのが一番です。実際に歩くのは……という人には、例えば、アメリカのヘンリー・ソローの『森の生活』（原題は、"Walden, or Life in the Woods"）などを読んでみるのも良いでしょう。知に通じる自然の霊妙さへの直観に満ちています。少しシニカルで、また教訓めいた言い回しが苦手な人もいるかも知れませんが。

これから教養学部で過ごす二年間、皆さんには、東京大学という知の森の恵みを満喫してもらいたいと願っています。

「極限」を生きる

二〇一二年四月四日
『教養学部報』第五四六号

新入生の皆さん、東京大学への入学おめでとうございます。東京大学のすべての教職員とともに、心からお祝いを申し上げます。大学という、知の継承とともに知の新たな発見と創造の楽しみに溢れた世界で、皆さんが実り豊かな学生生活を過ごされることを願っています。

さて、「『極限』を生きる」というこの小文のタイトルを見て、皆さんは何を想像したでしょう。極地での生活？ あるいはサバイバル生活？ でしょうか。実は、これは、これから大学で「学問」に向き合おうとする皆さんに、身近なものの一つとなるはずの感覚です。もっとも、皆さんにしてみれば、厳しい受験勉強の中で、もう「極限」を経験してきたと言うかもしれません。しかしここでは、体力気力知力の極限の話をしようというわけではありません。そうではなく、いわば「思考方法としての極限」の話をしたいのです。この意味での「極限」は、学問の揺籃《ようらん》です。

私の専門分野は、「情報法」という法学の一分野です。法律の世界ではしばしば、通常起こる事例だけでなく例外的に起こる極端な事例も想定しながら、法律の条文や法解釈の論理を考えます。例えば経済取引において、すべての人が善意で、また十分な情報をもって合理的に行動するのであれば、法律の規定ぶりはもっと簡明でよいのかもしれません。しかし、現実の人々の性格や能力や行動の仕方は実に多様です。経済取引ではどういう事態が起こるか分かりません。起こりうる一番極端な事例、つまり「極限」にもできる限り対応できることを想定しながら、法は作られます。

私がとくに研究を行ってきた「表現の自由」の領域でも、「極限」を想定することで、その輪郭が顕れてきます。私たちが日常一般的に行っている言論を考えれば表現の自由が保障されるのは当たり前のようですが、たとえば、人種差別的な表現、民主主義を否定するような表現、あるいは一年前の大震災直後のように人々の気持ちが不安になっている時の流言飛語、こうしたものにも表現の自由は認められるべきなのでしょうか。このような「極限」のケースに対する問いかけを突き詰めていくと、この自由の本質とともに、自由が息づいている社会のありようまでも照射されてきます。

こうした「極限」への視座が求められるのは、文系の分野だけに限られません。理系でも、「極限」的な状況を設けることは、しばしば見られる研究方法になっています。三百年あまり前、ニュートンが庭のリンゴの木から実が落ちるのを見て「万有引力の法則」を発見したという、有名な逸話があります。この木から分譲された苗木をもとに接ぎ木したものが、理学系研究科附属の小石川植物園の中で育っていますが、この逸話は、日常的な事柄をよく観察していればそこから真理を発見することが出来るという、科学する心の原点にある教えを含んでいます。この教えは科学者の基本の構えとしてとても大切ですが、現代科学のすさまじい進歩の中では、そうした牧歌的な発見の機会はきわめて乏しくなっています。今日の実験室では、たとえば、素材を超高熱ないしは極低温の中に入れる、あるいは超高圧、強磁場の中に置くといったように、「極限」の環境を設けることによって、物質の特性をよりよく測定し解析したり、あるいは、新しい物質を発見ないし開拓したりといった取組みが行われています。

もっと社会的な視点をとると、昨年三月一一日に起きた東日本大震災も、私たちを「極限」という条件の中に置いたと言えます。何より、生命というかけがえのない価値が失われ脅かされるという極限状況の中で、現代社会の日常では失われつつあるようにも思われていた絆や助け合いなどといった価値が、改めて確認されたということもありました。「極限」が、人間の本性を引き出したとも言えます。

学問もまた、この震災で「極限」を突き付けられました。「想定外」という言葉がしばしば使われましたが、ある技術や制度や社会的判断の仕組みは、多くの場合、一定の条件設定の中での合理性を基準に組み立てられています。しかし、本来、条件設定を越えた「極限」とつねに向かい合うべき学問の世界において、地震や津波の予測、あるいは防災のシステムなどがもっとうまく機能しえなかったのか、あるいは、原子力の安全性についてもっと突き詰めることが出来なかったのか、これらはいま研究者が真摯に向き合うことを求められている課題です。

このように、皆さんも、これからの大学生活の中で、自ら意識的にいろいろな「極限」との出会いを作りだすことによって、自分の思考を鍛えていってもらいたいと思います。それはたしかに、知的精神的な緊張を必要とすることですが、それが、高校までの勉強との大きな違いということでもあります。皆さんが時を経て大学を離れる時に、ぜひとも、「自分は本当の学問に出会った」、という思いを持って卒業してもらえればと願っています。

V

「市民的エリート」であるために

東京大学が目指す教育とは何か、ということをしばしば聞かれます。それを端的に言えば、大学の基本理念を定めた東京大学憲章に書かれている、「世界的視野をもった市民的エリート」の育成ということになるでしょう。東京大学の学生や卒業生は、noblesse oblige の自覚を持つべきだということも、少なからぬ人から言われてきました。たしかに、東京大学が育成すべき人材は、卓越した知的能力を具えることは当然の前提として、それにプラスされるべき部分も求められることが「市民的エリート」という言葉には込められています。

そのプラスとして何が必要なのか。いまの総合的な教育改革の理念としている「よりグローバルに、よりタフに」という期待は、そのかなりの部分をカバーしていると考えていますが、さらに、この章に収めたいくつかの告辞やインタビューを通して、「世界的視野をもった市民的エリート」とは何なのか、そうであるためには何が求められているのか、ということを考えるきっかけとしていただければと思います。

「今まで通り」ではなく

二〇一二年三月二三日
平成二三年度卒業式告辞

皆さん、ご卒業おめでとうございます。東京大学の教員・職員を代表して、お祝いを申し上げます。また、この晴れの日をともにお迎えになっていらっしゃるご家族の皆様にも、心よりお祝いを申し上げたいと思います。

振り返ってみれば、おそらくあっと言う間の大学生活だったような気がするのではないかと思いますが、この間に、皆さんの知識の量や論理の力、実験の技など、大きく成長したはずです。また多くの友人を得るなど、皆さんの生活の幅は随分と広がったことでしょう。このたび学部を卒業する学生の数は、合計で三一六一名になります。うち留学生は六一名です。

つい一年前には東日本大震災が発生して、すさまじい惨禍をもたらしました。こうした事態に対応して、昨年度の卒業式は、各学部卒業生の代表の皆さんだけが出席するという異例の形で実施しました。この大震災がもたらした悲惨な事態について、皆さんもさまざまな思いを持ったことと思います。また救援活動や復興支援活動には、少なからぬ学生の皆さんがボランティアとして参加してくれました。こうした大きな社会的出来ごとの中で真剣に考え、あるいは行動することを通じて、皆さんは、日々勉強を重ねてきたことによる学問的な成長にくわえて、社会的な成長も遂げたことと思います。今日そのような経験も経て卒業の日を迎えている皆さんの姿を見ると、実に頼もしく感じます。

もっとも、いまの日本社会が置かれている多難な状況を考えると、この場でただお祝いの言葉だけを述べて皆さんを送り出すというのは、教育に携わる者としてはいささか無責任であるという思いに駆られます。幸い、皆さんには、この東京大学での勉学と経験を通じて、大きな困難にも立ち向かっていける基本となる力は付いているはずです。であればこそむしろ、私が持っている、これからの日本社会の見通しについての危機感を、率直にお話ししておきたいと思います。そして、皆さんのように国立大学で、とりわけ東京大学というとても恵まれた環境で学んだ人間が、これから社会でどのような責務を担うことになるのか、改めて思いを強くしてもらいたいと思います。

皆さんもよく見聞きしているように、いまの日本の財政はきわめて厳しい状況にあります。いわゆる赤字国債への予算依存度の増大や国債残高の累積、これからの社会保障関係費の増加などを考えると、果たしてどのような形での財政再建がこの国で可能なのか、なかなか見通しがつき難いところもあります。いずれにしても、財政赤字が大きく膨らんでいること、また年金負担増と労働人口の減少をもたらすであろう少子高齢化現象が急速に進んでいるということは、よく知られている事実です。産業構造の面でも、地方の空洞化にとどまらず、円高などの影響を受けた企業の生産現場の海外移転によって、日本全体の産業空洞化が進む傾向が危惧されます。また、貿易収支についても、なかなか予断を許さない状況が今後も続いていきそうです。

ただ、こうした危機の構造の多くは、すでにだいぶ以前から語られていたことです。にもかかわらず、必ずしも有効な対応がなされないままに、今日に至った感があります。危機はどうやら、私たち自身の中にもあります。例えば戦争といったような大変動に比べれば、危機的な状況へのいまの変化の動きは緩やかです。企業の中には素早く状況に対応しているところも多いのですが、日本社会全体としては、少し手直しすれば何とかなる、明日には少しは良くなるのではないかという、必ずしも根拠の十分でない希望にすがりながら、ただ年月が過ぎてきたような気もします。「失われた一〇年」が「失われた二〇年」になり、さらにはいま、「失われた三〇年」に足を踏み入れ始めているのかもしれません。

たしかに、日本では高度経済成長を経て、かなりの程度の生活水準が一般的に確保されるようになってきました。こういう時には、人は、近づく危機の足音を聞いても、いままで何とかなってきたしこれからも何とかなるだろう、と考えがちです。物事が急に変化する時には人びとは慌てて対応に走りますが、物事がほどほどに動いて緩慢に社会が縮んでいく時には、人はなかなか行動できないものです。

こうした大きな問題の解決を日本という範囲の中だけで考えようとすると、どうしても限界があります。いま日本が抱えている課題には、アジアあるいは世界という大きな枠組みの中で取組んでいかなければ解決が見通せない事柄も、少なくありません。このような時代状況の中で、私は、東京大学を卒業していく学生は、これまでよりはるかに、国際的な場面で仕事をする機会が多くなるものと想定しています。そして、そこでは当然、海外の大学を出た優秀な人びとと、能力を競い合うことになると思います。おそらく国内においても、競争は高まるでしょう。国内の雇用機会が減少する可能性にくわえて、近い将来には、これまでよりももっと多く、海外の優れた人びとが日本の社会で活躍する時代になるでしょう。今日卒業式を迎えた皆さんの多くは、この場にいる数少ない留学生の皆さんがまさしくすでにそうであるように、国境を越えた、国籍を問わない環境の中で、能力を競い合うことになるはずです。

こうした厳しい状況を乗り越えていくだけの十分な力を、この東京大学が皆さんに育んでもらうことが出来たかと問われると、率直に言って、まだ満足できる状態ではありません。高い学問水準を誇ることが出来るなどの面もありますが、国際性や多様性に満ちた環境の中で学生の力を錬磨する仕組みなどの面については、なお強化していくことが必要です。ただ、東京大学の中でしっかりと学生生活を送ったのであれば、自分の力をさらに鍛えるために競争の中に飛び込んでいくに足るだけの基本的な能力は、すでに皆さんの身に付いているはずです。また、皆さんはこれで学部を卒業しますが、さらに大学院に進んで勉強を続ける人も多いと思いますし、一度社会に出てもまたこの大学で学ぶ機会を得る人も少なくないはずです。そうした皆さんのためにも、東京大学の教育力と研究力をさらに、そしてすみやかに、強めていかなければならないと思っています。

東京大学の研究の競争力、また卒業生の競争力は、これまで、東京大学の歴史的な蓄積や東京大学を取巻く社会経済環境にも支えられて、高い水準を保ってくることができました。ただ、それは、東京大学の創立以来、この日本社会が、部分的にはともかく全体としては、国際社会と同じ平面上で競争することにさらされてこなかったからこそ可能であった面もあります。これからも東京大学は、日本国内においてトップ大学であり続けることは間違いないと信じていますが、人、物、サービスが世界を自由に行き交うグローバル化の大きな流れの中で、それが「お山の大将」のようなものになってしまっては困ります。

「世界大学ランキング」というものがあります。そこでの東京大学の順位は、年々、じりじりと後退しています。そこで使われている指標や指標のウェイト付けが適切かという批判はいくらでも出来ますし、また教育研究の絶対的な水準で言えば、東京大学の総合力はかつてより高くなってきていると思います。ただ、他大学との相対比較という視点で見ると、私は、東京大学の順位の低下が続く可能性はあながち否定できないと感じています。それはつまり、東京大学の力が伸びる以上に、諸外国の大学の力が急速に伸びてきているということです。

東京大学が思い切り力を出せない背景には、予算削減のために国際化など教育研究の基盤的な部分に力を入れる余裕が乏しいこと、多くの教員が教育研究にあてることの出来る時間が少なくなっていること、柔軟な人事や財務運営に制度的な制約があることなど、いくつかの深刻な事情があります。他方、高等教育機関への公財政支出や科学技術関係予算の増加などを背景に、中国をはじめとするアジアの諸大学が、いま、非常に力をつけてきています。分野によっては東京大学よりもすぐれた大学も出てきています。こうした傾向は、今後さらに強まるでしょう。また、これまでやや「内向き」とも見えていたドイツやフランスなどの大学についても、それぞれの政府が国際的な競争力を意識しながら大学の統合や重点投資を強めています。さらに、アメリカの有力大学でも、国内だけでなく国際戦略を積極的に展開する動きが見られます。

念のために言っておきますが、私はランキングの順位そのものを気にしているわけではありません。そうではなく、ランキングに少なくとも傾向としては反映されるような大学の総合力の相対的な低下が、東京大学が送り出す卒業生の皆さんの競争力――国内だけではなく国際的な競争力――の低下の兆候、さらに日本の基盤を支える研究の競争力の低下の兆候を示しているのではないか、ということを懸念しているのです。しかも、このような大学をめぐる国際的な競争環境の変化のスピードは、非常に速いものです。

こうした状況を見据えながら、東京大学では、国際化や教育力の強化をはじめとして、さまざまな改革を進めています。東京大学はとても大きな組織です。また、明治期以降の「成功体験」を持っています。今まで通りやっていれば国内でトップの地位は揺るがないと考えるのは自然です。しかし、少なくとも、先ほど申し上げたように、大学を取巻く国際的な環境は、これまでとは大きく様相を異にしてきています。「今まで通り」でよいのかどうか、真剣に問い直さなければなりません。また、問い直す時には、今まで当たり前だと思ってきた考え方や社会的な仕組みが本当に当たり前のものなのか、ということも考えなければなりません。そうした根本的な問い掛けをすることは、学問というものに携わる人や組織が当然とるべき立場であるはずですし、育てる学生たちの一〇年後、二〇年後をも見通すべき、教育に携わる者の責任でもあるはずです。

社会の在り方を考えるにせよ、大学の在り方を考えるにせよ、私たちの思考や発想は、どうしても、いま出来上がっている制度や仕組みに拘束されがちです。いま現にあるシステムを前提として、その一部を改善することで何とかできればと考えるのは、よくあることです。私たちはしばしば、あるものがほどほどに動いていれば、それで満足して本質的な改革のチャンスを失います。しかし、日本社会をめぐる状況が内外ともに、これほど激しく変動している時代にあっては、現状の仕組みや私たちの思考方法を根本から疑う視点も持たなければ、あっという間に流れに取り残されていきます。これからの時代を作っていく主役となる皆さんには、決してそうであって欲しくないと思います。いま私が、「秋季入学」という構想について学内で議論をしてもらっているのも、そうした強い危機感を持っているからです。

東京大学の総長が、困難な社会状況の中に卒業生を送り出していかなければならない、それでも卒業生たちの若い知性と徳性に未来をかけよう、という思いをしたことは、この大学の歴史の中で何度もありました。とりわけ、第二次世界大戦が終了した年に総長に就任した南原繁総長の卒業式における演述には、そうした思いが満ち溢れています。当時のような、焦土から国家を再建していくことが求められた時代に比べれば、まだいまの日本の社会にも経済にも力があり、また大学でしっかり学ぶ機会を得た皆さんの、新しい時代を作る知的な力と人間的な力を信じることが出来ます。だからこそ、今日、私は、日本社会のこれからの厳しい見通しを語りつつも、なお、皆さんを明るい気持ちで送り出していくことが出来ます。

先ほども言いましたように、社会や組織が緩やかに衰退しつつあることに気付いていても、ほどほどにうまく行っていると思うと、多くの人はなかなか動くことが出来ません。そうした時に、あえて一歩も二歩も前に出て、新しい時代の基礎を作るのが東京大学の役割であり、東京大学の卒業生の役割です。この卒業式を機会に、困難な時代に立ち向かっていく皆さんと、困難な時代に立ち向かっていく大学との、新たなコラボレーションが始まるということを願いながら、告辞を終えることとします。皆さんのこれからのご活躍をお祈りします。

「タフさ」再論

二〇一三年三月二六日
平成二四年度卒業式告辞

皆さん、ご卒業おめでとうございます。東京大学の教員と職員を代表して、お祝いを申し上げます。また、この晴れの日をともにお迎えになっていらっしゃるご家族の皆様にも本日は多数ご参列いただいており、心よりお祝いを申し上げたいと思います。

このたび学部を卒業する学生の数は、合計で三〇九〇名になります。うち留学生は五一名です。

これまでの通例では、卒業証書の授与の式典は、本郷の安田講堂において二回に分けて行われてきました。今年は、安田講堂の耐震改修工事のために、この有明コロシアムで執り行うことになりましたが、結果としてこの式典は、文系理系を問わず、学部を卒業するすべての皆さんが一堂に集うことのできる、貴重な機会となりました。会場の収容数が大きいために、ご家族の皆様にもこの式典の場にご同席いただけることになり、嬉しく思います。いま、このようにして学部を卒業していく多くの皆さんを見ると、これからの日本の社会、あるいは世界の国々の未来を担っていくであろう若い力の熱気をひしひしと感じます。

振り返ってみれば、おそらくは、あっと言う間の大学生活だった気がするのではないかと思いますが、この期間に、皆さんの知的な力は、間違いなく大きく成長したはずです。知識の量が増えたというだけでなく、知識の質も変わったはずです。また、多くの友人を得たり、さまざまな社会経験をしたりと、日々の生活の幅も随分と広がったことでしょう。皆さんの在学中にはさまざまな出来ごとがあったでしょうが、そのうちのもっとも大きな事柄の一つが東日本大震災であったことは、間違いないと思います。あの大震災から二年あまりが経ったものの被災地の復興はまだなお途上にありますが、この間に、少なからぬ数の学生の皆さんが、教員や職員とともに救援活動や復興支援活動に参加してくれたのも、私の記憶に強く残っているところです。皆さんは、日々勉学を重ねてきたことによる学問的な成長にくわえて、こうした大きな社会的出来ごとの中で真剣に考え、あるいは行動することを通じて、社会的な成長をも遂げてきたことと思います。今日、そのような過程を経て卒業の日を迎えている皆さんの姿を見ると、まことに頼もしく感じます。

実は、私はこの三月で、総長としての六年任期のうちの四年間が過ぎることになります。つまり、皆さんのうち四年間で卒業する人たちは、私が総長に就任してすぐの時期に日本武道館で催された入学式での式辞を聞いていたはずの人たちです。その式辞の中で私は、新入生の皆さんに、「タフな東大生」

になってほしい、というメッセージを伝えました。それ以降、私は繰り返し学生の皆さんに、そのメッセージを出し続け、またそのように皆さんが成長できるような教育環境を整えるための取組みを行ってきました。皆さん、いま自分自身を振り返ってみて、大学で過ごしている間に「よりタフに」なった、と感じているでしょうか。

「タフ」という言葉には、いろいろな意味合いがあります。四年前に式辞の中でこの言葉に触れた時には、皆さんが大学での勉学を通じて磨き上げる知的な力を、実際に社会で存分に発揮していくために、「社会的なコミュニケーションの場におけるたくましさ」、そして、そのたくましさを裏付ける人間的な力をも鍛えてほしいという話をしました。その後、何度も「タフさ」について話をしたり議論をしたりする機会があり、また学生の皆さんから「『タフ』ってどういうことですか?」と聞かれることもあったのですが、それに対して、「タフとは何かを考え続けることこそがタフになる道だ」と、禅問答のようなやりとりをしていたことも思い出します。

皆さんに求められるタフさというものを考えると、大学において皆さんが何より鍛えられてきたのは、学問という知的な作業に取組んでいく上でのタフさだったはずです。大学での勉学で扱われるテーマは、高校までの勉強の延長上ではないものが数多くありますし、またよく言われるように、必ずしも一義的な正解のない問題も少なくありません。そうした課題に対してさまざまな角度から思考を重ねてみる、また概念と論理をぎりぎりまで積み上げてみる、あるいは、なかなか成功しない実験や観察を新たな工夫をくわえながら繰り返し続けていくといった経験を、皆さんはしてきたはずです。また、必ずしも授業や単位とは関係なくても、自分で関心を持った課題や分野に挑戦してみようという主体的な姿勢に目覚めた皆さんもたくさんいると思います。さらには、挑戦という言葉では語り尽くせないような、自らの中に沈潜して知的な思考を深く続けていく精神の緊張の厳しさや、あるいはひょっとして、そうした緊張の心地良さを味わった皆さんも、少なからずいることと思います。こうした多彩な経験を通じて、皆さんは大学で、ただ多くの知識を得たというにとどまらず、知的な事柄に取組む作法とタフさを身につけて、いまここに、卒業の時を迎えています。

こうした知的なタフさにくわえて、私は皆さんに、社会的なタフさというものも培ってほしいという願いを持ちました。それが、さきほど触れた、「社会的なコミュニケーションの場におけるたくましさ」ということです。ただ、「たくましさ」というと、それは、自分の意見や考え方を何が何でも押し通そうとする強さのようにも感じられるかもしれませんが、そうではありません。「コミュニケーション」というのは当然に、一方向ではなく双方向であってこそ成り立つものです。自分の考えや論理を正確に表現し、伝えるとともに、相手が何を考え、何を伝えようとしているのかを理解しようとする努力なくしては、コミュニケーションは成り立ちません。たしかに、そうした双方向のやり取りというのは、ただ一方的に何かを伝えることと違って、なかなか手間ひまのかかるものです。けれども、大学において、例えば試験で答案を書くといったことや一人で論文を仕上げるといったこととはまた違って、社会においては、そうした双方向の面倒なプロセスを通してこそ皆さんの知的な力を具体的な形にしていくことが出来ます。そこでは、アクティブな表現力が必要になることもあれば、相手を受け止める理解力や寛容さ、あるいは、場合によっては他人の悲しみや痛みをも背負い込みながら問題解決の道を求めていくような力さえ求められることもあります。このようなことを考えるとき、私は、結局のところ、何事であれ物事を正面から受け止め、それに粘り強く向き合っていくという、きわめて素朴な事柄が、タフさの本質的な部分であるように感じます。

社会で求められるこうした力の大切さを、この四月から就職する皆さんはすぐに実感することと思います。また大学院にすすむ皆さんにしても、学部の時代以上に社会的な付き合いの場面が広がり、やはり、こうしたタフさの必要性をこれまでにも増して感じるようになるでしょう。

最近、皆さんが少なからず耳にする言葉の中に、多様性という言葉、そしてグローバル化という言葉が含まれているはずだろうと思います。そうした言葉が広く用いられている状況は、タフさというものが、この時代にますます重要になっていることを意味するものと、私は理解しています。

多様性というのは素晴らしい言葉ですが、同時に恐ろしい言葉でもあります。多様性は個々の人や生物、事物の特性が生かされる状態ですが、社会というものが構成される限りは、それらの個性が互いに触れ合わないわけにはいきません。そうした個性の触れ合いが、お互いを擦り減らし合うのではなく、むしろ相互に強め合いプラスになっていくための触媒の役割をするのが、先ほどお話ししたような意味でのタフさであろうと思います。

グローバル化についても同じことが言えます。グローバル化というのは、現代における多様性の重要な部分を占めています。今日盛んに言われているグローバル化の意味というのは、ただ英語などの外国語でコミュニケーションが出来るということだけでなく、自分とは違った価値観や考え方、異なった習慣や生活スタイルをもった人々と交わることを通じて、自分の力を高めていくことにあります。そうした建設的な交わりを生み出すために必要なのが、タフさに他なりません。私はよく、学生の皆さんが「よりグローバルに」、「よりタフに」なるようにと、二つのフレーズをセットで繰り返してきましたが、タフさはグローバルな環境をよりよく生かすために必要なものであり、またグローバルな環境の中でよりよく鍛えられるものであると考えています。

タフ、ということについて、最後にもう一点、付け加えておきたいと思います。タフであるということは、皆さん一人一人にとっての力の源となると同時に、社会が皆さんに期待する役割から逃げないためにも、社会から期待されている責任を引き受けるためにも、必要な資質です。皆さんの多くはおそらく、大学に入学した時に、将来は社会に役立つことをしたいと考えていただろうと思います。実際、大学の設立の趣旨からしても、また運営財源の少なからぬ部分が国民の税金によって賄われていることからしても、東京大学で学んで卒業していく皆さんには、さまざまな形で社会に貢献していくことが強く期待されています。そうした期待に正面から応えようとする時に、高い水準の知的な力を備えることにくわえてタフであるということは、皆さんの大いなる武器となるはずです。

さて、皆さんの多くは、これからおそらく四〇年以上にわたって、社会のさまざまな場で仕事を続けることになると思います。四〇年先というのは、社会予測ではいろいろなことが言われていますが、実感としてはなかなか想像できないほど先の時間です。

私もいまの皆さんと同じように大学を卒業した時から、ほぼ四〇年が経ったのですが、卒業当時は、今あるような時代の姿はとても想像していませんでした。私の大学時代は、ちょうど大学紛争の真最中でした。そこでは伝統的な学問の権威が問い直されていましたし、また大学の外でも活発な労働運動が展開されるなど社会が大変騒がしい時期でした。東西の冷戦がまだ厳しく、ベトナム戦争が続いていた時代です。その時期の日本は、同時に、経済的に見ればなお戦後の高度経済成長が続いていた時代でした。しかし、その後、オイルショックを経て高度経済成長から安定成長の時代に移り、一九九〇年代に入るといわゆるバブルの崩壊を迎えます。この間、一九八九年、ちょうど皆さんの多くが生まれるか生まれないかという頃の時期ですが、その年にはベルリンの壁が崩壊し、東西の冷戦時代は終わりを告げました。

皆さんのご家族の方々の多くも、こうした時代を経験してこられたことと思いますが、このように四〇年というのは、いま皆さんがとても想像できないような大きな変化が起きるのに十分な時間です。そうしたことを考えると、卒業していこうとする皆さんに希望するのは、これからの人生を、目先のことだけに一喜一憂したり周囲に振り回されたりするのではなく、自分の頭で考え自分の判断を信じて、大きな視野を持ちながら泰然と送ってもらいたいということです。時代のいかなる変化にもかかわらず、そのように生きることが出来、また社会からの期待に変わらず応えていくことが出来るように、皆さんの知的な力を、そしてタフな力を、東京大学は育てようとしてきたつもりです。

幸いにして、皆さんは一人ではありません。卒業後も大学と、あるいは卒業生同士で、さまざまなネットワークが生かされていくことと思います。東京大学が、卒業生の間のネットワークづくりや卒業生と大学とのより密接な関係づくりに力を注いできていることは、皆さんもある程度はご存じだろうと思います。そうした大学の姿勢に応えて、近年、同窓会の活動は日々活発なものとなってきており、大学と連携もしながら多彩なイベントも催されています。毎年秋に開催されるホームカミングデイはその代表的なものであり、このたび大学を卒業していく皆さんにもぜひ数多く参加いただきたいと願っています。留学生の皆さんの母国でも、卒業生の同窓会組織が出来ているところがあります。私もここ数年、海外の同窓会も含め各地の同窓会訪問を続けていますが、そうした場で、それぞれの地域のリーダーとして活躍している卒業生の皆さんの姿を見るのは、とても嬉しいことです。

今日は、これまでの皆さんとの別れの時であると同時に、これからの皆さんと出会う最初のきっかけとなる日です。さらに大きく成長した皆さんと再びお会いすることを楽しみにしながら、私の告辞を終えたいと思います。皆さんのこれからのご活躍を、心からお祈りしています。

時代の精神

二〇一三年三月二五日
平成二四年度学位記授与式告辞

本日ここに、晴れて学位記を授与される皆さん、おめでとうございます。東京大学の教員と職員を代表して、心よりお祝いを申し上げます。また、この日に至るまで、皆さんを支えてきて下さったご家族の皆さまにも、感謝の思いとともにお祝いの気持ちをお伝えしたいと思います。

このたび大学院を修了する学生の数は合計で三九九七名です。そのうち留学生は四六一名で、全体の一割あまりの皆さんということになります。修了者数合計の内訳は、修士課程二七六五名、博士課程八九一名、専門職学位課程三四一名です。これまでの通例では、学位記授与の式典は、本郷の安田講堂において二回に分けて行われてきました。今年は、安田講堂の耐震改修工事のために、この有明コロシアムで執り行うことになりましたが、結果としてこの式典は、文系理系を問わず、大学院を修了するすべての皆さんが一堂に集う、きわめて希な機会となりました。ご家族の皆様も別会場ではなく同じ場にご参加いただいています。このようにこの場に集った皆さんを見ると、改めて、これからの日本や世界の学術を、そして社会を、先頭に立って担っていくであろう、力強い熱気をひしひしと感じます。

これまで、皆さんは、大学院で研究を進める中で、学部での幅広い勉強や経験とはまた違った形で、より主体的・能動的に考察の対象を絞り込んで掘り下げながら、能力を磨いてきたことと思います。そのことによって、皆さんの中には、ある特定の分野においては、研究の仲間たちはもちろん、指導教員の知識さえも超える水準の成果を達成した人も少なくないはずです。つい先日も、東京大学総長賞という学生表彰が行われましたが、そこで、大学院の皆さんの優れた研究成果を垣間見ることができ、まことに嬉しく、また誇らしく感じました。表彰を受けた研究成果はもちろんですが、表彰までには至らなかった研究も含めて、実に幅広い学問分野にわたって皆さんが卓越した成果を生み出していることに、深い感動を覚えました。

皆さんのこれからの進路はさまざまでしょう。学位記を受け取り、すぐに社会で活躍しようとする人もいれば、引き続き大学の中で、さらに専門的な研究を深めていこうとする人もいます。これまでの研究を通じて自分の能力の大きな可能性を確認したはずの皆さんには、それが企業など社会の場であれ、あるいは大学の中、研究室の中であれ、自信をもって自らの力を発揮し、またさらに鍛えていってもらいたいと思います。

そうした皆さんに私が期待したいのは、日々の仕事や研究を通じて社会や学術に対する具体的な貢献を行う中で、「時代の精神」というテーマを意識してもらいたいということ、またその形成に与るという意識を持ち続けてもらいたいということです。

いまの日本社会については、将来の見通しの不透明さがしばしば語られます。また、日本に限らず、世界の国々がそれぞれに、予測や取り組みの難しい数多くの課題を抱えています。こうした不透明さの背景として、金融危機や国際社会におけるパワーバランスの変化、地球温暖化やエネルギー問題、食糧問題、少子高齢化の問題など、皆さんもおそらく多くの要因に思いあたることと思います。また、こうした不透明さ、そしてそれと結びついた漠たる不安感の存在には、それぞれの課題を規定している要素の多様さや複雑さ、さらに関連する情報の膨大さやスピードが、拍車をかけているように感じます。いずれにしても、こうした構造の下では、何か一つの手段や方法をとれば、それで課題がすぐに解決するという状況は想定しにくくなり、複数のさまざまな手段を組み合わせ、また手段や方法をたえず修正し続けるといった、粘り強い取組みが求められるでしょう。そして、さまざまな専門分野が互いに連携し協調し合うことがますます不可欠のこととなるはずです。

このような取組みにおいては、何よりまずは目に見える具体的な成果が期待されます。とくに今日の社会では、科学技術の発展に対する期待の大きさには格別のものがあります。科学技術立国といった言葉は、すでにかなり以前から用いられてきた言葉ですが、近年の日本の活力再生を目指す議論の中で、改めて真剣味をもって語られるようになっています。今日、この場では、多くの留学生の皆さんも修了の日を迎えていますが、皆さんの国でも、科学技術に対する期待には格別のものがあるはずです。そして、そうした期待の強さは、「イノベーション」という、最近よく使われる言葉にも象徴されているように感じます。科学技術の発展は常にイノベーションの積み重ねであるはずなのですが、あえてことさらに「イノベーション」という言葉が強調されるのは、これまでの延長線上での発展だけではなく、一段の飛躍となる技術開発が期待されているということです。そうした大きな変化が学問研究にも求められている時代です。

言うまでもなく、時代の課題に応え、これからの新しい社会作りにかかわるのは科学技術だけではありません。制度や経済、あるいは教育や文化などのあり方といったことも、重要なテーマです。実際、この間の金融危機の中では、金融や経済システムのあり方が大きな論争の的になり、資本主義そのものを見直そうという議論も出てきました。また、日本の国内の法制度に目を向けても、一二〇年ぶりに民法を大改正しようという取組みがすすんでいますし、あるいは憲法という国の大本にかかわる法の改正論議もはじまろうとしています。ここでも、これまでの制度の仕組みが根本から問われるような大きな変化の可能性がうかがわれ、そこにさまざまな人文科学や社会科学がかかわる役割には少なからざるものがあります。そして、科学技術にせよ、社会のさまざまな制度やシステムにせよ、それらの大きな変化を促していくのは、個々の知識や知恵や工夫であるとともに、「時代の精神」であると、私は感じています。

「時代の精神」という言葉を用いると、あるいはドイツ哲学の系譜の中で、精神文化の発展段階論的な議論の中で使われてきた用語法を思い起こす人もいるかもしれません。ここでは、それほどの深い意味はなく、ごく一般的な用法として、ある時代を構成するさまざまな要素——それは、政治であり、経済であり、社会の組織・構造であり、文化であり、人びとの日々の生き様であるわけですが——、そうした諸要素全般を規定するような影響を及ぼす精神思潮、といったものを意味しています。日本の近代史の上でも、欧米へのキャッチ・アップが時代の精神であったこともあれば、国家主義が、民主主義が、あるいは経済的な豊かさが、時代の精神であった時期もあります。

ここであえて「時代の精神」という言葉を用いたのは、皆さんがこれから個々の分野で力を発揮し、技術や制度といった社会の外形を作っていくにあたって、その外形に大きな変化を生み出していくその背景に存在するかもしれない社会的な流れは何か、ということをも意識してほしいと思うからです。皆さんが大学の中で培ってきた能力は幅広く豊かなものであるはずですから、その力を、次の社会を形成する、いわば要素技術の創出だけにとどまらず、その要素技術を生み出し、それらに力を与えていく背景となる社会の無定形なものへの洞察にまで、発揮してもらいたいと思うのです。

こうした時代の精神ということに私が言及するのは、さらにまたいまの日本社会において、あるいは世界の多くの国々において、さまざまな課題を克服しようと取組みがなされていく時に、個々の具体的な技術開発や制度形成だけでは、人びとになお落ち着かない感覚が残るように感じるからでもあります。今日のように複雑で大きな変化が起きている時代には、目前で個々の取組みがなされているようであっても、そうした取組みが時代の流れの中でどのような位置にあるのかを直感できなければ、漠たる不安が残るのが人間という存在であろうと思います。課題への個々の取組みが、時代の精神とマッチしていることを感得して初めて、人は安心できるように思います。

私がこうした思いを漠然ともっていたところでたまたま接したのが、本学の工学系研究科で建築学を担当している隈研吾教授の「小さな建築」という話です。隈教授は、「強く合理的で大きな」建築に対して「小さな建築」ということを提唱しています。そこで「小さな建築」の例として挙げられているのは、小さな材料単位であり、「もたれかかる」技術であり、「木を織る」という発想です。詳しいことは、関心があれば、隈教授の本を読んでいただくとよいのですが、教授は、歴史上で「大きな災害が建築の世界を転換させてきた」と語りながら、一昨年の東日本大震災の経験から、「強く合理的で大きな」ものの限界を感じて、自立的な「小さな建築」に興味が移っていった、と述べています。その著書の一節を引かせていただきますと、「いまや世界は大きなものから小さなものへと流れはじめている。人間という生物が、自分一人の手を使って世界と対峙しようとしている、大きなシステム（たとえば原発）を受け止めるだけの受動的存在から、自ら巣を作り、自らエネルギーを手に入れる能動的な存在へと変身を遂げつつある」、と記されています。

つまり、ここに述べられている「大きなものから小さなものへ」というのが、時代の精神ということです。こうした「小さなもの」へのシンパシーの感覚は、たしかに東日本大震災の後に、少なからぬ人びとによっても共有されていたものです。つまり、それは、教授個人の思想にとどまらず、時代の精神という意味合いを持っていたということになります。

こうした捉え方に対しては、おそらくいろいろな意見があるだろうと思いますが、ここでのポイントは、それに同意するかしないかではなく、この例に見られるように、時代の精神思潮を意識してこそ、自分たちが日々行っている活動――隈教授の場合は、それが建築ということになるのですが――、そうした活動の位置や意味が見えてくる、そして、たんに瞬間的な満足感や論理的な納得とはまた異なった次元の安心感や達成感が生まれるであろうし、さらに、そうした意味づけがまた、新しい取組みを生み出す後押しもするだろうということです。ある技術にしても、ある制度でもシステムでもよいのですが、それ自体としての有用性、有効性だけでなく、それを越えて、さまざまな他の分野にも、さらには人々の生き方にさえも影響を及ぼしていく力を内在させている時に、それは時代の精神の発露としての色合いを帯びることになります。皆さんには、日々の仕事や研究においてそうしたものを意識するのみならず、その形成に与ることのできるだけの時代に対する洞察力と構想力が備わっているはずだと信じています。

いまの時代の大切な価値の一つとして、多様性ということがよく語られます。時代の精神というのは、それに反する感覚のように思われるかもしれません。しかし、私たちは、多様性という価値を語るだけで、そこで思考停止をしていなかったか、その先にあるもの、あるべきものまで踏み込んで見つめようとしなかったのではないか、と考えてみる必要もあります。また、時代の精神というのは、決して永遠不変のものではなく、その変化を促していくものこそが多様性の存在だろうとも思います。

同様の意味において、学術というものは、本来的にまさしく時代の精神の揺りかごとなるものです。時代の精神をつねに新たに生まれ変わらせていくものこそ、学術のもっている豊かさです。学術はその内容において時代の精神に影響を与えるだけでなく、好奇心に充ち溢れた知的な試行錯誤が許容される自由闊達さ、あるいは事物や論理の新たな発見に感動できる精神的な豊かさといったものに象徴される学術のスタイルそのものが、いつの時代においても、その折々の時代の精神の基盤を構成する不易の要素であっても不思議ではないように思います。

変化のまことに激しい時代ですが、それだけに、東京大学という場で学術というものに本格的に携わる経験をもった皆さんの知的な力の幅と豊かさが、新しい時代の技術や制度などといった外形を作るだけでなく、同時に時代の精神を直観し、あるいはそれを生み出すのに寄与することが期待される時代でもあります。大学院の課程を修了した皆さんの、これからの大いなる活躍をお祈りして、告辞を終えることとします。

Column

――「横道にそれてもいいじゃないか」

「横道にそれてもいいじゃないか」、これは私が中学・高校時代に国語を教わった橋本武先生の言葉である。橋本先生は昨年百一歳でお亡くなりになったが、「スロー・リーディング」、つまり一つ一つの文章や語句を、じっくりと時間をかけて読み解いていく読み方による教育を早くから実践してきた教師として、ここ一〇年ほどの間、マスコミでもしばしば取り上げられてきた。注目されるきっかけとなったのが、やはり橋本先生の教え子で、現在神奈川県知事をしている黒岩祐治さんの『恩師の条件』(リヨン社・二〇〇五年)という本である。

橋本先生がお亡くなりになった後、NHKの『視点・論点』という番組で「次世代への遺産」というシリーズが放映された折に、先生を偲ぶ話をさせていただく機会があった(二〇一三年一一月二五日放映)。その時に用意した原稿の一部をここに掲げておきたい。中高生時代はさほど感じなかったが、いまになって自分の教育観が不思議なほどに、橋本先生が考えていらしたことに近いことに驚く。

＊　＊　＊

この橋本先生のユニークな国語の授業が、『銀の匙』という、岩波文庫で二〇〇ページにも満たない本を、中学校の三年間かけて読みこなしていく、というものでした。この教材を使った最初の授業は、一九五〇年、ちょうど私の生まれた年になりますが、その年にスタートしたようです。そして、私も中学生時代に、この授業を受けて学びました。

『銀の匙』というのは、中勘助という、明治から昭和までを生きた作家の小説です。中勘助は夏目漱石の弟子にあたり、その文学記念館が静岡市にあります。小説の内容は、明治期の東京下町を舞台に、繊細に揺れ動く子供の世界と成長を描いた、自伝風のものです。そこには、この時代に生きていた、さまざまな言葉や風習や遊び、そして感性などが、あざやかに描かれています。

橋本先生の授業では、この本をじっくりと読み込んでいくために、先生手作りのたくさんのガリ版刷りのプリントをもとに、学びを遊びにするような、いろいろな工夫が凝らされていました。

文章を味わおうとすると、何より、使われている言葉の意味がわからなければ始まりません。この小説の中には、子供の遊びの種類を表す言葉がたくさん出てきます。たとえば、「かあごめかごめ」あたりは分かるとして、「をか鬼」とか、「影やとうろ」といった遊びになると、まったくイメージがわきません。しかし、それを理解することによって初めて、そうした遊びにふける子供たちの姿を思い浮かべ、時代の雰囲気を感じることが出来るようになりました。

あるいは、たとえば、「四王天清正の立廻り」という言葉が出てくると、江戸時代の読本である「絵本太閤記」の一節を学びます。源頼朝の話が出てくると「源平盛衰記」から一節を、また常盤御前の話が出てくると「義経記」の一節を、というように、文章中にある話題が出てきたときに、関係する古典の一部を読んでみる、ということをします。要するに、「本物に触れる」機会を持つ、ということです。

また、言葉の意味をただ理解するだけでなく、実際に使ってみるということをやります。たとえば、文章に出てくる、「むしょうに」、「せびる」、「気おくれ」などといった言葉を使って、自分で短文をつくってみる。このように、自分で表現してみることで、その言葉を本当に自分のものとするきっかけが生まれます。

さらにすすんで、文章中の話題をきっかけに、それを実際に経験してみる、ということもありました。たとえば、凧揚げの話が出てくると、生徒が自分たちで凧を手作りして、校庭で凧揚げをやる。昔の駄菓子の名前が出てくると、先生がそうした駄菓子をどこからか買い揃えて、生徒に味わわせる。つまり、小説の世界の主人公になって「追体験」することで、文章を身体で理解するわけです。あるいは、百人一首の話が出てくると、皆で百人一首を覚えてくる。そして、教室でかるた取りの大会もやりました。

つまり、文章を読むときに、たくさんの「寄り道」をしながら、橋本先生の言葉を使えば、「横道にそれながら」、関連する知識の幅と奥行きを広げていく、あるいは言葉を自分で使いこなす、頭で学ぶだけではなく肌感覚で身に着ける、というところまで持ってくるわけです。勉強というのはどうしても、目の前に置かれた課題をどう早くこなすか、ということに追われがちです。しかし、思い切って、無理矢理に時間的な余裕を作り出すことも必要です。教科書に書いてある知識を詰め込むだけではなくて、「寄り道をする」「横道にそれる」過程で、学ぶ内容の質が深まっていきます。また、「学ぶ」ということに対する面白さを知る、もう少し自分で調べてみようというきっかけも広がります。主体的な学びが始まる、と言ってよいかもしれません。

私がいる東京大学でもいま、大きな教育改革をすすめていますが、この「寄り道をする」「横道にそれる」ということを、どう「学び」の過程に組み込むか、というのは一つ大きなテーマです。ただ多くの知識を効率的に学ぶだけでなく、自分の頭で創造的にものを考えていくことの出来る力が、これからの日本社会には求められています。そのためには、一見無駄、あるいは回り道と思えるようなことを、学生たちに経験させることも大切だと、私は考えています。

たとえば、教室の中で、教師と学生との間で双方向的な授業や議論中心の授業を行うと、知識を教え込むという意味での効率は落ちます。しかし、議論があちこちに飛ぶ中で、学生は、より幅の広い知識や多様な考え方を学び、自分で主体的に考えること、そしてそれを表現することを身に着けます。あるいはまた、日本の高い教育水準を考えれば、学生は海外に出かけるよりもむしろ国内で学ぶ方が、知識の学び方としては一見効率的かもしれません。ボランティアなどに出かけるのは、学習の時間が少なくなってしまうように見えるかもしれません。しかし、「寄り道」をし「横道にそれる」かのような、そうした教室外での経験は、異なったものの見方や価値観を知る、自分とは違った生き方を知る、あるいは知識が現実にどのように生かされていくのかを知ることで、さらに知識を学ぼうとする動機づけになり、多様な考え方や創造的な発想を促す刺激ともなります。

「横道にそれる」という橋本先生の教育方法は、このように、ただ国語力を強めるためというだけでなく、創造性をもった若い人たちを育てるやり方としても、さらには、豊かな人生の生き方としても、示唆に富んでいます。

日本は知的にも経済的にも、ずいぶん豊かになりました。しかし、世界は激しく動いていますし、日本の社会もまだまだ大きな可能性を秘めています。現在の状況に満足して、自分の世界を広げることに消極的になるのではなく、どんどん「横道にそれる」経験もしながら、当たり前だと思われていることに疑問を持ったり、これまでの常識にとらわれず考え、行動する。そうしてこそ、社会の次の時代を切り開くことが出来るし、一人一人の人生もさらに豊かになっていくはずです。そうした貴重な教えを、橋本先生は私たちに残して下さった、という思いがします。

教養の学び

二〇一四年三月二四日
平成二五年度学位記授与式告辞

本日ここに学位記を授与される皆さん、おめでとうございます。このたび大学院を修了する学生の数は、修士課程二七五三名、博士課程八五一名、専門職学位課程三〇八名です。合計で三九一二名となり、そのうち留学生は四三一名で一割を越える割合を占めています。晴れてこの日をお迎えになった皆さんに、東京大学の教職員を代表して、心よりお祝いを申し上げます。また、これまで長い期間にわたり、皆さんの勉学を支え続けて下さったご家族の皆さまにも、お祝いを申し上げたいと思います。

今年度の学位記授与式は、安田講堂の耐震改修工事がまだ行われていますので、昨年度に続いて、この有明コロシアムで執り行うことになりました。本日、この場に、これからの日本社会、そして世界の国々の科学や技術の卓越性を、あるいは文化や制度、経済などの豊かさを、支えていくことになる知性が一堂に結集していることに、深い感動を覚えています。皆さんの中には、これからさらに研究を続け学問の世界にいっそう奥深く分け入っていこうとする人もいれば、いよいよ大学から離れて社会のさまざまな現場で活躍しようとしている人もいます。

どのような道に進むにしても、皆さんは、これまで大学院で精一杯に培ってきた専門の力を存分に生かしながら、これからの人生を送り、社会に対する貢献を行っていくことになります。そうした優れた専門家としての道を歩んでいこうとする皆さんを送る言葉として、生涯にわたって教養の学びを続けてもらいたいということを、お伝えしたいと思います。それぞれの分野で専門を生かしていくにあたって、つねに専門以外の事柄にも大きく目を開いて、新しい知識や異なったものの見方や思考の方法を絶えず学び続けることで、皆さんの研究や仕事、そして人生を豊かにしていっていただきたいと願っています。

教養の学びをしっかり続けてほしいということは、実は、昨年の春に、新しく大学院に入学する皆さんにも伝えました。それによって、自らの専門性を鍛えていくとともに、自由な精神を具えた人格としての成長を遂げてもらいたいという話をしました。同様のことを今日皆さんにもお話ししたいと思った理由は、一つには、皆さんが大学院を修了して専門家として最初のステップを踏み出すタイミングでいま一度、知的な視野をつねに広く持つことの大切さを思い起こしてもらいたかったということと、そして、もう一つには、最近、教養の学びということの意義について、改めて目を開かれる文章に出会ったからです。それは、今日この式典の壇上にもいらっしゃる、教養学部長・総合文化研究科長の石井洋二郎先生の文章です。昨年末の『教養学部報』に掲載された「グローバル化時代のリベラルアーツ」と題する文章がそれですが、そこで石井先生は、教養という概念の見直しの必要性にも言及しながら、この概念としばしば絡めて論じられる「リベラルアーツ」という言葉に触れて、「これは要するに、人間を種々の拘束や強制から解き放って自由にするための知識や技能を指す言葉だった」と指摘されています。その上で、現代人がリベラルアーツを学ぶ意味を次のように記しておられます。すなわち、「種々の制約によって私たちの人間関係や社会活動は否応なく限定されている。言ってみれば、私たちはみな有限であるがゆえに、何重もの不自由さに囲い込まれた存在なのである。だからそうした不自由さから自らを解き放つために（言葉本来の意味において『リベラル』になるために）、私たちは未知の外国語を学んだり、異なる分野の学問を勉強したりしなければならない」、ということですが、この考え方には、私も同感します。

専門の道を究めていくこと、それと自由であることとの関係は、一瞬よく分からなくなるような感もあります。専門の道を究めるのは、「脇目もふらずに」という言葉が使われることもあるように、きわめて禁欲的に、ある一筋の道に専心してこそなされうるものです。いわば、自由の拘束です。しかし、いくら狭い分野に全力を注ぎ込む場合であっても、その時皆さんの精神は自由であるはずです。そうでなければなりません。自由であるからこそ、好奇心が生まれ、新しい概念や論理が湧き出し、発見や工夫を生み出すことができるのです。

ただ、そうした場面であっても、と言いますか、自分は自由であると思い込んでいる場面であるからこそなおさら、自分は本当に自由なのか、と問い直してみることが大切です。おそらく皆さんの中にも、専門的な研究を深めていく中で、ふと、自分は何やら固定観念に囚われているのではないか、という感覚に襲われた人も少なくないのではないかと思います。それがまさしく、自分の知性や精神は本当に自由なのか、自由に思考しているのか、と半ば無意識的に感じている瞬間です。そして、そうした瞬間を越えた時に、思いがけないアイデアが浮かんできたという経験をした人もいるはずだと、私は自分の研究者人生を振り返って、そう想像します。

こうした話をしていると、私は、もう半世紀近くも前に教養学部の学生時代に学んだ、まさに一般教養の一部として学んだ、カール・マンハイムという学者の「存在被拘束性」という概念を思い出します。これは、「人間の社会的存在が人間の意識を規定する」といったマルクス主義の階級意識論にある部分は重なっているところもあり、私のような一九六〇年代末から七〇年代はじめの頃を大学紛争の中で過ごした世代には、何となくそうした概念を記憶している人も少なくないと思います。

このマンハイムという人は、ハンガリー生まれの社会学者でドイツやイギリスの大学で教鞭をとったのですが、一九二九年に『イデオロギーとユートピア』という本を著しています。ここでは、かつて私も教えをいただいた高橋徹先生が翻訳にかかわっておられる日本語版を使ってお話をしたいと思いますが、そこでは、「あらゆる歴史上の思想は事実上立場に拘束されている」というのが近代の歴史主義と社会学のもたらした洞察である、ということがベースの舞台設定です。この命題は、いわゆる知識社会学、すなわち、知識や認識などのありようを時代や社会構造とのかかわりにおいて理解しようとする学問分野の基本枠組みとして提示されているのですが、ここでは、先ほどからお話ししている、専門と教養という観点に無理矢理引き付けて、私なりの意味づけをしておきたいと思います。

マンハイムの表現を借りると、「認識視角やカテゴリー上の道具立てが社会的に拘束されていることは、かえって現実への根ざしを意味し、特定の存在領域を把握するうえで、いっそう大きな力をもつチャンスに恵まれることになる」、とあります。つまり、専門分野の知識や思考方法に十分に慣れ親しむことは、それとして研究を深化させていく上で意味のあることだ、ということになります。その通りです。

ただ、マンハイムはさらに、次のように続けます。少し長い引用になりますが、「しかし、社会や現実に根ざしていることは、たんにチャンスを意味するだけでなく、また現実による束縛をも意味する。ある特定の立場にとっては、それ以上自分では拡大できないようなある種の視野の限界がある。ある立場をとる以上、免れることのできない視野の狭さや制限を、対立する他のさまざまな立場によって克服するために、たゆみなく前進しながら努力を重ねるところにこそ、生の生たるゆえんがあるのではなかろうか」、という主張です。

こうした考え方を私の言いたいことに引き付けて言えば、自らの専門という立場を時折は越えてみること、つまり専門の枠にとどまることによって「免れることのできない視野の狭さや制限」に対して、他の専門分野が具えているであろう多様な視野を広く学び続けるという姿勢を崩さないことが、まさしくマンハイムのいう、「たゆみなく前進しながら努力を重ねる」ということに他ならないのであり、「生の生たるゆえんがある」――これは、「専門家が本当の意味での専門家たるゆえんがある」と言い換えてもよいかもしれませんが――ということになるのではないかと、私は考えています。

すなわち、これから皆さんが、研究の道に進んでさらにその専門の分野を究めていくにしても、あるいは学んだ専門知識を社会の現場で生かしていくにしても、自らの専門の枠の中でいっそうの知識や方法を身に付けるために学び続けることは当然として、同時に、専門の枠の中だけでは自分の知識や想像力に限界があるのではないかと疑いを持つこと、そして、その限界を越えるためにたゆみない努力を続けることが大切です。そこで、皆さんに、教養の学びというものを生涯にわたって継続してもらいたいと思うのです。

一つの専門分野を越えて複数の多様な専門分野間の協働が必要なことは、近年、さまざまな社会的課題が複雑な構造として立ち現れてきている状況に直面して、しばしば指摘されています。環境保全、防災、エネルギーや原子力、遺伝子治療や再生医療、少子高齢化など、いずれをとっても一つの専門分野からだけでは解決の難しい問題です。そうした場面で、他の分野との協働を通じて得られるのは、端的には新しい知識であり方法ですが、さらには異なった視野、視座、つまりものの見方や想像力の持ち方といった、より根源的な価値も含まれるはずだということは、意識し、期待しておいてよいように思います。

教養の学びを続けていくためには、いろいろな方法があります。自分自身で専門の枠を越えて異なった分野の本を読むというのは、とりあえず身近な方法です。さらには、できるだけ多くの人と、とくに違った分野の人たちと意識的に交わりを持つことも大切です。また、これからの時代は、大学院の課程を修了して社会に出てからも、大学と関わりを持ち続けていただくこともよいと思います。

専門分野の研究や仕事に邁進するかたわらで、自分の教養世界を広げようと意識的に努力することは、たしかに大変です。しかし、例えば、このたび修士課程を終えて博士課程でさらに学びを続けようとする人には、いま進めている教育改革の中で、分野横断的に学べるようなカリキュラムが強化されつつあります。また、これから社会に出ていく人たちには、近年東京大学では一般向けの公開講座やさまざまな分野の公開シンポジウムがずいぶんと増えてきていますので、ぜひ活用していただきたいと思います。あるいは、この間卒業生と大学とのネットワークが強化されてきた中で、卒業生向けの教育プログラムも少しずつ拡充されています。さらに一般的に言えば、海外の大学でもしばしば見られるように、もっとたくさんの社会人が大学で学び直しをする機会が増えるとよいと考えています。企業の経営者とも時々話をしますが、社会全体でそうしたキャリア設計により高い価値が置かれるようになるべきだと思いますし、大学としてもそのような動きに応えられる仕組みをもっと整備していかなければならないと考えています。

こういった機会を活用しながら、専門以外の分野についても多様な学びの機会を持ち続けることによって、皆さんは、その専門の力そのものもさらに鍛え、研ぎ澄ますことができるはずだと考えています。また、きっと、皆さんの人生もさらに豊かなものとなっていくはずです。先ほど、カール・マンハイムは、「ある立場をとる以上、免れることのできない視野の狭さや制限を、対立する他のさまざまな立場によって克服するために、たゆみなく前進しながら努力を重ねるところにこそ、生の生たるゆえんがある」と、ちょっと聞くと大げさすぎるかもしれないと思えるほどの表現をしていましたが、大学院での学びを経て知的な専門家としてのスタートを切った皆さんは、さらに教養の学びを意識的に続けることによって、この言葉を実際に自分自身において実現することの出来る十分な可能性を持っていると、私は信じています。

皆さんが、深い専門性と豊かな教養を併せ持つことによって、たえず自らの知的精神の自由度を高めながら、これからの日本を、そして世界を、力強くリードしていくことを期待して、私の告辞を終えることにします。

逃げない。「市民的エリート」

二〇一四年三月二五日
平成二五年度卒業式告辞

皆さん、ご卒業おめでとうございます。このたび学部を卒業する学生の数は、合計三〇八四名になります。うち留学生は五七名です。東京大学の教職員を代表して、皆さんに心よりお祝いを申し上げます。また、ご家族の皆さまにも、この晴れの日を共にと多数ご出席いただいており、感謝申し上げたいと思います。今年度の卒業式は、まだ安田講堂の耐震改修工事が続いていますので、昨年度と同じくこの有明コロシアムで執り行っていますが、多くの皆さんにとって、日本武道館での入学式以来はじめて再び一堂に会することが出来たという意味で、思い出深い卒業式になるだろうと思います。まことに月日が経つことのはやさを感じます。

卒業してからの皆さんの進路はさまざまでしょう。引き続き大学に残って大学院へ進学する人もいれば、社会の現場に出ていく人もいます。どういった道を歩むにしても、皆さんには、「逃げない」という一言を、心に留めていただければと思います。これからの長い人生の間には、思いがけないことが起こります。といいますか、思いがけないことが起こるのが当たり前です。そうした時に戸惑うことなく、社会でいかに困難な場面に遭遇しても、あるいは研究の上で大きな壁に突き当たっても、「逃げない」というその言葉を思い起こして、正面から状況に向き合ってもらいたいと思います。

私があえて、「逃げない」という強い言葉を用いて呼びかけをしている理由は、皆さんが、とりわけ豊かな知識を持ち、鍛え抜かれた思考力を具えた存在であるはずだからです。この東京大学では、皆さんの知的な力を、あるいは社会的な力を最大限に伸ばせるようにと、教職員が工夫を重ねてきました。皆さん自身も、そのように努めてきたことと思います。それによって培われた力をいかなる状況下であれ十全に発揮することは、皆さんに対する社会からの期待であり、また皆さんの社会に対する責任でもあります。

もっとも、逃げるということは、ある意味で人間の本能の一部のようなところがあります。とりわけ災害や事故などによって身体に直接的な危険が及ぶ場合など、逃げるのは当然であるとも言えます。また、日々の仕事や暮らしの中でも、さまざまな事象に直面して逃げたいという気持ちがしばしば生じるのは、自然なことでもあります。しかし、自分の知的な力、精神的な力を振り絞ることで、社会にとっての危機を乗り越え新しい道を切り開くことが求められているような場面では、最後まで逃げないで取り組みを続けることが、皆さんのようなエリートの責任です。

いま「エリート」という言葉を使いましたが、東京大学がその依って立つべき理念と目標を示している東京大学憲章は、育成する人材について、「世界的視野をもった市民的エリート」という言葉を用いています。この憲章が制定された経緯を記した当時の文書を読むと、エリートという言葉を使用することについては最後まで慎重論があったと述べられていますが、それは、この言葉が持つ特権意識的な負の側面を危惧したためであろうと想像します。ただ、最終的には、「歴史的、社会的な自己の使命・役割を自覚する」ことをエリートの資質として捉えるという理解の上に立って、この概念が憲章の前文の中に組み込まれました。

さらに、ここでは、単なる「エリート」ではなく、「市民的」という形容がなされていることに注意しておきたいと思います。この点については、「国境をこえて地球大で活動する存在という意味で『市民』を理解することから生み出された表現であった」という説明が、やはり当時の文書にあります。今風に言えば、グローバルであるという資質を意識した表現ということで、きわめて的確に現代的な課題を見通していたと思いますが、ただ正直なところ、そうした含意と「市民」という言葉とのつながりは、これだけではまだ少し分かりづらいところがあります。

この「市民的」という概念については、憲章の制定当時に教育学部長をお務めになっていた藤田英典先生の、「民主制時代のエリート」という言葉が背景にあったという話を聞いたことがあります。その言葉の説明は、先生が書かれた『教育改革』という本の中に記されていますが、それによれば、「民主制時代のエリートの特徴・要件は、卓越したメリットの保持者でもなければ、むろん権力保持者でもない。そうではなくて、社会生活のさまざまの場面で、そこに参加し、そこでの活動や集合的な意思決定をリードする資質をそなえた者である」、ということです。また、「どれだけ多くの価値を身体化したかということよりも、身体化した価値を他のメンバーとどれだけ共有できるかが重要だ」、そして、「孤高性ではなくて、参加性（献身性）・共生性（公共性）が問われるということである」、とも記されています。

これらを要するに、「市民的エリート」という時には、一つには、「歴史的、社会的な自己の使命・役割を自覚する」、そしてもう一つには、自分が培った力を社会的参加を通じて他の人々と共に生きるために活用する、といった含意が込められているだろうということです。私は、このいずれの要件を皆さんが満たしていくにあたっても、「逃げない」ということは基本として求められる姿勢であると考えています。

まず、「歴史的、社会的な自己の使命・役割を自覚」していること、という要件について言えば、「自覚する」という言葉の中には当然、その自覚に相応しい行動をとる、ということが求められているはずです。「逃げない」というのは、そこでの行動に当然に組み込まれて期待されている態度です。かくいう私自身もこれまで、人生の中で逃げたいと思ったことが何度もありました。また、正直に言えば、時折は実際に逃げたこともあります。しかし、逃げないで正面から課題に取り組んだ時の結果は、多くの場合において、自分が成長するきっかけとなり、社会に役立つ成果を生み出し、あるいは人から信頼を受ける機会となったとも感じています。

とはいえ、先ほども言いましたように、逃げるというのは普通の人間にとってはきわめて自然な行動です。そして、そうした行動様式には、意外なほどの広がりがあります。これはいわば古典に属する本ですので、皆さんの中にも読んだ人が、あるいはタイトルだけでも聞いた人が少なからずいると思いますが、エーリッヒ・フロムというドイツ生まれの社会心理学者の著作で、『自由からの逃走』というものがあります。この本は、私が教養学部に入ってすぐに、たぶん社会学の講義だったように思いますが、課題図書といったような形で読まされた本です。受け身で読まされた本ではあるのですが、その詳細な分析的記述によって、はじめて学問というものに触れることが出来たような新鮮な感動を受けたことを、いまでも記憶しています。

きっと皆さん一人一人も、学部生活の間に、そのように強く記憶に残る本に触れた経験をしたことと思いますが、この『自由からの逃走』という本は、一九四一年、第二次世界大戦が始まって間もなくの時期に刊行されました。全体主義の潮流が世界に広がっているという時代状況を背景に書かれたものですが、近代化によって自由というものを手に入れたはずの人々が、なぜナチズム、ファシズムというような自由の価値とは正反対のイデオロギーを受け入れてしまうのか、受け入れてしまうどころか望みさえするのか、ということが、心理学的な、精神分析的な手法によって描かれています。

そこでのキーワードが、「自由の重荷」という言葉です。この本の序文の中でフロムは、次のように述べています。ここでは、かつて東京大学で教鞭をとられた日高六郎先生による訳を使わせていただきますが、すなわち、「自由は近代人に独立と合理性とをあたえたが、一方個人を孤独におとしいれ、そのため個人を不安な無力なものにした。この孤独はたえがたいものである。かれは自由の重荷からのがれて新しい依存と従属を求めるか、あるいは人間の独自性と個性とにもとづいた積極的な自由の完全な実現に進むかの二者択一に迫られる」、というものです。

この文章は、いわば自由の逆説について述べられたものですが、ここで「自由」という言葉を「エリート」という言葉に置き換えて考えてみて下さい。皆さんがしばしばエリートであると社会から見做されることを真剣に受け止めようとする時、そこでは、普通は容易には得がたい誇りと同時に、期待される役割の重さ、その重圧というものをきっと感じることと思います。すでに皆さんの多くは、子どもの頃から、あるいはまた東大生として、多かれ少なかれそうした二つの面を感じながら生きてきたであろうと思いますが、これからの人生において、エリートとしての孤独や不安、周りの期待などの重荷に耐えかねてエリートたることから逃げるのではなく、この東京大学において世界的にも最高水準のレベルの学問を修めてきたことに相応しい役割を、皆さんに果たしていただきたいと願っています。

そうした重荷は、仕事の上で難しい課題に直面した時など、とりわけ痛切に感じられるはずです。研究生活においても、論文の執筆や実験の成果に行き詰った時に感じることがあるでしょう。行き詰った場面で、安易に他の人の文章を窃用したり、あるいは実験データをねつ造したりするといった行為は、まさしく逃げているということに他なりません。皆さんが、この大学で多くのことを学んできたのは、困難な課題に出会って「逃げない」ためです。逃げないことによって、自分自身に誇りを持ち、自分を成長させ、また社会により大きな貢献を行ってもらうためです。その過程で失敗もあることは、問題ではありません。

「逃げない」という姿勢は、他の人々とのかかわりを持つ場合にも大切になります。先ほど、「市民的エリート」という言葉の説明のところで、「市民的」という概念には参加や共生という要素が含まれていることに触れました。皆さんも経験していると思いますが、他の人々と共に考え何かを実現するということは、しばしば、一人で課題に取り組むより大変な場合も少なくありません。そこでは、自分とは違った生き方をし、異なった考え方や価値観を持っている人たちとコミュニケーションをしていくという「重荷」が、新たにくわわるからです。そうした状況においても逃げないことを、「市民的エリート」は求められています。

このような協働の場面で皆さんには、ある分野の専門家という役割を期待されることも少なくないだろうと思います。その意味で、東京大学の卒業生がそうあるべき「市民的エリート」像は、メリトクラット的な要素をやはり抜きにしては考えられないと私は思っていますが、重要なのは、その専門性をどのような形で発揮するかということです。さきに大阪大学の総長をお務めになった鷲田清一先生は、臨床哲学という分野を提唱されたことで知られていますが、「パラレルな知性」という言葉を使っておられます。東日本大震災と原子力発電所の事故を踏まえた科学のありよう、科学者のありようを論じる中で用いられている言葉ですが、それによって鷲田先生は、専門家として当然に期待される「専門的知性」と同時に、場合によってはそれを棚上げしてでも一般の人たちと一緒にさまざまな観点・視線から状況を議論し考えることの出来る「市民的知性」を求めています。そうした「市民的知性」の不可欠の要素となるのは、豊かなコミュニケーションの能力とともに、専門性の枠組みにはとらわれない、他の人々に対する想像力——他の人々が置かれている状況や、その心情、あるいは考え方などに対する想像力——でしょう。

このような「パラレルな知性」を、まさしく「市民的エリート」は求められているのだと、私は思います。「パラレルな知性」の担い手であることは大変です。しかし、皆さんが、「市民的エリート」として、逃げないでこうした役割を果たすことによってこそ、フロムが描いたような自由の逆説に陥ることなく、無力でも孤独でもなくなるチャンスを得ることができるはずです。フロムは、「自由の重荷」からの解放の道を、個人が自発性をもって外界にかかわっていくことに見出そうとしていました。それが、

「積極的な自由」という言葉で呼ばれていたものです。この答えそのものは観念的・抽象的であるという評価を必ずしも免れえない気はしますが、ただ、いまお話ししたように、皆さんが参加や共生を求められる場面で、逃げることなく他の人々とかかわっていく時、そこでは、フロムが「積極的な自由」という言葉で期待していたものと相通ずる、一つの具体的な像が姿をあらわしてくるように感じます。

いま学部での学業を終えて新しい世界に一歩踏み出そうとしている皆さんが、これから出会うであろうさまざまな課題に、決して「逃げない」で正面から向き合い、東京大学憲章が目標とする「市民的エリート」としての姿を具現していってくれること、そのことを心から願って、私からの告辞とします。皆さんのご健闘をお祈りします。

現状を前提にして考えても変化はおこせない

二〇一四年三月
『ＮＰＯのひろば』第七〇号巻頭インタビュー
（聞き手　萩原なつ子日本ＮＰＯセンター副代表理事）
（まとめ　都賀潔子同誌編集委員）

社会と一緒に知恵・知識を創っていく

萩原　ＮＰＯにおいても連携協働による本当の意味での公共をつくっていくための取り組みについて考えはじめていますが、濱田先生がかかわっておられる、東大のギャップタームの議論に大変に触発されています。先生の発言をうかがっていると、大学の権威などにとらわれない、より開かれた、これまでとは全く違う仕組みを創っていかれようとされていることを感じます。

濱田　先先代の佐々木総長の時代に東大が法人化され、あるべき国立大学の姿を自ら考えていく仕組みができ、それを踏まえて、先代の小宮山総長は任期の最後の頃に「行動する大学」というコンセプトを提示されました。そこには、大学から発信するばかりではなく、さまざまな場面やかたちで社会とかかわっていくこと・社会と協働していくこと、が含まれていて、その流れをさらに進めていくことが私の役目だと思っているのです。

萩原 東大といえば知の拠点あるいは権威の象徴、というイメージがあります。

濱田 たしかに東大には知的な権威の象徴のような面があって、そこから出てくるものは全て正しい・学ぶべきものととらえられる時代があったと思います。でも、いまや伝統的な知的権威だけで通用する時代ではなくなってきました。日々の知識や知恵を社会と共創したり、社会と一緒になって学生を育てたり、ということを考えなくてはならない。本当の意味での知の拠点には、社会との強いかかわりが必要だと思っています。

萩原 「ギャップターム」というのは、一定期間大学を離れて社会の中でいわばインターンのような者としてさまざまな体験を積む、という、「体験教育」の大学版のようなもの、といってよいかと思いますが、その必要性を語られる根本にそのようなお考えがあるわけですね。

濱田 入学してくる学生はすでに相当の知識をもっているわけです。大学ではもちろん勉強をしっかりしなくてはならないけれど、同時に、社会が持つ多様性に触れながら、知識を創ったり感じたりしてほしい。その中で自分の弱さを知るなど、失敗をしてみてもいい時期だと思うのです。人間の本当の力強さというのは、いろいろな人とのやりとりやネットワークを組むことができるか、あるいは、現場に出て行って実際に行動する場面で力を発揮できるか、というようなことであって、大学の授業だけではそういう力はつかないし、伸びない。できるだけ幅広く経験をすることで知的な総合力が本当に自分の身につくわけで、社会的な経験を積むことは寄り道することでもなければ、横道にそれることでもない、と思っています。

若い時から社会の中の多様性を知ること

萩原　一方で、東大といえば官僚の出身母体、というイメージもあります。

濱田　総長になる直前のインタビューで、「これまでの東大は官僚養成機関のようなところがあるけれど、今後はどうしたいか」というようなことを聞かれました。東大は官僚だけでなく、工学・理学や医学などでも貢献してきたことをあらためてお伝えしましたが、私としては、これまでとは一味違う官僚を創っていきたいとも考えています。今までは「権威」で仕事をしてきたかもしれないけれど、これからは、官僚が個人としても組織としても自らネットワークを創り、その中で自分の仕事・やるべきこと・解決すべき方法を見つけていく。お仕着せをするのではなく、多くの人々と十分なコミュニケーションをしながら知恵を一緒に創っていく。そういう官僚をつくりたい、と申しあげました。官僚というのはある意味、日本の昔からの価値体系とか社会システムの象徴の一つといったところがありましたが、最近は変わってきているという感じがするので、そのあたりを進めていきたい。

萩原　若い官僚の中には省庁を越えてネットワークしたり、ＮＰＯと勉強会をしたりなどする人もいて、着実な変化を感じます。若い時に地域の現場をみることで地方の現実を知ってから国の施策にかかわることには意味があるのではないかと思っているのですが？

濱田　今の東大生の半分以上が首都圏あるいは関西大都市圏の出身者です。大都市圏というのは一部の特殊な世界ですから、そのままでは、本当の日本を知らないままになってしまう。地方それぞれの課題や良さを経験することは東大生に非常に必要だと思っています。

僕自身、中学の頃から蒸気機関車が好きであちこち出かけ、高校生の時には東北から九州まで旅行しましたが、東北ではお風呂で一緒になったおじさんの言葉がさっぱりわからない。これは何だと思いましたね。日本の多様性を実感として摑んだというほどではないけれど、あちこち旅行した経験はものすごく大きくて、僕の人生の基礎になっています。できるだけ早い時期からたくさんの人とかかわり合って、いろいろな世界をみて感覚を知るというのは、その後の成長にとってとても大事。そういう経験をしながら、どんな場でも臆せず自分の言いたいことを言うとか、この世界とある程度気楽につきあっていくとか、そういうことができるようになるのではないかと思います。

萩原　若い時から社会にでることの大切さを実感されてこられた先生のお話には説得力がありますね。

濱田　「今の学生は内向きで外に出て行かない、議論しても手を挙げない」などと言われています。本来、それは大学以前でのことですよね。寄り道や横道にそれながら大切なものを摑んでいく、というようなことを「大学に入ってから初めてする」のではなく、もっと小さい時からコミュニティに関わったり、いろいろな人と話しをしたり、という経験をしてくるのが本当でしょう。

制度を創れば縛られる――全てを問い直すことの重要さ

萩原　「変化」をつくりだそう、という動き方には東日本大震災の影響もあるのでしょうか？

濱田　東日本大震災をきっかけに、これから日本をもう一回立て直していかないといけないけれど、その時に、今までと同じ日本社会を創るのか？　いやたぶんそうではないだろう、と、思いました。震災そのものの被害からの復興と同時に地方の産業や過疎の問題なども含めて、「地方」というものを日本社会の中でどう考えるかが、課題としてあらわれてきました。日本社会の構造、あるいは基本的な・当たり前だと思ってきた日本的な考え方、そういったものを見直す重要な機会ではないかという思いもありました。これまであまりに既存の制度の力が強かった。けれども、震災も含めていろいろな変化がみえてくると、そういうものをひっくり返す機会ではないかという感じがして、秋入学も検討してみようと言ったのです。

萩原　それについてはずいぶんな抵抗がありましたね？

濱田　それでも、世の中ではだいたい三分の一が賛成、三分の一が反対、三分の一がよくわからないという反応でした。ということは、時代の動きをそう感じている人が結構おられる・変化の芽は間違いなくある、と、逆に勇気をもらいました。

萩原　先生はよく「自由と制度」ということをおっしゃられますね？　そのあたりもこのことと関係

していますね？

濱田　人間はもともと自由であるけれど、社会を形成していく中で制度ができる。制度ができるとそれに縛られる。権威というものも生まれてくる。それを常に壊していかないと本来の人間の自由や、自由のための制度が実現できないだろう、という感覚が僕の思いとしては常にあるのですね。立法というのは、時代やある特定のことがらが前提になってなされるもので、いつまでもそれが通用するものだと思うのはおかしい。神聖視することもよくない。社会の動きは常に変化しているわけで、日頃当たり前だと思ってきたものを一度全部考え直してみることが必要です。

「今」の社会を前提にしても社会は変わらない

萩原　ギャップタームの議論はとてもオープンな雰囲気があるように思います。東大が言いだして社会を変えていくきっかけを与えてくれていることが大きいですね。

濱田　他の大学が言っても動かないものも、東大が言うことで大騒ぎになる部分があるわけで、その責任は自覚すべきでしょうね。方向感覚を間違えないようにして問題提起しながら、自分も痛みを感じながら動いていかないと、と思います。

ギャップタームの議論にしても、秋入学一本やりで、入学時期を四月から九月に変更、ということだけではだめだったと思います。反対論で多いのは「今の状態で秋入学は無理」という意見。それは僕にもよくわかる。それならば、変化を生み出すエビデンス（実績）をつくっていこう、と。ただ、今ある社会を前提にしてつくるのではだめなのですね。学生たちを社会に出して経験をさせるとなると、受け入れる社会そのものも変わっていくような動きを生み出すことが大事なのです。今ある社会が動かないという前提では、限られたエビデンスしかできないけれど、取り組みの過程で社会が少しずつでも変わっていけばエビデンスはもっと増えていくわけで、ギャップタームの環境も整ってくる。

東大には「行動する大学」とまでいかなくても、変化の芽を創り出す力があると思うのです。

萩原　家族や高校の考え方なども含めて、いろいろなシステムを問い直す、ということだと思うのですが、先生がよくおっしゃる「森を動かす」というのはこのあたりのことも含まれるのでしょうか？

濱田　個々のいろいろな改革は今までの大きなシステムや意識を前提にするから、十分には動かないのですね。だから大きな枠組みそのものを動かすという気持ちで取り組まないといけないのだろうと思います。

バブル崩壊以降、社会がやや小さくなりがちで、今の仕組みを大きく変えて何かやろうという発想にはなかなかなりにくい。学生は内向きだというけれど、内向きにしているのは実は社会ではないか？社会が学生たちに「何もしない方が安全に生きていける」と思わせているのではないか？　そこを考えないと変化がおきないですね。学生だけに変われと言ってもかわいそうですよ。

NPOは変化を媒介するメカニズムのひとつ

萩原　さきほどの、自由と制度、という観点は大学だけでなくNPOにも非常にかかわりがあることだと思います。

濱田　制度というものは、社会のニーズがあるからできるわけですが、制度はニーズの全てを取り込むことはできなくて、必ず落ちこぼれてしまうものがあるわけです。あるいは時代が変わっていっても制度だけが生き残ってしまう、ということもあります。そうすると、制度で拾い上げられなかったニーズをくみあげていく仕組み、あるいは変化を媒介するメカニズムが必ず必要になる。そこがNPOなのかなと思います。

萩原　確かに、制度のはざまにあって制度で対応できない層をどうするか、というところでNPOの存在が非常に重要で、ニーズを拾い上げ、対応策をつくり、またそれでは対応できなかったことに新たな対応を考えていくというようなことが繰り返されているわけです。

濱田　「解決できない。次をどうしよう」となるのが社会の自然の姿だと思います。常にそうした新たな対応を考えていくことは続くのだと思いますし、逆に止まってしまったらだめでしょう。

これからの社会は、国が次の時代の制度設計をしてくれる、あるいは企業がやってくれる、というわけにはいきません。国の制度と個人の生活の境界部分を、現実的な議論を重ねて自分たちで創っていくことが基盤になるのだろうと思うのですね。そのためには生活感覚のある場で個人ひとりひとりがもっと思いをぶつけ合って、行動して新たな仕組みや社会を創っていくしかない。既存の制度に対しても、おかしいと思った個人が集まりNPOなどのグループになって、変化の力となることができるでしょう。「制度ができたらあとはお上にお任せ」ではなく、どれだけ「自分のこと」として考え続けられるか、にかかってくるのだと思います。

社会が学生を育てる意識を

萩原　大学とNPOとは今後、ますます連携が大切になるかと思いますが、どのような期待をもっておられますか?

濱田　大学が学生を育てるのはもちろんですが、社会が学生を育てるという意識をもたないとギャップタームや体験活動の試みは成功しない。「ちょっと相手をしてやろう」ではなく「育てる」という意識をもたないと社会が学生を成長させていくことはできない。

企業も一つの手がかりになりますが、実際に生きている人たちの生活実感に近い場面とつながることができるNPOと連携ができれば、学生たちが社会にかかわれるし、社会が学生を育てるという意識が現場で育っていくという感じがします。NPOは「制度と自由」の間で柔軟な動きをしているので、どういう形で今後生きていくにも、このような感覚を知ることは、学生にとって必ずプラスになると思います。

萩原 日本NPOセンターもいろいろな企業と事業を行いますが、そこに学生さんがかかわる事業もあります。NPOが間に入ることによって大学生と企業をつなげています。そういった連携・協働をさらにすすめていくことが大切ですね。

Column

銀杏、赤門、淡青、そして東大

銀杏、赤門、淡青、東大と並べると、知る人には同語反復のようなものである。銀杏、赤門、淡青は、いずれも東京大学のシンボルである。淡青だけは知らない人もいるかと思うが、東京大学のシンボル・カラーである。これは、大正時代に瀬田川で行われた東大、京大の第一回対抗競漕の際に、くじ引きで東京大学はライトブルー、京都大学はダークブルーに決まったことに由来するという。ちなみに、ライトブルーはケンブリッジ大学の色、ダークブルーはオックスフォード大学の色、と言われるが、確認はしていない。ついでながら、東大の広報誌の名称も『淡青』である。

さて、淡青の話が長くなったが、銀杏、赤門、淡青、東大というのは、いずれも、東京大学の地域同窓会の名称の中に使われている言葉である。例えば、東京銀杏会であり、愛媛赤門会であり、熊本淡青会であり、また京都東大会といった具合である。つまり、このコラムは、同窓会の話である。

今年中には、いよいよ全国四七都道府県すべてで、東京大学の地域同窓会が活動を始めることになる。私の任期のはじめの頃はまだ三〇あまりだったと思うが、ここまで数が増えたのは、大学の卒業生室の活動とともに、大学として卒業生組織化に乗り出した法人化の時点以前から活発に同窓会の組織化・連携に取り組んできた、東京大学同窓会連合会（現在の会長は、有馬朗人元東大総長）の幹部の皆さんの活躍が大きい。もちろん、各地域で走り回って同窓会組織化をすすめて下さった卒業生の皆さんの奮闘は言うまでもない。海外でも、さまざまな地域に同窓会が作られており、四四団体にのぼる。とくに二〇一三年には、東大フォーラム（UTokyo Forum）（東大の学術研究成果を世界に広く発信して国際的な研究者交流・学生交流をさらに推進することを目的とした組織イベント）が、「知の創発」をテーマにチリとブラジルで開催されたことを受けて、両国でも同窓会が発足した。

私も任期中に、海外では一〇近い同窓会に、国内では半分以上の地域同窓会に出席してきた。地域同窓会にはそれぞれの特徴があって、顔を出すのがいつも楽しみである。大概はたくさんの皆さんと話をしていて、つい食事を（時には地元の名産を）食べ損ねたりもするが、それぞれ地域で活躍している卒業生たちばかりなので話の中身は濃い。よく挨拶の折に言うのだが、「地域の人たちにとって東京大学とは何かというイメージは、何より地域で活躍している卒業生の皆さんの姿を見て作られる」。いつも大学の中にいると、東京大学イコール教職員と学生、というふうになってしまうが、同窓会に出席すると、東京大学という存在が日本や世界の各地で活躍する膨大な数の卒業生によって支えられていることを肌で感じる。

同窓会の役割は、まずは交流・親睦であろう。そして、その上に大学との新たなつながりも生まれてくる。

私が任期中の活動方針とした『行動シナリオ』の一〇の柱のうちの一つは、「卒業生との緊密なネットワークの形成」である。これに沿った活動も、毎年秋に大規模に開催されるホームカミングデイの催しをはじめ、東大ワールドカフェやグレーター東大塾など多彩になってきている。また、大学が進めている「体験活動プロジェクト」の中で、海外の同窓会が、海外体験の学生を受け入れる企画を積極的に作り、また現地で学生たちの面倒を見てくれていること、あるいは、さまざまな分野で活躍する卒業生が、「東大生海外体験プロジェクト」のように、学生を送り出すための自主的な経済支援・プログラム支援の仕組みを作ってくれていることなど、現役学生たちに卒業生が積極的にかかわっていることも、とても嬉しく思う。

地域同窓会のほか、学部・学科の同窓会、運動会・サークルの同窓会、職域・特定分野でまとまった同窓会、クラス会など同窓会の形はさまざまであり、それら二六〇以上の団体が東京大学校友会という大学の同窓会組織（会長は張富士夫トヨタ自動車株式会社名誉会長）のもとにまとまっている。慶応義塾大学の三田会、早稲田大学の稲門会などと比べると、まだまだ生まれたてに近い組織であるが、これから先の一〇年、二〇年と、年を経るにつれて、同窓会としてのまとまりはもちろん社会との多様なネットワークも強めながら、東京大学の姿の重要な部分として存在感をさらに増していくに違いない。

濱田純一	東京大学　知の森が動く	四六判	一八〇〇円
佐々木毅	知識基盤社会と大学の挑戦	四六判	二五〇〇円
南原　繁	新装版　文化と国家	四六判	三八〇〇円
東京大学編	ACADEMIC GROOVE	A4判	一二〇〇円
木下直之 岸田省吾 大場秀章	東京大学　本郷キャンパス案内	A5判	一八〇〇円

ここに表示された価格は本体価格です．御購入の際には消費税が加算されますので御了承下さい．

濱田純一（はまだ じゅんいち）
1950年兵庫県生まれ。72年東京大学法学部卒業，大学院法学政治学研究科に進学して憲法を専攻。80年法学博士号取得。東京大学新聞研究所助教授を経て，92年に教授。95年から99年まで社会情報研究所長，2000年から02年まで大学院情報学環長・学際情報学府長，05年から09年まで副学長。09年から東京大学第29代総長。
専門は，情報法・情報政策。著書に，『メディアの法理』（1990年，日本評論社），『情報法』（1993年，有斐閣），『東京大学　知の森が動く』（2011年，東京大学出版会）ほか。

東京大学 世界の知の拠点へ

2014年 9月22日　初　版

［検印廃止］

著　者　濱《はま》田《だ》純《じゅん》一《いち》

発行所　一般財団法人　東京大学出版会
代表者　渡辺　浩
153-0041 東京都目黒区駒場4-5-29
http://www.utp.or.jp/
電話 03-6407-1069　Fax 03-6407-1991
振替 00160-6-59964

装　幀　阿部卓也
組　版　有限会社プログレス
印刷所　株式会社ヒライ
製本所　牧製本印刷株式会社

ISBN 978-4-13-003343-5　Printed in Japan

資料集

総合的な教育改革

1. 2011年4月21日 「入学時期の在り方に関する懇談会」設置要綱 6
2. 2012年3月29日 「入学時期の在り方に関する懇談会」報告（報告書『将来の入学時期の在り方について——よりグローバルに，よりタフに——』） 8
3. 2012年3月29日 「入学時期の在り方に関する懇談会」報告を受けた総長コメント 10
4. 2012年4月10日 改めて，総合的な教育改革の推進に向けて——学部教育について——（総長メッセージ） 12
5. 2012年4月23日 「入学時期等の教育基本問題に関する検討会議」設置要綱 14
6. 2012年5月17日 「入学時期等の教育基本問題に関する検討会議」への役員会諮問 17
7. 2012年5月22日 役員会諮問にあたっての総長所信 18
8. 2012年9月26日 総合的な教育改革の加速に向けて（総長所信・第二次） 20
9. 2013年1月15日 「総合的な教育改革」の重要な段階を迎えて（総長メッセージ） 22
10. 2013年3月19日 『学部教育検討特別委員会 答申書——総合的な学部教育改革の可能性と展望——』（大学院総合文化研究科 学部教育検討特別委員会） 29
11. 2013年6月13日 「入学時期等の教育基本問題に関する検討会議」答申（答申書『学部教育の総合的改革について——ワールドクラスの大学教育の実現のために——』） 32
12. 2013年6月18日 入学時期等の教育基本問題に関する検討会議答申を受けて——東京大学の学部教育の歴史的な改革に向けて——（総長

【資料解題】

2011 年以降，東京大学で検討をすすめてきた，秋季入学の構想から総合的な教育改革の実施にかかわる主要な一次資料を，ここに収録した。これらの資料を通じて，この間の教育改革への取組みを臨場感をもってトレースいただけるものと思う。そこでは，総長，役員会，懇談会や検討会議，さらに部局の動きなど，相互的な影響関係の中で最終的に教育改革の実施方針が固まっていく，ダイナミックなプロセスを観察いただけるだろう。それは，「大学の自治」の一つのモデルを示しているといってもよい。

もちろん，この改革にかかわる膨大な関係資料をすべてここに収録できたわけではない。これらの資料の中に重要な報告書が 3 点含まれている【資料 2, 10, 11】が，いずれも質量ともに大部のものであり，ここではその要約しか掲載できなかったことを残念に思う。それぞれの報告書において，取組むべき課題や方向性について丹念な検討がなされており，検討の基礎とされた貴重なデータも豊富に含まれている。報告書本体については，ウェブ上のアドレスを掲示しておいたので，ぜひ参照いただきたい。また，この教育改革のプロセスでは，ここには収録できなかった数多くの意見が学内意見募集等の機会に出されており，各報告書のとりまとめや最終的な方針の決定において，それらの意見も重要な意味を持ったことを付言しておきたい。

資料の配列は時間順としている。秋季入学というテーマを軸に教育改革の課題に真正面から取組んだのが，2011 年に総長の私的諮問機関として設置した「入学時期の在り方に関する懇談会」である。設置当初はさほど注目を集めなかったが，翌年 3 月に報告書【資料 2】が提出・公表された際には大いに社会的な議論も呼ぶことになった。この報告書には，入学時期が課題とされた背景や入学時期に限らず「教育システムのパラダイム転換」という，現在の総合的な教育改革につながる幅広い問題意識が示されている。この報告を受けてただちに，役員会のもとに「入学時期等の教育基本問題に関する検討会議」が設

置され，2013年6月に答申を行った【資料11】。この報告書において，4ターム制への移行も含めて総合的な教育改革の理念や具体的な方向性が提言され，その後の役員会による実施方針の決定のベースとなった。

これらの懇談会や検討会議が行われている過程で，総長の立場から全体状況を勘案しながら，いくつかの方向付けのメッセージを出している。うち，【資料4】は，入学時期の問題だけが焦点化されがちな状況に対して，改革の取組みは学部教育のあり方全般を視野に入れて検討すべきものであることを改めて明示したものであり，【資料8】は，教育改革の課題が広範にわたるため，すべての方向性がまとまってから実施するのでは機を失することを懸念して，改革について「逐次であれすみやかに実行」という方針を出したものである。また，【資料9】は，教育改革に関する議論が全学的に高まってきたことを受けて，私の基本的な考え方を改めて全学の教職員に示して，改革方針の取りまとめに向けた姿勢を述べたものである。

ここには，大学院総合文化研究科・教養学部の「学部教育検討特別委員会」がまとめた答申書【資料10】も収録した。この答申書は，このたびの教育改革の検討にあたって，学部教育の第一線にある教員たちがいかに真摯に取組んだかを示す，一つの大きな証左である。そこでの議論は，「入学時期等の教育基本問題に関する検討会議」の最終答申【資料11】に少なからぬ影響を与えている。また，この「学部教育検討特別委員会」の答申を踏まえながら，総合文化研究科長・教養学部長所信【資料13】が，総長所信【資料12】と同日付けで出されている。

これらの検討過程を経て最終的に役員会において議決された，学部教育の総合的改革に関する実施方針が【資料14】であり，これが現在の教育改革の基本にある大学としての意思決定文書である。【資料16】は，この実施方針が具体的にどのように展開されているか，最新の状況をビジュアルに概観できるパンフレットとして作成されたもの

である。また，ボリュームの関係でここには収録できなかったが，各学部等で策定された『部局別改革プラン』（http://www.u-tokyo.ac.jp/gen02/pdf/140311_bukyokubetsu.pdf）において，それぞれの学部等が重点を置いて取組もうとしている改革の内容項目が具体的に示されている。

資料集の最後には，東京大学憲章【資料 17】を掲げておいた。この憲章は，2004 年 4 月の国立大学法人への移行を前に，2003 年 3 月の評議会において採択されたもので，東京大学の学術と組織・運営の基本的な理念と目標を定めている。この東京大学憲章に示されている考え方は，「世界的視野をもった市民的エリート」の育成を始めとして，このたびの教育改革の根底に息づいているものであり，また教育改革に限らず，本書にまとめた私の日々のメッセージの通奏低音であるべきとして意識し続けてきたものである。

1．「入学時期の在り方に関する懇談会」設置要綱（2011 年 4 月 21 日）

平成 23 年 4 月 21 日
役員懇談会了承

入学時期の在り方に関する懇談会について

1．趣　旨
国際化に対応する教育システムを構想する一環として，将来的な入学時期の在り方について検討し，提言をとりまとめるため，入学時期の在り方に関する懇談会（以下「懇談会」という。）を設置する。
2．検討事項
(1) 現行の入学時期を前提とした教育システムの問題
(2) 入学時期を変更することに伴う得失・影響
(3) 将来的な教育システムの基本的な在り方
(4) その他入学時期の在り方に関する事項
3．構　成
(1) 懇談会の座長は学術企画担当理事，座長代理は教育担当理事を充てる。
(2) 懇談会の構成員は，教職員の中から，学術企画担当理事が指名する。
4．その他
懇談会の庶務は，本部企画課が担当する。

（参考）「入学時期の在り方に関する懇談会」委員名簿

理事・副学長	清水 孝雄	座長
理事・副学長	佐藤 愼一	座長代理
副理事，経営支援担当部長	鈴木 敏之	
法学政治学研究科教授	久保 文明	
医学系研究科教授	徳永 勝士	
工学系研究科教授	堀井 秀之	
人文社会系研究科准教授	大西 克也	

総合文化研究科准教授　　　矢口 祐人
情報理工学系研究科教授　　中村 仁彦
薬学系研究科教授　　　　　一條 秀憲　総長補佐（オブザーバー）
事務局体制：教育改革担当課長，国際交流課長，評価・分析課長ほかの協力を得て，長期構想担当課長が連絡調整を行う。

2．「入学時期の在り方に関する懇談会」報告（報告書『将来の入学時期の在り方について――よりグローバルに，よりタフに――』）（2012年3月29日）

全文は，http://www.u-tokyo.ac.jp/gen02/pdf/120329_report-nyuukon_000.pdf

報告のポイント

1．大学教育の国際化の必要性

社会・経済のグローバル化が急速に進む中，人材育成への社会的要請，国際的な大学間競争に対応するため，大学教育の国際化を進めることが急務。本学のミッション，教育理念の実現のためにも，とりわけ学生の流動性を高め，多様性に富んだ「グローバル・キャンパス」を実現することが必須。

2．4月入学を前提とする学事暦の問題点

本学の日本人学生の海外留学，留学生受入れは，特に学部段階で低調であり，海外有力大学と比べて遜色がある。秋季入学が国際標準となっている中，4月入学を前提とする現行の学事暦は，教育の国際化を進める上での制約要因。また，学期の途中に休業期間が位置づけられることに伴う教育の効率性をめぐる問題が存在。

3．高大接続をめぐる問題点

受験準備の受動的な学びから，大学での主体的・能動的な学びへの転換のため，インパクトのある体験を付与することが有意義。高等学校の卒業時期と大学の入学時期とが隙間なく接続するシステムは，こうした転換を実現する上で，必ずしも適さない。

4．学習体験を豊かにする柔軟な教育システムの実現

以上のような課題意識を踏まえ，「よりグローバルに，よりタフに」学生を育成するため，思い切った教育改革を実行することが必要。全員に国際的な学習体験を積ませるなど，新たな達成目標の下，多様な体験・個性を尊重する考え方に立って，将来の教育システムを構想することが適当。

①学部段階の秋季入学への移行
春季入学を廃止し，秋季入学の二学期制へ移行（例えば，9月入学として夏季休業期間を6～8月に設定する等）（※ただし，大学院段階については，引き続き要検討）。
②ギャップタームの導入
4月から約半年のギャップタームを設定し，学びの姿勢の転換のため，研究の現場に接する体験活動，海外での学習活動，社会貢献活動，勤労体験活動などを促進。体験活動を支援する仕組みを形成。
③優秀な学生への対応
個に応じて学修年数の多様化を図る観点から，早期卒業制度の導入など，大学院教育への早期のアクセスを可能化。
5．総合的な教育改革の推進に向けた検討
秋季入学への移行等は，本学の教育理念の実現に向けた十分条件ではなく，国際化の推進（留学生の増加，英語による授業や外国人教員の増加，語学力の強化，国際的な質保証の要請への対応など），入試・進学振分けの見直し，きめ細やかな経済的支援などについて，中長期的な観点に立った検討を進めていくことが必要。
6．学外との幅広い連携・協力に向けた検討
本学における秋季入学への移行が所期の成果を達成するためには，学外からの幅広い理解・協力を得ることが大切であり，そのための環境づくりを検討することが必要。
(他大学）体験活動の推進に向けたコンソーシアムの形成，社会・政府への働きかけなど
(社会）企業における採用時期に関する柔軟な対応，留学等の体験への適切な評価，体験活動への支援など
(政府）各種制度に関する弾力的な対応，大学改革に対する公的投資の拡充など

3.「入学時期の在り方に関する懇談会」報告を受けた総長コメント（2012年3月29日）

このたび，「入学時期の在り方に関する懇談会」の報告を受け取った。急速なグローバル化の時代における東京大学及び日本社会の明日にとって重要な意義を持つ大きな課題について，多方面にわたって詳細な検討がなされており，座長の清水理事はじめ懇談会のメンバー各位の尽力に感謝したい。

この報告を受けて，「よりグローバルに，よりタフに」学生を育てていくための教育改革への取組みは，１合目から２合目にさしかかることになる。

この間，入学時期をめぐって，学内外で活発な議論が交わされてきた。どのような立場であるに関わらず，国際化への対応を始めとする教育改革が喫緊の課題であることは，広く共有されている。学内においても，本懇談会の中間まとめに対して，教員からのみならず，職員や学生からも多くの意見が表明されたことは近来にない事象であり，また批判も含めて建設的な意見も数多く，東京大学の自由な活力を示すものとしてまことに心強いものがある。重要なことは，学内学外の議論を問わず，改革の必要を認める事柄であれば，それを議論にとどめず，また障害の存在を安易に弁解理由とすることなく，すみやかに行動に移していくことであると考えている。

秋季入学が自己目的ではないことは当然であり，また「打ち出の小槌」でないことは繰り返し述べてきたことである。入学時期のテーマが広く関心を呼んでいる理由は，秋季入学が学事日程の変更による大学国際化への対応ということにとどまらず，総合的な教育改革のシンボルという意味を持っていること，大学の改革と同時に社会の仕組みや意識の改革へのメッセージを含んでいること，抜本的な改革への視点を備えていることであろう。また，さきに卒業式の告辞でも述べた通り，日本の社会的・経済的な力が翳りをみせると同時に若者の国際的な競争能力を問われる場面が急速

に広がる中で，秋季入学に対するスタンスのいかんにかかわらず，教育改革は「これが最後のチャンス」であるという意識が共有されているためでもあると理解している。

このように，秋季入学という課題設定は，教育のさまざまな分野の在り方を根本的な視点から見直し，改革を加速する緊張感を与えるものである。入学時期の変更をめぐる課題の検討と克服についての議論をさらに深めると同時に必要な取組みを行い，引き続き，入学時期の変更という視点を強い牽引力としながら，気持ちを緩めることなく総合的な教育改革を展開していく必要がある。大学がグローバル化の動きに真摯に対応しようとする限り，総合的な教育改革を着実に実行していく中で，秋季入学という事柄の位置はおのずから見えてくるはずである。

こうした認識に立って，私は，上記の趣旨を踏まえつつ「入学時期の在り方に関する懇談会」の活動を引き継ぐ新たな検討組織を，来年度早々に設置することとしたい。この後継組織において，関係の教育改革の動きと連動させながら検討をさらに深めてもらうとともに，学生の体験活動を推進する試みの成果を議論に反映させるなど実証的な取組みもすすめ，あわせて，個々の教育改革を可能になったものから順次すみやかに実施していくこととする。その着実な推進のため，学内外の幅広い理解と協力をお願いしたい。

平成 24 年 3 月 29 日

東京大学総長　濱田純一

4．改めて，総合的な教育改革の推進に向けて——学部教育について——（総長メッセージ）（2012 年 4 月 10 日）

平成 24 年 4 月 10 日

改めて，総合的な教育改革の推進に向けて
——学部教育について——

総　長

東京大学においては，「世界的視野をもった市民的エリート」（東京大学憲章）のより効果的な育成を目指して，着実に教育改革をすすめてきました。このたびの入学時期の在り方をめぐる活発な議論が明らかにしたのは，日本の社会・経済の将来に対する危機感の高まりとグローバル化の急速な進行の中で，まさしくこうした市民的エリートが社会から切迫感をもって求められていること，しかも，大学人も同様の思いを持って真剣にこれに応えようとする意思を有していること，です。このような社会の期待と思いを共にした大学人の責任感を，すみやかに具体的な形にしていくことが求められていると考えています。

入学時期の在り方というテーマは，学生を「よりグローバルに，よりタフに」育てるために，さまざまな教育課題を大学が社会とともに根本から見直す契機と視点を提供しています。日本社会の現状をみると残された時間は乏しく，東京大学が目指す総合的な教育改革に向け，その一環をなす入学時期をめぐる検討をさらに深めることと併せて，改めて各方面における教育改革の動きを同様に強めていく必要があります。

学部教育についても，すでにさまざまな検討がなされつつあり，理念においても仕組みにおいても相互に関連し合うところの多い以下のような課題例を総合的に視野に入れて取組みをすすめていくことを，改めて確認しておきたいと思います。

【教育制度の大枠に関する事項】
- 入学試験制度など高大接続の改善
- 入学定員についての検討
- 入学時期の見直し
- 進学振分け制度の改革
- 学部・大学院の接続についての検討
- 修業年限の柔軟化

【教育の質向上に関する事項】
- 教養教育の高度化，教養教育の後期課程・大学院への展開
- 専門教育のさらなる改善，全学横断型教育の拡充
- 教育システム・教育内容の国際化の多面的推進
- 卓越した学生の能力をさらに伸ばす授業編成や特別プログラムの工夫
- 国内外での体験活動等幅広い学習プログラムの整備
- 授業改善に向けた教育支援体制の強化

これらの教育改革を総合的に推進していくことにより，東京大学の学部教育において，
○世界的に高い学術水準を反映した密度の濃い授業が効果的に提供され，学生相互，また学生と教員との間の刺激を通じて知的好奇心や物事を考え抜く力，知的創造力が豊かに成長していく環境，
○知的な能力が精神の自由闊達さ・強靱さや主体性・能動性と組み合わさって，勉学への意欲的で粘りのある取組みとともに社会的なコミュニケーション力・行動力としても発揮される環境，
○高い語学力と幅広い教養，専門的な能力の組合せを基盤として，学内外の多様な人びととの交流や国内外におけるグローバルな交流が日常的にさらに活発なものとなる環境，が実現されることを，追求していきたいと考えています。

5.「入学時期等の教育基本問題に関する検討会議」設置要綱 (2012年4月23日)

平成24年4月23日
役員会了承

入学時期等の教育基本問題に関する検討会議の設置について

1. 趣 旨

「世界的視野をもった市民的エリート」の育成に向けて, 秋季入学の構想を視野に入れつつ教育の基本問題について検討するため, 役員会の下に, 入学時期等の教育基本問題に関する検討会議（以下,「検討会議」という）を設置する。

2. 任 務

検討会議は,「入学時期の在り方に関する懇談会」報告（平成24年3月29日）及び総長文書「改めて, 総合的な教育改革の推進に向けて——学部教育について——」(平成24年4月10日）を踏まえ, 秋季入学の構想をめぐる諸課題をこれと関連し合う教育改革の基本問題とともに調査審議し, 役員会において策定する関連の方針について提言を行う。

3. 委員等

(1) 検討会議の委員及び座長は, 本学の教職員の中から総長が指名する。

(2) 座長は, 必要と認める場合, 検討会議の下に, 専門的事項を調査審議する作業部会, また, それらを統括する企画調整部会を置くことができる。

(3) その他検討会議の運営については座長が定める。

4. 提言についての取扱い

検討会議で作成する提言については, 学内諸会議での議に付すなど, 幅広く意見を聴く機会を設ける。役員会は, これらの手続きを踏まえて, 必要な方針を策定する。

(参考) 「入学時期等の教育基本問題に関する検討会議」委員名簿

(平成 24 年度)

理事・副学長	清水 孝雄	座長
理事・副学長	佐藤 愼一	
理事・副学長	武藤 芳照	体験活動ＷＧ担当
副学長	羽田 正	国際本部長
副学長	吉見 俊哉	教育企画室長
人文社会系研究科・教授	高橋 和久	入試企画室長
法学政治学研究科・研究科長	山口 厚	
医学系研究科・研究科長	宮園 浩平	
理学系研究科・研究科長	相原 博昭	
総合文化研究科・研究科長*	長谷川 壽一	座長代理
新領域創成科学研究科・研究科長	上田 卓也	
社会科学研究所・所長	石田 浩	
工学系研究科・教授	小関 敏彦	企画調整部会長
薬学系研究科・教授	長野 哲雄	
生産技術研究所・教授	野城 智也	
経済学研究科・教授	渡邉 努	総長補佐 (オブザーバー)

*平成 25 年 2 月 15 日まで

(平成 25 年度)

理事・副学長	佐藤 愼一	座長
理事・副学長	長谷川 壽一	座長代理
理事・副学長	大和 裕幸	体験活動ＷＧ座長
副学長	羽田 正	国際本部長
副学長	吉見 俊哉	教育企画室長
副学長	福田 裕穂	入試企画室長
副学長	野城 智也	
法学政治学研究科・研究科長	山口 厚	
医学系研究科・研究科長	宮園 浩平	

工学系研究科・研究科長	原田 昇	
理学系研究科・研究科長	相原 博昭	
総合文化研究科・研究科長	石井 洋二郎	
社会科学研究所・所長	石田 浩	
工学系研究科・教授	小関 敏彦	企画調整部会長
教育学研究科・教授	市川 伸一	
新領域創成科学研究科・教授	上田 卓也	
人文社会系研究科・教授	秋山 聰	オブザーバー
経済学研究科・教授	渡邉 努	オブザーバー

6．「入学時期等の教育基本問題に関する検討会議」への役員会諮問（2012年5月17日）

平成24年5月17日

入学時期等の教育基本問題に関する検討会議　御中

役員会

下記の事項について諮問します。

記

諮問事項：入学時期等の教育基本問題について

1．本学における総合的な教育改革の全体工程を整理・可視化しつつ，大綱的な方針の在り方を提言すること

2．教育改革全体の動きと連携させながら，かつ，各方面から指摘される課題を十分にかつすみやかに消化しながら，秋季入学への移行やギャップタームの導入の可能性をはじめ，望ましい学事暦及び関連する事項について検討し，基本的な方向性や新たな教育システムの実現に向けて想定されるステップについて提言すること

3．すみやかに取り組むべき教育改革の課題を確認し，他の関連検討組織との連携を図りつつ，秋季入学の構想に深く関わるものを含め，本検討会議が直接取り扱うことが適当と判断する事項について，必要な方策の在り方を提言すること

7．役員会諮問にあたっての総長所信（2012年5月22日）

平成24年5月22日

入学時期等の教育基本問題に関する検討会議　御中

総　長

役員会諮問に当たっての総長所信

このたびは，「入学時期等の教育基本問題に関する検討会議」に参画をいただき，お礼を申し上げます。

この検討会議は，本年3月に任務を終えた「入学時期の在り方に関する懇談会」の後継組織となりますが，検討の幅をさらに大きく広げ，秋季入学の構想をめぐる諸課題を，これと関連し合う教育改革の基本問題とともに調査審議いただくことを役割としています。

その背景にある思いは，本年4月10日付けの「改めて，総合的な教育改革の推進に向けて」において述べたとおりです。日本の社会・経済の将来に対する危機感の高まりとグローバル化の急速な進行の中にあって，秋季入学の構想についてしっかりと検討をすすめていくことが東京大学の社会的役割であると考えています。同時に，秋季入学は，「世界的視野をもった市民的エリート」を育成すべく「よりグローバルに，よりタフに」学生を育てていくための教育改革構想の一環をなすものであり，改革の総合的な実現に向けた全体感の下に取組みを行っていかなければなりません。

こうした考え方を理解いただきながら，この検討会議では，役員会からの諮問事項を踏まえた提言をお願いします。さまざまな改革のすみやかな実現と必要なステップを考えれば，この検討会議からの提言は，必ずしも最終的な提言一つということに限らず，必要に応じて逐次に提言をいただくことも期待しています。また，当面，学部段階における教育改革に重点を置いて審議いただくことになりますが，もとより大学院段階も議論の射程に入れる必要があり，私としても，状況を見ながら改めて所信を述べた

いと考えています。なお，審議にあたっては，教育改革の諸課題を軸としながらも，それらと不可分な研究あるいは経営に関わる課題についても必要に応じて触れていただければと思います。

提言にあたっては，学内の幅広い意見を聴く機会を適時に設けていただき，役員会とも連携しながら学内諸会議での意見聴取のための付議も行っていただきたいと思います。私としても，さまざまな機会を通じて，秋季入学ほか教育改革全般について広く学内外の意見を聞き，議論をし，可能な改革についてはすみやかに取組みをすすめていきたいと考えています。

私は，秋季入学について「実施するとなれば5年後ということを目途」と述べてきましたが，秋季入学に限らず，総合的な教育改革への取組みは，日本の社会や大学をとりまく諸情勢に照らせば，ここ5年くらいが勝負どころであると考えています。このため，本検討会議の審議の明確な終期は設定しにくいところですが，本年度中を一応の目途として一定の成案をとりまとめるよう，ご努力いただければと思います。

この検討会議における調査審議は，これからの東京大学の教育制度の整備や教育の質向上のために，きわめて重要な意義を持つものと考えています。実りある検討がなされるよう，委員各位には格別のご尽力をお願いするとともに，学内の各方面の積極的なご協力を期待しています。

8．総合的な教育改革の加速に向けて（総長所信・第二次）（2012年9月26日）

平成24年9月26日

入学時期等の教育基本問題に関する検討会議　御中

総　長

総合的な教育改革の加速に向けて
〈総長所信（第二次）〉

本年5月の役員会からの諮問以降，「入学時期等の教育基本問題に関する検討会議」（以下，「検討会議」）の関係者の皆さんには精力的な審議をいただき感謝しています。各部局における議論も本格化しつつあり，検討会議においては，年度内に一定の成案をまとめるべく，この秋に議論は重要な段階を迎えるものと認識しています。

これまでの間，秋季入学構想をはじめとする本学の総合的な教育改革に対する社会的な期待の高まりを実感しているところです。政府においては，「日本再生戦略」を閣議決定し，グローバル人材育成戦略の一環として秋季入学の環境整備を進める方針を打ち出しました。大学界においても，12大学からなる「教育改革推進懇話会」が発足するなど，学事暦見直しをはじめとする諸課題に関する議論が活発化しています。産業界も，グローバル人材の育成に大きな期待を寄せ，本学に先導的な取組みを求める声は少なくありません。

私は，秋季入学への移行について，「実施するとなれば5年後を目指す」と述べてきました。しかし，こうした社会的な期待はもちろん，何よりも，環境の厳しさがいやます時代における学生の未来を真剣に考えると，教育改革の各方面で思い切った取組みを，逐次であれすみやかに実行していく必要性を痛感しています。学事暦をめぐっても，学内外からの様々な建設的な提案が示されている中，グローバルな大学のあり方を見据えて，一日

も早く学生により望ましい環境を整備する取組みを，可能なところから開始していくことが必要であると考えます。

また，こうしたアクションを着実に推進し，そこでの経験や実績を積み重ねていくことが，東京大学の総合的な教育改革に関する幅広い理解や協力を得，社会におけるすみやかな環境整備を促していく上でも有益であると考えています。

ついては，こうした状況認識を共有いただきながら検討会議における審議を進め，その成果を第一次報告としてとりまとめていただくよう，お願いします。

9.「総合的な教育改革」の重要な段階を迎えて（総長メッセージ）（2013 年 1 月 15 日）

平成 25 年 1 月 15 日

「総合的な教育改革」の重要な段階を迎えて

総　長

教育改革と大学の責任・主体性

いま東京大学では，これからの学部教育の在り方について幅広い取組みと議論が行われています。これまでも東京大学の中では，学部教育のより良い在り方に向けて真摯な改善が継続され，着実に成果をあげてきました。かつて駒場で，そして本郷で学生時代を過した私にも，今昔の感があります。それと同時に，改善の必要性を意識されながら，これまでかなり長い期間にわたって積み残されてきた重要な課題も，とりわけ大学全体の教育システムにかかわるものについては少なくありません。さらにまた，近年においては，グローバル化への対応をはじめとして，時代の急速な変化に応じて，教育システムや授業方法の再考を否応なく迫られる場面も，少なからず生じてきています。

今日，大学における教育の在り方について，社会からもこれまで以上に，強い関心と期待が寄せられています。その背景には，社会的にも経済的にも無数の課題が山積しているいまの日本社会の状況の中で，大きな環境変化を正面から受け止めながら活躍してくれる若者たちの育成こそが社会の未来のために決定的な意味を持つという強い期待感があり，それが，大学における教育の在り方をめぐる盛んな議論として現れていると，私は理解しています。

大学が，社会のこうした強い期待を受けとめながら，いかに主体的・自律的に教育改革を成し遂げ社会からの負託に応えていけるか，いま大きな正念場にさしかかっています。社会自身も時代の激しい変化を踏まえて自らを変革しようと苦闘していますが，大学の改革がこうした社会の動きに

押されてやむをえず行われるのではなく，むしろ理念においても行動においても社会の変革を先導する役割を果たすことが，「大学の自治」が憲法によってとくに保障されている趣旨であると考えています。大学の生命である学術は，過去，現在，未来の知識と知恵を繋ぐことによって，明日の時代の基盤を作ることが出来る知的な力を先端的に生み出していくことが，その本質であるはずです。その意味で，いま取組んでいる教育改革の成否をめぐっては，「大学の自治」の真価が問われることになるものと，私は覚悟しています。

なぜ，「よりグローバルに，よりタフに」か

東京大学と「大学の自治」とが置かれているこうした環境を踏まえながら，いま取組みを行っている教育改革の基本的な理念は，私が総長就任当初から入学式式辞や「東京大学の行動シナリオ」をはじめとしてさまざまな機会に繰り返し述べてきたように，端的には二つの点，つまり「よりグローバルに，よりタフに」ということです。その理念を具体的な形とし，これまでの知的訓練の質をさらに向上させていくことによってこそ，東京大学憲章が目指している「世界的視野をもった市民的エリート」の育成が可能になると考えています。

グローバルであることは，世界的な視野をもつことにつながりますが，その本質は，ただ世界についての知識を得るというだけでなく，今まで自分が生きてきたものとは異なる生活やものの考え方，価値観などとぶつかり合い，そうした異質なもの，多様なものを自分の知力，行動力，想像力の源泉として取り込んでいくことにあります。そのような力は，国際的な場面での活躍だけでなく，日本の中で活動する場合でも，今まで経験したことがないような課題に対して柔軟に考え創造的な工夫をして取り組んでいくことのできる知的な総合力として発揮されるものと考えています。

また，タフであることは，いかなる状況の中でも主体的に考え能動的に行動し，そうした姿勢を持続できる精神的なたくましさです。そうしたたくましさは，学術活動の場面で生かされることはもちろん，いま多くの課題に直面している日本社会を支えていくために期待される力です。そして，

こうしたタフさは，困難な課題に対して，ただ一人の行為によってだけでなく多くの人々との豊かなコミュニケーションを通じて取組んでいく，ある意味では非常に手間のかかるやり取りのできる力の源にもなると考えています。

いまは，ただ「学業成績がよい」というだけでは社会的な役割を十全に果たすことができない時代になっています。東京大学において学んでも，たんに東大卒という肩書きのみでは十分な評価を受けず，さらに大きく言えば，知的なものの価値がかつてのように自然に敬意を受ける時代ではもはやありません。また，グローバル化の中で東京大学の卒業生は，国内だけではなく国際社会で世界の優秀な人々と能力を競い合い協調していくことを求められる時代です。こうした時代状況の中で，「よりグローバルに，よりタフに」育つことによって，高い知性をベースにした総合力が，知的な力を社会で十分に発揮するために必要なものとなっています。こうした点で，私は，これまでの時代とは違った重い教育の責任を，学生たちと社会に感じていますし，東京大学に入学してくる学生たちが知的に高い水準を備えた若者たちであるだけに，いっそう，そうした資質を知的な総合力へと高めていく大きな責任を感じます。

なぜ，教育の「枠」を議論するのか

こうした思いを背景にして，昨年 4 月に「改めて，総合的な教育改革に向けて」というメッセージを出し，各方面で具体的な取組みをすすめてきました。学事暦の変更や入試の改善，進学振分けの仕組みの見直しなど，それぞれに検討がいま着実にすすめられており，これからそれらの改革の具体化について重要な段階を迎えることになります。この間の教育改革をめぐる議論の中で，私が，学事暦といったいわば教育の「枠」から議論を始めているように見えることに違和感を覚えられたことがあるかもしれません。私がこの「枠」を提起する前提として，「よりグローバルに，よりタフに」という理念を繰り返し語ってきたことは，さきに触れたとおりです。また，言うまでもなく，秋入学に象徴されるような学事暦の変更は，学生の国際的な流動性を高め，あるいは社会的な経験の中で知性とタフさ

を高める機会を提供するなどの大きな利点を有しています。そして，さらに，「枠」を議論することが持つ方法的な意義として，私たちの教育システムの根もとにある枠組みが問われることによって，私たちが取組むべき教育課題を否応なく浮き上がらせ，解決へのすみやかな取組みを促すという点があります。いま現に，この「枠」から出発して，さまざまな教育課題への取組みが真剣にすすめられています。

私たちはすでに，教育の在り方をめぐる諸課題の存在には気付いており，個別には検討などの取組みをすすめてきました。しかし，個別課題の検討には往々にして時間的な締め切りがなく，大学でのより質の高い教育に強い期待を向けている社会の切迫した思いに必ずしも適時に対応できない場合が出てきます。実際，海外の有力大学の状況を見るにつけても，また国内の少なからぬ大学と比べても，東京大学が学生の国際的流動性や学生の主体性・能動性の育成などの面で大きく後れをとっていると思われる面があることは否定できません。いまの東京大学に向けられている社会の切迫した期待に応え，社会の変化に素早く主体的に立ち向かっていくために，「枠」という根もとから論じていることの意味をご理解いただければと思います。言うまでもなく，学事暦の変更は総合的な教育改革の一環として意味をもつものであり，「打ち出の小槌」ではないことは，何度も述べてきた通りです。

教育改革をすすめる姿勢

教育改革をすすめ，また改革の成果を具体的に生み出していくためには，新たな人的あるいは財政的な負担が生じることも考えられます。この課題を正面から受け止めて対応していくために，学内のリソースの再配分や業務の合理化などに部局と本部とが協力して取組んでいくとともに，必要な原資を調達していくために本部としてあらゆる努力を行い，さらにこうした改革への努力に対して公的・社会的な支援を求めていくつもりです。そして，このような取組みにあっては，ただ受身的に再配分や合理化をすすめるのではなく，これからの東京大学の教育のより良い姿を積極的に創造していこうとする意志が貫かれていくことを願っています。これまで東京

大学の教育は，ある意味で「成功体験」をもってきました。知的に優れた学生が当然のように入学してくるという条件の下で，主には講義形式を基本とした知識伝授の方法を軸にしながら教育がすすめられてきました。こうした教育スタイルは効率的である一方で，学生にとっては受動的になりがちな教育方法であったことは否定できません。私は，よりグローバルで，よりタフな学生の育成を目指す東京大学の教育は，伝統的な教育スタイルの良さを引き続き生かしつつ，同時に，双方向型の授業など主体的な学習を促す仕組みの拡充や留学機会の飛躍的な充実，あるいはオンライン授業の活用など，新しい仕組みも積極的に導入していく工夫を行う必要があると考えています。それらは一挙に実現できるわけではありませんし学問分野によって形の違いはあるでしょうが，これまでのカリキュラムの考え方や仕組みの見直し，あるいは新たな人的リソースの確保の可能性も視野に入れながら，このたびの総合的な教育改革の中で，確実な道筋が固められる程度にまで取り組むことができればと考えています。

教育改革の当面のすすめ方

総合的な教育改革については，いま「入学時期等の教育基本問題に関する検討会議」において検討がすすめられており，いわゆる「新学事暦案」について昨年9月に同検討会議の下の企画調整部会で素案が出されて学内で幅広い意見が交わされ，それらを踏まえて年度内の報告に向けた議論が行われていると聞いています。その報告を受けて役員会としての判断を検討していくことになりますが，いま多様な意見が出されている中で，本年度内に学事暦に関する最終決定を行うという段階ではないと私は考えています。全学からのさまざまな意見を消化するとともに，他の教育改革への取組みの進捗状況なども考慮しつつ，総合的なすすめ方を判断することが適切であろうと思います。同時に，先に触れたような大学を取巻く環境の大きな変化や東京大学の教育改革に対する社会からの切迫感をもった期待の大きさ，また，いま検討中の少なからぬ課題がもっと早くに取組まれるべきものであったことなどの事情を考えると，役員会として判断に遅れをきたすことのリスクも真剣に考えなければなりません。2015年までに全

ての学生に何らかの海外体験・異文化体験をもたせる等の目標を掲げている「東京大学の行動シナリオ」の実現が難しくなるならば，学生や社会からの期待を裏切ることにもなります。

これらの諸点を総合すると，私は，学事暦の在り方を含め総合的な教育改革の基本的な部分の方向付けについては，本年上半期中を目途として判断を行うことを目指すのが妥当であると考えています。

秋入学構想と新学事暦案との関係

最後に，この機会に，秋入学の構想と「入学時期等の教育基本問題に関する検討会議」で検討されている新学事暦案との関係についての私の理解にも触れておきます。

私はすでに繰り返し述べてきた通り，グローバル化への対応を重視すべき東京大学にあっては秋入学への移行を目指していくことが望ましく，日本の大学全体としても秋入学が推進・拡充されていくべきものと考えています。その意味として，①海外の多くの大学と学事暦を合わせることによって学生の国際的流動性を高めると同時に，ギャップタームを活用して大学で主体的に学ぶ姿勢や課題意識を育む社会体験や国際経験をさせること，②こうした学生の姿勢・経験に対応できるように教育カリキュラムの改革をすすめ，そうした学びを積極的に評価する社会のシステムや意識の改革につなげること，③否応なくグローバル化が進む状況の中で，日本という保護枠のない広い世界で互いに能力を競い合い協調していく態勢を大学や社会がもつきっかけと仕組みを作ること，に触れてきました。そして，こうした秋入学が社会システムとして実質的に実現されるためには，大学の学事暦を9月入学に変更するだけでは十分ではなく，社会においても，若者がギャップタームを使いこなすことに不安をもたなくても良い環境づくりや，秋入学に対応した就職・国家資格試験スケジュールの整備，また多様な国際経験や社会体験に対する積極的な評価，などの動きがすすむことが必要です。このため，私は当初から，秋入学への移行について，東京大学単独では動かないこと，国家資格試験の時期が変わる見通しのないところでは実施しないこと等を強調してきました。

しかし，座して待つわけにはいきません。社会におけるこうした課題への取組みを促すと同時に，大学として出来ることはすみやかに実施していくという方針を，昨年９月に，「入学時期等の教育基本問題に関する検討会議」に対するメッセージで述べ学内にも公にしました。それを受けた同検討会議での検討状況が，新学事暦案に示されていると考えています。この新学事暦案は，４月入学を基本としつつ，海外の多くの大学と学事暦をできるだけ調和させるとともに，入学予定者全員を対象とするギャップタームとは異なるものの，意欲・関心に応じた主体的な体験活動を初年次に行いうる仕組みを取り入れようとしており，秋入学構想の狙いと通底するコンセプトに立っています。こうした点で，私は，新学事暦案は秋入学との関係では「斜め前」への前進であると理解していますが，いまの社会状況の下でこのたびの教育改革の理念を実現していくもっとも望ましい形の学事暦の在り方についてさらに学内で議論を重ねていきたいと思いますし，その新しい形が秋入学という流れに最終的につながっていくかどうかは，さきに述べたような社会の条件がこれからどのように整えられていくかにかかる部分が大きいと考えています。

後戻りの余地のない取組みとして

このたびの総合的な教育改革は，学生や社会からの大きな期待に真摯に応えようとし，さらに，世界的な大学間競争が激化する中で国際的に存在感のある大学であり続けようとするのであれば，東京大学として後戻りをする余地のない取組みです。このたびの取組みが，次の時代を支える東京大学のより質の高い教育の姿を創造し，東京大学に対する新たな信頼を生み出していく，またとない機会となればと願っています。

10.『学部教育検討特別委員会　答申書――総合的な学部教育改革の可能性と展望――』（大学院総合文化研究科　学部教育検討特別委員会）（2013 年 3 月 19 日）

全文は，http://www.c.u-tokyo.ac.jp/info/important/2.toushinsho.pdf

総合的な学部教育改革の可能性と展望（答申）【概要】

学部教育の理念と目標＝「世界的視野をもった市民的エリート」養成と「タフでグローバルな東大生」育成

○主体性と能動性，批判的思考力，社会的・公共的な責任感・使命感

○異なる価値観の理解・尊重，多様性に開かれたコミュニケーション能力，自己相対性

上記の理念・目標との係わりで，現状の教育体制では不十分な点	現状の不十分さの原因として考えられること	上記の理念・目標を実現する上で望ましい学部教育のあり方
・学生の均質性	・入学試験の方式	・主体性の涵養
・点数至上主義への偏り ・チャレンジングな学習態度の少なさ	・進学振分けの方式 ・学士課程全体を通貫する見通しの悪さ ・教育システムにおける自由度の小ささ ・学期進行において段階的に設定された諸関門	・点数至上主義のリセット ・チャレンジングな学習態度の促し
・実質的な学びの少なさ ・カリキュラムおよび授業方式の問題	・カリキュラムの画一性・均一性 ・丁寧な個人指導の不在	・自分で調べ，批判的に考え，他人に伝え，他人と討議する能力の涵養 ・事前学習・授業・展開学習のサイクルの確立

		・きめ細かい個人指導 ・過密ではないカリキュラム構成 ・履修選択の自由の確保 ・多様な学習プロセスの許容
・教育の国際化の不十分さ	・国際的な流動性と協働性を高めるような仕組みの不十分さ	・学生の受け入れ，送り出しの双方に資する学習環境の整備

⇕

学部教育改革の三つの柱

○〈しっかりと学ぶ〉姿勢を涵養するために，学修システムを実質化

○〈自分から学ぶ〉姿勢を涵養するために，カリキュラム構成を適正化

○〈柔軟に学ぶ〉姿勢を涵養するために，学習経験を多様化

⇔

前期課程と後期課程とを学士課程として一体的なものと見る視点

↓↑

後期課程諸学部間の横断的な連携の重視

⇕

全学的な検討プロセスとの連携

・学士課程を一体的に捉え，教育単位間の横のつながりに配慮する学部教育設計の検討プロセス

・学士課程全体への展開を踏まえた導入教育もしくは初年次教育に関する検討プロセス

・大学全体でのリソース（教職員，施設，予算等）の配分に関する検討プロセス

・進学先決定方式における評価尺度の多元化に関する検討プロセス

・入学試験実施体制の見直しに関する検討プロセス

・学部教育と大学院教育との接続に関する検討プロセス

(参考)「大学院総合文化研究科　学部教育検討特別委員会」委員名簿

(2013年3月19日現在)

言語情報科学専攻	韓国朝鮮語	月脚 達彦	教授
超域文化科学専攻	国文・漢文学	齋藤 希史	教授
超域文化科学専攻	ドイツ語	田中 純	教授
地域文化研究専攻	フランス語・イタリア語	原 和之	准教授
地域文化研究専攻	フランス語・イタリア語	森山 工(座長)	教授
地域文化研究専攻	英語	矢口 祐人	准教授
地域文化研究専攻	社会・社会思想史	和田 毅(研究科長補佐)	准教授
国際社会科学専攻	経済・統計	清水 剛	准教授
広域科学専攻(生命環境科学系)	生物	太田 邦史	教授
広域科学専攻(生命環境科学系)	スポーツ・身体運動	工藤 和俊(研究科長補佐)	准教授
広域科学専攻(生命環境科学系)	生物	和田 元	教授
広域科学専攻(相関基礎科学系)	物理	菊川 芳夫	教授
広域科学専攻(相関基礎科学系)	化学	真船 文隆	教授
広域科学専攻(広域システム科学系)	情報・図形	藤垣 裕子	教授
広域科学専攻(広域システム科学系)	生物	増田 建	准教授
数理科学研究科	数学	斎藤 毅	教授

11.「入学時期等の教育基本問題に関する検討会議」答申（答申書『学部教育の総合的改革について——ワールドクラスの大学教育の実現のために』）（2013年6月13日）

全文は，http://www.u-tokyo.ac.jp/gen02/pdf/130613_toushin-kihonken_000.pdf

要　約

はじめに

入学時期等の教育基本問題に関する検討会議（以下「基本検」という。）は，役員会の下，平成24年4月に設置された。同年9月に基本検企画調整部会からの中間報告を学内議論に付すなど，学内からの多様な意見を踏まえて論点整理を進め，平成25年2月28日に「学部教育の総合的改革について——ワールドクラスの大学教育の実現のために——」（審議経過報告）を役員会に提出した。審議経過報告は，同年3月に構成員に向けて公表され，各部局における活発な議論を経て，4月にはそれぞれからの意見が示された。今般，基本検は，これらの多様な意見を踏まえて審議経過報告の見直しを行い，学部教育を中心とする総合的な改革の方針について提言をとりまとめ，答申として役員会に提出するものである。

第1　改革に当たっての基本認識と経緯

平成15年3月に策定された東京大学憲章では「世界に開かれた大学として，世界の諸地域から学生および教員を迎え入れるとともに，東京大学の学生および教員を世界に送り出し，教育における国際的ネットワークを構築する」ことが謳われた。以来，「世界的視野をもった市民的エリート」の育成に向け，構成員からの幅広い意見募集や種々の実態調査によるデータなどに基づいて，本学は「行動シナリオ」（平成22年3月），「国際化推進長期構想（提言）」（平成22年3月）を策定してきた。「海外体験・異文化体験を通じ，コミュニケーション能力や行動力を身につけさせる」，「多様な学生構成の実現により，相互に切磋琢磨する教育環境をつくる」など，

これらに掲げられた目標の実現，課題の解決に向け，構成員が力を合わせ，知恵を絞り，汗を流していくことが必要である。

第2　これからの学部教育と総合的改革の在り方

(1) 本学の教育をめぐる現状・課題

本答申では，学生，教育システム，教員それぞれの課題を列挙した。学生が受動的・点数至上主義的に学習に取り組む現状から，学生自らが学ぶ道を見定め，主体的・能動的に学習に取り組む学部教育への改革が求められる。また，海外の諸大学における学生の国際交流や短期留学の実態を踏まえれば，学部段階での対応の遅れはデータ上も顕著で，危惧の念を禁じ得ない。学部教育を取り巻く課題や，国際的な体験を含む多様な学習経験の不足を放置するならば，国際的な大学間競争と大学間教育連携の中で，東京大学憲章の旨とするワールドクラスの大学としての地位を確保することはできない。学部入学後から学びへの強い動機を継続的に維持し，学部卒業の時点までに高い語学力や高次の「グローバル教養」を身に付け，地球規模での思考と交流ができる能力の構築を図らねば，最優秀の学生が学部に集まり大学院へ進学するという構図が崩れていく可能性が高い。

(2) 改革の理念・原則

東京大学憲章などに掲げられた基本理念のよりよき実現のため，学部教育の総合的改革に当たって，「育成する能力・人材」((A) 揺るぎない基礎学力，先端的知への好奇心，(B) 公共的な責任感，巨視的な判断力，(C) 異なる文化や価値観の理解・尊重，(D) 課題の発見・挑戦的体験への積極的姿勢，(E) グローバルな思考と行動力) とそのために必要な「総合的改革の原則・方向性」((Ⅰ) 学びの質の向上・量の確保，(Ⅱ) 主体的な学びの促進，(Ⅲ) 流動性の向上と学習機会の多様化，(Ⅳ) 学士課程としての一体性の強化，(Ⅴ) 教育制度の大枠の改善) を提起する (本文図参照)。これらは「タフな東大生」の備えるべき基本要件であり，国境にとらわれずボーダーレスで複眼的な思考を鍛えるような学習体験をはじめとする教育のグローバル化は，「タフな東大生」を育成する必須の手段である。様々な困難に直面しながらも公共的な責任を考え主体的に活動

していくため，高度な知識の習得のみならず，その知識を活用していくことが求められる。今般の教育改革に当たっては，これらの能力を発揮させる志を学生にもたせるために，明確な目的意識をもって知識の習得に努力し続ける態度を身に付けさせること，主体的な学びの動機付けを行うことが極めて重要となる。本答申に示す原則・方向性に則った教育改革を展開することにより，本学は真にワールドクラスの大学として存立し，社会からの負託に応えることが可能になる。

第３　諸課題への取組

(1) 総合的な取組の方針

現行の教育体制については，「現状の教育体制の諸課題」が妨げになり，本学のディプロマ・ポリシー（「育成する能力・人材」に対応）を十分に実現しえているとは言いがたい。こうした認識に立って，基本検は，「教育内容・方法に関する事項」及び「教育制度の大枠の改善」（それぞれ「総合的改革の原則・方向性」のⅠ～Ⅳ及びⅤに対応）からなるアクションリストを作成した。アクションリストは，現行の第２期中期目標・計画の期間（平成 22 ～ 27 年度）において実施すべき取組を掲げている。本答申の掲げる改革の理念・原則に基づく改革を推進するためには，このアクションリストに掲げる取組を参照していくことが欠かせない。

(2) 学事暦の見直し

現行の学事暦を国際標準に整合させることは，本学学生の海外への送り出しや海外学生の受け入れを容易にし，その機会を増すことにつながる。多様な学習環境や学習体験を通して得られる自己の相対化，「主体性」や「能動性」，巨視的でグローバルな思考は，本学のディプロマ・ポリシーの実現に大きく寄与するものである。基本検は，入学時期の見直しに相応の時間を要するため，可能なところから改革を実行していく観点から，「当面の学事暦の見直しに係る方針」をまとめた。この方針では，学生の主体性を尊重した教育活動を展開し，国際的な流動性を高めること等を基本的な観点とすること，各部局の実情を踏まえ，見直しの実施時期・形態について一定の自由度を許容すること等の考え方を示した。また，この方針で

は，望ましい学事暦が具備すべき要素として，４ターム制による授業運用を積極的に導入すること等を挙げた。さらに，答申本文の別紙では，具体的な見直しの指針として，企画調整部会における検討の成果（「学部教育の総合的改革における学事暦の在り方」）が掲げられ，「４ターム＋Ｓ」型及び「４ターム」型の２つが提案されている。このうち，「４ターム＋Ｓ」型は，国際流動性が比較的高いが，その採用の見通しは，入試運営体制や非常勤講師の確保などをめぐる諸課題を乗り越えることの成否に依存している。さしあたり，現行の中期目標・計画期間においては，本節に掲げる方針に基づき，先導的な部局を中心として学事暦の見直しを漸次実行していくことが適当である。

秋季入学については，学部・大学院の関係コースなどの拡充を図りつつ，環境整備に向けた社会への働きかけ，他大学との連携協力を強化していくことが重要である。そうした取組の成果を踏まえ，第３期中期目標・計画の期間（平成 28 ～ 33 年度）において，秋季入学の更なる推進に向けて必要な措置をとることが妥当である。

第４　今後の改革の実行に向けて

(1) 教育改革に向けた全学体制の構築

アクションリストの取組の中で，全学共通の対応を要する事項，あるいは前期課程・後期課程のタテの関係，教育単位間のヨコの関係を踏まえて全学レベルでの調整を要する事項については，それらを円滑に推進するための部局の枠を超えた新たな改革実施体制が求められる。その際に，総合的な教育改革としての一体性・整合性を確保しつつ，種々の取組を効率良く果断に進めるためには，教育改革及び教育活動の運営に関わる既存の全学組織や本部組織を見直し，再編・整備することが望ましい。そうした考え方に立って，「全学体制によって検討・実施すべき課題」として，６項目（①学士課程を通じたカリキュラムなどの再構築，②初年次教育の充実・強化，③進学振分け方式の見直し，④入試運営・実施体制の見直し，⑤学部教育と大学院教育との接続・連携の強化，⑥諸改革と同期・協調した学事暦の実施設計）を挙げる。

(2) 部局における取組

本答申の提言する改革を推進するためには，アクションリストに掲げられた取組を参照して，各部局がそれぞれの改革課題を設定し，取組のより具体的な内容と実施に至るロードマップを含んだ「部局別改革プラン」を策定・実施することが適当である。

(3) 総合的な教育改革に係るリソース

教育改革には，学問の府として信ずべき理念と明確な目的が必須であると同時に，実体を備えた組織としてそれらを実行可能とする資源的な裏付けも欠くべからざる要素である。組織として取り組むべき重要な課題として，総合的な教育改革を推進するための資源の確保と戦略的な配分を掲げる。

(4) 結　び

社会全般のグローバル化の加速化と大学に対する社会的要請の高まりを踏まえるならば，本学はその主体性を維持しつつも，相応のスピード感をもって教育改革を推し進めていく必要がある。役員会に対しては，基本検からの提言に基づく改革を迅速かつ確実に実施していくことを強く求めたい。

12. 入学時期等の教育基本問題に関する検討会議答申を受けて——東京大学の学部教育の歴史的な改革に向けて——（総長所信）（2013年6月18日）

平成25年6月18日

入学時期等の教育基本問題に関する検討会議答申を受けて（総長所信）
——東京大学の学部教育の歴史的な改革に向けて——

総　長

このたび，「入学時期等の教育基本問題に関する検討会議」より役員会への答申を受け取りました。秋季入学構想という教育システムの大枠の課題提起に始まり，全学をあげた活発な議論を経て，グローバル時代における大学の教育力を抜本的に強化する総合的な教育改革に向けた全学の意識と態勢がここに整ったことは，東京大学の歴史において画期をなすものであり，社会の未来に責任を持つ大学の自治の成果として誇りとなることです。以下，本答申の意義についての私の基本認識と，役員会としての当面の対応の方向について，申し述べます。

(本答申の意義についての基本認識)

本答申は，東京大学憲章の理念に基づき，本学の学部教育をめぐる課題を直視し，改革の原則・方向性として，①学びの質の向上・量の確保，②主体的な学びの促進，③流動性の向上と学習機会の多様化，④学士課程としての一体性の強化，⑤教育制度の大枠の改善を掲げています。それらは，急速なグローバル化と不透明性の高い時代に相応しく，さらに水準の高い教育を目指し，学生を「よりグローバルに，よりタフに」育成して知的な総合力を高めていくために決定的に重要な事柄であり，この五つの柱の下，「アクションリスト」に掲げられた具体的な取組を，すみやかに，かつ確実に実行していくことが，学生と社会に対する東京大学の教職員の重大な責任であると考えています。

とくに，「教育内容・方法に関する事項」は，答申の基軸となっている

「ワールドクラスの大学教育の実現」に欠かせないものであり，これらの事項への着実な取組なくしては，教育の国際標準を目指す秋季入学構想の意義も大きく減殺されます。実際，取組の中には，世界の有力大学の間ですでに一般的になっているものも少なくありませんが，本学の高い研究水準と多様な個性に裏付けられた強みを生かしてさらなる創意工夫を凝らし，各取組の相乗効果が十分に発揮されて東京大学ならではの魅力と競争力が実現できるように，総合的な教育改革の各場面で大胆なチャレンジを進めたいと思います。

本答申においては，教育内容・方法の改善とともに，その「枠」となる学事暦の問題について，本学の対応の方向性が示されています。今般，「思い切った取組を，逐次であれすみやかに実行していく」（平成 24 年 9 月 26 日付総長所信「総合的な教育改革の加速に向けて」）という観点に立ちつつも，国際標準の学事暦の実質を構成するに相応しい教育内容・方法への本質的な取組が幅広く提起されるとともに，国際流動性を格段に高める工夫を凝らした 4 ターム制の新学事暦案が示され，平成 27 年度末までに漸次導入する方針が提言されたことは，両者あいまって，秋季入学構想の実現に向けた重要なステップになると受け止めています。各タームの活用法については総合的な教育改革全体として連動することで，学生への教育効果をさらに高めるべく各部局において多様な工夫がなされうる条件が整いますが，とりわけ，受験勉強で培ってきた学びを「大学での学び」に転換し発展させる導入教育や，学生の主体性や課題意識を社会とともに育てていくギャップターム型の柔軟な学びの仕組みも，積極的に取り入れていきたいと思います。学事暦見直しについては，国内の諸大学でも議論が活発化していますが，私としては，日本社会のグローバル化を先導しようとする諸大学が同期して秋季入学を軸とするシステムへすみやかに移行し，次代の日本社会を担う若者に責任を持てる高等教育の姿を実現したいと考えています。そのために，修業年限の柔軟化や高大接続のあり方なども視野に入れつつ大学としての諸課題にさらなる取組を進めることはもちろん，協議体の設置など大学間あるいは産学官の幅広い連携を図りながら，国家資格試験の時期・回数や採用時期・方法などにかかわる社会的な環境整備

のために動きを強める所存です。

さらに，答申は，「教育制度の大枠の改善」として，入試，入学定員，学部・大学院間の制度などについて課題提起を行っています。新学事暦の導入を図りつつ，教育内容・方法の改善を確実に実行していこうとする場合，こうした制度的課題への取組は避けて通れません。また，学部段階の秋季入学に先鞭をつけたPEAKの成果を発展させつつ，全学の教育の国際化を牽引する拠点となる組織体制を構築していきたいと考えています。

（役員会としての当面の対応の方向）

役員会としては，まず，答申の趣旨を踏まえて，「学部教育の総合的改革に関する実施方針」の策定をすみやかに行う予定です。実施方針を策定の後は，答申で示された「全学体制によって検討・実施すべき課題」，具体的には，カリキュラムの再構築，初年次教育の強化，進学振分けや入試運営・実施体制の見直しなどの諸課題を踏まえ，適切な実行体制をつくり，直ちに取組に着手したいと考えています。

答申では，教育研究部局を念頭に置きつつ，「部局別改革プラン」の策定・実施も求めており，全学体制づくりを待つこと無く，必要な体制をすみやかに整備いただければと思います。各部局においては，今般の改革を先取りするような意欲的な取組もすでに展開されており，そうした従来の実績ある取組を支援するとともに，新たな先導的・実験的な取組にも果敢に挑戦できるよう，資源の確保と戦略的配分を行っていくつもりです。それにより，各部局が優れた魅力ある教育を追求して競い合う一方，学生が自らの能力と適性に応じて学びのコースや進路を主体的に選択できるような環境が生み出されていくはずです。

大学改革に対する社会の期待が高まる中で，本学における改革の動きは一挙一動が社会から注視されています。日本と世界の明日を力強く担う知的な若者を育成していくために，学部教育の総合的改革の確実な実行に向け，教職員の皆さんとともに全力を尽くす決意です。

13. 学部教育の総合的改革に向けて（総合文化研究科長・教養学部長所信）（2013年6月18日）

総合文化研究科・教養学部の構成員の皆さんへ

本日，「入学時期等の教育基本問題に関する検討会議」（基本検）の最終答申「学部教育の総合的改革について（答申）——ワールドクラスの大学教育の実現のために——」（平成25年6月13日役員会提出）が学内公表されるに至りました。その全文と，これに対する総長所信「入学時期等の教育基本問題に関する検討会議答申を受けて——東京大学の学部教育の歴史的な改革に向けて——」（平成25年6月18日）を先ほどメール配信いたしましたので，必ずお目通しください。

以下の文書は，こうした流れを受けて，総合文化研究科・教養学部がこれから取り組むべき課題に関する研究科長・学部長としての所信を述べたものです。今後改革を推進していく上で，基本的な認識と方向性を共有していただければ幸いです。

平成25年6月18日

総合文化研究科長・教養学部長　石井洋二郎

学部教育の総合的改革に向けて

社会の急速な変化やグローバル化の加速度的な進行にともない，昨今は大学が果たすべき役割にも大幅な見直しが求められています。時代の要請に応えて教育内容や教育体制の刷新を図り，前途有為な学生たちを「世界的な視野をもった市民的エリート」（東京大学憲章）として育成することは，21世紀の東京大学にとって最大の使命であるといっても過言ではありません。

東京大学では，総長の諮問機関として平成23年4月に設置された「入

学時期の在り方に関する懇談会」，及びその後継として平成24年4月に設置された「入学時期等の教育基本問題に関する検討会議」（基本検）を中心に，いわゆる「秋季入学」構想に関連する諸問題をめぐって，精力的な検討作業が進められてきました。

総合文化研究科・教養学部はこれに対応して，平成24年1月に「入学時期検討特別委員会」，及びその後継として同年7月に「学部教育検討特別委員会」を設置し，継続的に真摯な議論をおこなってきました。そしてこの過程を通して，将来的な秋季入学への移行の可能性を見据えながらも，まずは現在の教育システムと学生たちの学習姿勢に見られるさまざまな問題を着実に検証した上で，それらを解決するために，現時点で可能な学事暦の変更を含む「総合的な教育改革」を全力で推進することこそが，私たちにとって喫緊の課題であるという認識を共有するに至りました。

学部後期課程と大学院を擁するだけでなく，東京大学に入学してくるすべての学生の前期課程教育を中心的に担う部局である総合文化研究科・教養学部には，きわめて重要な責務が委ねられています。私たちはそのことを十分に自覚して，これまでも教育内容・方法の改善を目指して不断の努力を積み重ねてきましたが，今後はさらに覚悟を新たにし，全学の先陣を切って本格的な改革を推進していかなければなりません。

本部局では，平成25年3月19日に「学部教育検討特別委員会」の答申書が研究科長宛に提出されましたが，その中には現在の教育体制を改善するための具体案が数多く示されていました。その大部分は，今般の基本検の答申において示された全学的な指針である「アクションリスト」に採り入れられています。これを踏まえた上で，総合文化研究科・教養学部でも早急に「部局別改革プラン」を策定する作業に入りますが，私としては当面の最重要課題として以下の5項目を設定し，平成27年度末までの実現を目途として，具体的な取組に着手したいと考えています。

1）学事暦の見直しによる4ターム制の導入

①1年4ターム制を導入して履修形態を柔軟化させ，国際流動性の向上

を中心とする学習選択機会の多様化を図る。特に6月～7月のタームを夏季休業期間と連結させて利用できるようにカリキュラムを工夫し，前期課程・後期課程をあわせて年間300～500名程度の学生が，海外大学のサマースクール受講や交換留学など，国際的学習経験の機会を得られるようにする。

②一部科目に週複数回・ターム完結型の授業を導入するなど，タームごとの学習の完結性と集中度を高め，学びの質と量の一層の向上を図る。

③平成25年度から開始されたFLYプログラム（Freshers' Leave Year Program：初年次長期自主活動プログラム）を，半年（2ターム）単位でも運用できるように，必要な仕組みを整備する。

2）初年次教育の導入と充実

①学生10名から15名程度で構成される少人数チュートリアル授業を初年次に導入し，きめの細かい指導体制のもとで，研究発表・論文執筆を含む基礎的なアカデミック・スキルを早期に身につけさせるとともに，学士課程全体を通した学習への能動的な動機づけを図る。

②専門分野の最先端の研究動向を提示する「アーリー・エクスポージャー」科目を初年次に設定し，自ら主体的に問いを発見したり，答えが一つではない問いや正解のない問いに向き合ったりする経験を通して，受験勉強とは本質的に異なる「大学での学び」への姿勢を養う。

3）習熟度別授業の拡充

①平成25年度から英語科目で実施されている習熟度別授業を他の授業科目にも拡大し，学生が自らのレベルに応じた履修プロセスを設計できるようにする。理系の一部授業科目についてはアドバンスト・コースを設け，意欲ある学生がさらに自分の能力を伸ばすことができるようにする。

②外国語科目については，グローバルリーダー育成プログラム（GLP）の取組をさらに発展させ，平成25年度から試行されている日英中トライリンガルプログラム（TLP）を他の外国語にも拡大することで，英語の習熟度別の上位クラスに所属する学生全員がこれに参加できるようにする。

4）キャンパスのグローバル化の推進

①学事暦の見直しによる国際流動性向上への取組と連携しつつ，英語による授業を増やすことによって，留学生受け入れを拡大する。具体的には，平成24年10月に発足した秋季入学国際教育プログラムであるPEAK（Programs in English at Komaba：教養学部英語コース）の受入数を漸次増加させるとともに，平成7年から教養学部後期課程で実施されているAIKOM（Abroad in Komaba：教養学部短期交換留学制度）を含む単位互換短期留学制度による受入数を100名程度まで拡大し，駒場キャンパス自体を多様な異文化体験の場とする。

②外国語を母語とする教員を現在の11.5%から20%程度まで増やし，外国語による授業を現在の3倍程度に増加させる。

5）教養教育の高度化

①教養教育高度化機構が取り組んでいるアクティブラーニングの試みを拡充し，学生の主体性を涵養する双方向型の授業を大幅に増加させる。

②ある程度の専門教育を受けた後期課程の学生を対象として，異分野の学生との討議等を通して自らの専門分野を相対化する契機を提供するための「後期教養教育」科目を導入する。

以上の項目内容には，総合文化研究科・教養学部独自の取組によって実現できるものもありますが，学士課程全体を通した総合的な教育改革という観点からすれば，後期課程に責任をもつ各部局との連携・協力が不可欠なものが少なくありません。それらを円滑に実施し，学部教育の効果を最大限に高めるためには，進学振分け方式の見直しや前期課程・後期課程の修得単位数の適正な配分など，全学規模の制度改革が間違いなく必要となるでしょう。こうした問題を視野に入れた上で，今後は他部局とも一層緊密に連絡をとりながら，全学的な実施体制と連動して作業を進めていきたいと考えております。

また，課題の実行にあたっては適正な人員配置や十分な財政的裏付けも欠かせません。基本検の答申にも，大学全体が組織として取り組むべき重要な課題として「教育改革のための戦略的な資源配分」が明記されていま

す。本部局としても，実施項目ごとに必要な資源を明確化した上で，その確保・獲得に全力を尽くしたいと思います。

今回の総合的な教育改革は，130年以上に及ぶ東京大学の歴史の中でも前例のない規模のものになると思われます。研究科長・学部長としては，この流れが中途で澱むことのないよう，どの課題についても可及的速やかに取組を開始し，可能なものから順次実行していくつもりですので，構成員全員のご理解とご協力をお願いする次第です。

2013年6月18日

東京大学大学院総合文化研究科長・教養学部長

石井洋二郎

14. 学部教育の総合的改革に関する実施方針（役員会議決）（2013年7月25日）

平成25年7月25日
役員会議決

学部教育の総合的改革に関する実施方針

1　アクションリストの実施

入学時期等の教育基本問題に関する検討会議答申「学部教育の総合的改革について」（平成25年6月13日）を踏まえ，現行の第2期中期目標・計画期間（平成27年度末まで）に「学部教育の総合的改革に係るアクションリスト」（別紙1）の掲げる諸事項を実施する。

2　学事暦の見直し

「当面の学事暦の見直しに係る方針」（別紙2）に基づき，国際流動性の向上等の観点から，第2期中期目標・計画期間中に授業期間の4ターム制を全学部で導入し，学部の秋季入学コースの拡充を図りつつ，秋季入学の環境整備に向けた社会への働きかけ及び他大学との連携協力を強化する。これらの取組の成果を踏まえ，第3期中期目標・計画期間（平成28～33年度）に秋季入学の拡充と推進に向けた必要な措置をとる。

3　改革の実施体制

教育活動の運営に関わる既存の全学的組織の見直しを図りつつ，改革の実施のための全学体制を構築する。各教育研究部局は「学部教育の総合的改革に係るアクションリスト」に則って，「部局別改革プラン」を策定・実施する。本部は，全学的な観点に立って改革のための資源を確保し，各部局の改革の進捗状況を評価の上，戦略的な資源配分を行う。

4　中期計画の扱い

前各項の実施に向け，必要に応じ，第2期中期計画の変更に係る所要の手続きをとる。また，本実施方針の検証・見直しを適時に行い，その結果を第3期中期計画の策定作業に反映させる。

（別紙1）学部教育の総合的改革に係るアクションリスト——ワールドクラスの大学教育の実現に向け，今取り組むべきこと——

Ⅰ　学びの質の向上・量の確保

• 学生をしっかりと学ばせる仕組みの確立（学習総量の確保，成績評価の厳格化，GPA 活用による学習支援，キャップ制の導入，週複数回授業の普及など）

• 教育方法の改善に対応する FD 活動の推進（TA 制度の改善，「フューチャー・ファカルティ・プログラム（FFP）」の確立を含む）

• 学びの質を向上し，量を確保する観点からの学事暦の見直し（4 ターム化に伴う授業形態の変更など）

Ⅱ　主体的な学びの促進

• 点数至上の価値観のリセットを目指した全学的な導入教育の強化

•「教え授ける」（ティーチング）から「自ら学ばせる」（ラーニング）への転換を目指した授業の改善（少人数チュートリアル授業の導入，アクティブラーニングの普及など）

• 学生の主体的な履修を支えるカリキュラムの柔軟化（進学・卒業の要件の見直しを含む）

• 習熟度別授業など能力・適性に応じた教育の普及・展開（科目ナンバリング制の導入を含む）

• e ラーニングの積極的な活用による教育方法の改善

Ⅲ　流動性の向上と学習機会の多様化

• 多様性に富む学習環境をつくる「グローバル・キャンパス」の実現（英語による授業，外国人教員，PEAK・AIKOM 等の国際プログラムや全学交換留学制度の拡充など）

• 高度なトライリンガル人材を育成する「グローバルリーダー育成プログラム（GLP）」の構築と展開

• サービスラーニングの導入，ならびに「初年次長期自主活動プログラム（FLY）」の定着とその成果の普及（学士課程全体を通じた特別休学制度の活用の検討を含む）

• サマープログラムの開発等による多様な学習体験の機会の飛躍的な拡充
• 海外大学等との互換性，学生・教員の国際流動性を高める観点からの学事暦の見直し（タームの分割，夏季休業の拡大など）

Ⅳ　学士課程としての一体性の強化

• 大学での学びを俯瞰する全学的な導入教育の強化
• 学士課程の一貫性の観点に立ったカリキュラムの順次性・体系性の見直し
• 評価尺度の多元化の観点に立った後期課程進学制度の構築
• 全学に開放された共通授業科目制度，部局横断型教育プログラムの普及と展開

Ⅴ　教育制度の大枠の改善

• 多様な学生構成の実現と学部教育の活性化を目指した推薦入試の導入
• 社会の変化を踏まえた入学定員の適正な規模・構成の提示（所要の組織体制の見直しを含む）
• PEAK の充実を図りつつ，秋季入学の環境整備に向けた社会への働きかけ，他大学との連携協力の強化
• 学部・大学院の一貫的な教育プログラムの研究開発，ならびに優秀な学部学生が大学院レベルの学習にアクセスする機会の拡大（早期卒業制度の導入，科目履修の弾力化など）

(別紙 2) 当面の学事暦の見直しに係る方針

1　学事暦見直しの基本的な考え方

(1) 学びの質の向上・量の確保に寄与するとともに，学生の主体性を尊重した教育活動を展開し，国際的な流動性を高めることに資することを基本的な観点として見直しを行う。学士課程全体を通じ，学生の科目履修や自主的な学習体験の活動を柔軟に行い得るようにする（個に応じた学事暦のデザイン）。

(2) 各学部・研究科間の共通性に留意しつつ，それぞれの実情を踏まえ，

実施時期・形態について一定の自由度を許容する枠組みとする。
(3) 学士課程教育の一貫性を高め，総合的な教育改革の取組に資するものとなるよう留意して設計する（特に，各部局のカリキュラム改革や進学振分け制度の見直しと整合し，それらを促進する基盤となるようにする）。
2　望ましい学事暦が具備すべき要素
(1) 点数至上の価値観をリセットし，主体的な学習態度への転換を図るため，4月の入学から最初の学期を導入教育の重点期間として位置付け，その特質を踏まえた教育課程を編成する（全学的な参画・協力による導入教育の強化）。
(2) 国内大学との関係をも踏まえ，学年は4月から翌年3月末までとする。その枠組みの下，4ターム制による授業運用を積極的に導入し，短期留学の機会の拡大や授業方法の改善・転換（週複数回授業や双方向型の授業の普及など）を併せて進める。
(3) 学生の科目履修や教員の科目担当に柔軟性をもたせ，教育分野や学生の実情に応じ，夏季休業期間の選択的拡大及び有効活用を可能とする（6～8月におけるサマースクールを通じた国際的な学習体験などの豊富化，教員の研究活動の活性化など）。

15. 「学部教育の総合的改革に関する実施方針」の公表に当たって（総長メッセージ）（2013 年 7 月 26 日）

平成 25 年 7 月 26 日

「学部教育の総合的改革に関する実施方針」の公表に当たって

東京大学総長

濱田純一

このたび東京大学では，役員会において，「学部教育の総合的改革に関する実施方針」を決定しました。これは，本年 6 月に役員会に提出された，「入学時期等の教育基本問題に関する検討会議」答申の趣旨を踏まえて行われた機関決定です。今後，この実施方針に則り，平成 27 年度末までの実行を目途に，「学部教育の総合的改革に係るアクションリスト」の実施，全学部での 4 ターム制の導入，秋季入学の拡充と推進，「部局別改革プラン」の策定と実施，中期計画の変更及び策定等の取組みを逐次進めてまいります。

先般，私は，「入学時期等の教育基本問題に関する検討会議答申を受けて」と題する総長所信（平成 25 年 6 月 18 日付）を出しました。そこでも述べているように，学部教育の在り方について，全学的にこれほどまでに深く議論が行われ，かつ全学的に取り組む意識と態勢が整ったことは，東京大学の長い歴史において画期をなすものです。この意義ある改革を迅速かつ確実に実行し，グローバル化の時代に真正面から応えるべく大学の教育力を抜本的に強化するため，新設した臨時教育改革本部の本部長として，私も全学の構成員とともに全力を尽くしていく所存です。

東京大学が進めようとしている改革には，他大学や産業界との連携を図りつつ，社会システムの改革と同期・協調していくことが求められるものも少なくありません。自主的・自律的な教育改革を通じて社会の負託に力強く応えていく決意である旨，改めて申し上げるとともに，引き続き，本学の教育研究活動と日本の高等教育のさらなる飛躍のため，各界の幅広い御理解と御協力をお願いいたします。

16.『東京大学における学部教育の総合的改革の推進』(パンフレット)

社会・産業・学術のあらゆる分野で急速にグローバル化が進展する中で、世界的な視野とリーダーシップを兼ね備えた“よりグローバルでよりタフな”人材の育成は、日本のトップ大学としての東京大学の重要な責務です。そのために学部教育における学びの質・量や主体性の向上をより実質的なものとし、課題の発掘や解決・イノベーション創出に向けた学生のポテンシャルを引き出す高度な教養教育と専門教育を実践すると共に、多様な環境や学習機会の中で国際的な視野と思考を醸成するための更なる教育の国際化が不可欠です。

東京大学総長　濱田純一

平成25年7月、東京大学は、「学部教育の総合的改革に関する実施方針」を決定しました。ワールドクラスの大学教育を実現するために、学部、研究科(教育部)、附置研究所等が参画して、学部教育の総合的改革を推進しています。

改革の全体像①

育成する人材像

学部学生に対して、以下に掲げる5つの能力を育成することを目指した教育を行います。それを通じて“よりグローバルでよりタフな”人材を輩出します。

改革の全体像②

改革の３つの柱

学部教育の総合的改革の３つの柱「国際化」、「実質化」、「高度化」に沿って、秋季入学の拡充・推進を図りつつ、新たな教育プログラムを導入します。

◆◆◆◆◆

改革の全体像③

３つの柱を支える基盤整備

３つの柱に基づく取組を効果的に実施するための基盤整備を行います。４ターム制の導入、ICT等の情報基盤の整備・拡充、教育資源の活用などを実施します。

４ターム制の導入

- 新たな教育カリキュラムを支える学事暦

学務システム改革

- ４ターム制のアカデミック・カレンダー
- GPA活用による学習支援
- 科目ナンバリング
- 進学振分け改革　等に対応

ICTの基盤整備

- e-learning
- 双方向授業
- 遠隔授業　等

教育資源の有効活用

- 教室・実験設備等の再編
- 図書館機能の充実
- 教育活動を支える戦略的な人事システム
- 教育力の向上を促すFD活動　等

評価機能・体制の充実

- 可視化指標による客観的な改革評価

グローバル化に向けた環境整備

- 全学サマープログラム等の運営システムの構築
- 国際交流スペース等の施設整備　等

平成27年度から実施

4ターム制の導入

平成27年度に全学部で４ターム制を導入します。週複数回授業などの様々な教育方法を併せて実施することで、短期間でしっかりと学ぶことが可能になります。また、長期の夏季または冬季休業期間を設けることで海外への短期留学や社会体験への参加がしやすくなるだけでなく、ターム単位の留学も可能となります。４ターム制を活用することで、学士課程全体を通じて、学生が科目履修や学習体験の活動を主体的かつ柔軟に行えるようになります。

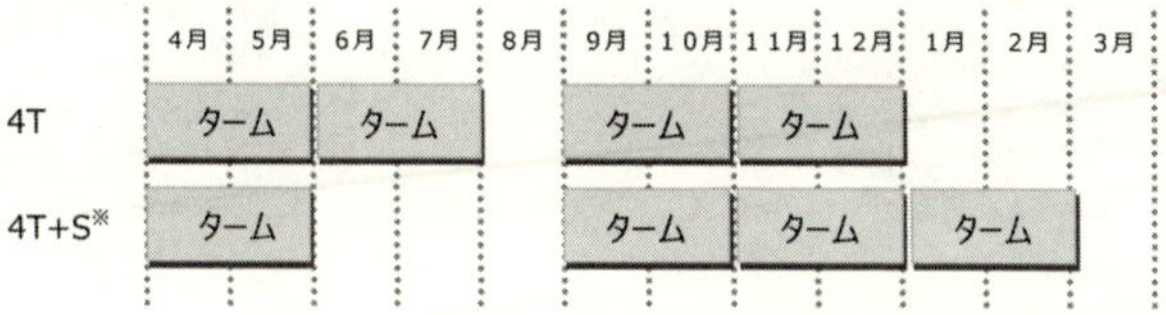

※長期の夏季休業期間を特色とする学事暦

4T　：法学部、文学部、経済学部、教養学部、教育学部
4T+S：医学部、工学部、理学部、農学部、薬学部
＊学生への教育上の配慮から、学部により移行的な措置をとる場合があります。

平成27年度から実施

部局別改革プラン

学部教育の総合的改革を着実に実施するため、各教育研究部局を中心にカリキュラム改革などに関する「部局別改革プラン」が策定されました。

平成27年度から実施

学則改正大綱

学部教育の総合的改革に係る新たな取組の実施を可能にするため、東京大学学部通則および関連する規則について、主に以下の内容を定める方向で検討を進めています。可能なものについては平成27年４月１日の施行を目指します。

1. ４月１日及び９月１日を共通の画期とする４学期制の下、各学部の実情に応じ、１学年に４つのターム（授業期間（試験期間を含む））を設定して教育課程を編成することを原則とする。
2. 休業日については、土曜日及び国民の祝日に関する法律（昭和23年法律第178号）に規定する休日に授業科目の開講を可能とする。また、夏季等の休業期間を適切に設定する。
3. 留学に関する単位認定については、既定の認定科目の範囲（専門教育科目）及び単位数（上限30単位）を適切に見直し、前期課程・後期課程を通じて認める（休学留学を含む）。
4. 学生の履修方法については、各学部の判断に基づき、履修登録の上限の定めを置くことを許容する。
5. 初年次特別休学の期間（現行１年）については、教養学部の判断に基づき、より短期の形態を許容する。
6. 卒業については、優秀な学生に対し、各学部の判断に基づき、早期卒業を認める特例措置を講じる定めを置くことを許容する。
7. 科目等履修生については、本学大学院学生以外の者に関し、一定の条件の下、各学部の判断により受け入れることができる。
8. 授業料について、学期区分にとらわれず、適切な時期に徴収するように見直しを行う。

既に具体化している新たな取組事例の紹介

平成24年度

体験活動の推進

学部前期・後期課程の学生を対象とし、大学生活とは異なった考え方や発想、行動様式または価値観と触れ合うための多様な形態と内容のプログラムを提供している（主に夏季休業期間に1週間程度）。実施２年目となる平成25年度には国内外合わせて114のプログラムが提供され、約330名の学生が参加。

平成25年度

初年次長期自主活動プログラム（FLY Program）

入学した直後の学生が、自ら申請して1年間の特別休学を取得したうえで、自らの選択に基づき、本学以外の場において、ボランティア活動や就業体験活動、国際交流活動など、長期間にわたる社会体験活動を行い、そのことを通じて自らを成長させる、自己教育のための仕組み。開始初年度の平成25年度には11名が参加。

平成26年度

グローバルリーダー育成プログラム（GLP）

国際社会で指導的役割を果たす人材（グローバルリーダー）の育成を目指し、学部学生に高度な語学教育、文理融合した分野横断型教育、海外サマープログラムなどの国際体験の提供を行うプログラムを構築中。

平成27年度

４ターム制の導入

3ページを参照。

平成28年度

推薦入試の導入

本学のアドミッション・ポリシーをよりよく実現するため、入学者の選抜方法・尺度を多元化し、高等学校等での学習成果を適切に評価する観点から、基本となる前期日程試験を維持しつつ、後期日程試験の後継として推薦入試を平成28年度から導入予定。

17. 東京大学憲章

前　文

21 世紀に入り，人類は，国家を超えた地球大の交わりが飛躍的に強まる時代を迎えている。

日本もまた，世界に自らを開きつつ，その特質を発揮して人類文明に貢献することが求められている。東京大学は，この新しい世紀に際して，世界の公共性に奉仕する大学として，文字どおり「世界の東京大学」となることが，日本国民からの付託に応えて日本社会に寄与する道であるとの確信に立ち，国籍，民族，言語等のあらゆる境を超えた人類普遍の真理と真実を追究し，世界の平和と人類の福祉，人類と自然の共存，安全な環境の創造，諸地域の均衡のとれた持続的な発展，科学・技術の進歩，および文化の批判的継承と創造に，その教育・研究を通じて貢献することを，あらためて決意する。この使命の達成に向けて新しい時代を切り拓こうとするこの時，東京大学は，その依って立つべき理念と目標を明らかにするために，東京大学憲章を制定する。

東京大学は，1877 年に創設された，日本で最も長い歴史をもつ大学であり，日本を代表する大学として，近代日本国家の発展に貢献してきた。第二次世界大戦後の 1949 年，日本国憲法の下での教育改革に際し，それまでの歴史から学び，負の遺産を清算して平和的，民主的な国家社会の形成に寄与する新制大学として再出発を期して以来，東京大学は，社会の要請に応え，科学・技術の飛躍的な展開に寄与しながら，先進的に教育・研究の体制を構築し，改革を進めることに努めてきた。

今，東京大学は，創立期，戦後改革の時代につぐ，国立大学法人化を伴う第三の大きな展開期を迎え，より自由にして自律性を発揮することができる新たな地位を求めている。これとともに，東京大学は，これまでの蓄積をふまえつつ，世界的な水準での学問研究の牽引力であること，あわせて公正な社会の実現，科学・技術の進歩と文化の創造に貢献する，世界的視野をもった市民的エリートが育つ場であることをあらためて目指す。ここ

において，教職員が一体となって大学の運営に力を発揮できるようにすることは，東京大学の新たな飛躍にとって必須の課題である。

大学は，人間の可能性の限りない発展に対してたえず開かれた構造をもつべき学術の根源的性格に由来して，その自由と自律性を必要としている。同時に科学・技術のめざましい進展は，それ自体として高度の倫理性と社会性をその担い手に求めている。また，知があらゆる領域で決定的な意味をもつ社会の到来により，大学外における知を創造する場との連携は，大学における教育・研究の発展にますます大きな意味をもちつつある。このような観点から，東京大学は，その自治と自律を希求するとともに，世界に向かって自らを開き，その研究成果を積極的に社会に還元しつつ，同時に社会の要請に応える研究活動を創造して，大学と社会の双方向的な連携を推進する。

東京大学は，国民と社会から付託された資源を最も有効に活用し，たえず自己革新を行って，世界的水準の教育・研究を実現していくために，大学としての自己決定を重視するとともに，その決定と実践を厳しい社会の評価にさらさなければならない。東京大学は，自らへの評価と批判を願って活動の全容を公開し，広く世界の要請に的確に対応して，自らを変え，また，所与のシステムを変革する発展経路を弛むことなく追求し，世界における学術と知の創造・交流そして発展に貢献する。

東京大学は，その組織と活動における国際性を高め，世界の諸地域を深く理解し，また，真理と平和を希求する教育・研究を促進する。東京大学は，自らがアジアに位置する日本の大学であることを不断に自覚し，日本に蓄積された学問研究の特質を活かしてアジアとの連携をいっそう強め，世界諸地域との相互交流を推進する。

東京大学は，構成員の多様性が本質的に重要な意味をもつことを認識し，すべての構成員が国籍，性別，年齢，言語，宗教，政治上その他の意見，出身，財産，門地その他の地位，婚姻上の地位，家庭における地位，障害，疾患，経歴等の事由によって差別されることのないことを保障し，広く大学の活動に参画する機会をもつことができるように努める。

日本と世界の未来を担う世代のために，また真理への志をもつ人々のため

に，最善の条件と環境を用意し，世界に開かれ，かつ，差別から自由な知的探求の空間を構築することは，東京大学としての喜びに満ちた仕事である。ここに知の共同体としての東京大学は，自らに与えられた使命と課題を達成するために，以下に定める東京大学憲章に依り，すべての構成員の力をあわせて前進することを誓う。

I．学　術

(学術の基本目標)

東京大学は，学問の自由に基づき，真理の探究と知の創造を求め，世界最高水準の教育・研究を維持・発展させることを目標とする。研究が社会に及ぼす影響を深く自覚し，社会のダイナミズムに対応して広く社会との連携を確保し，人類の発展に貢献することに努める。東京大学は，創立以来の学問的蓄積を教育によって社会に還元するとともに，国際的に教育・研究を展開し，世界と交流する。

(教育の目標)

東京大学は，東京大学で学ぶに相応しい資質を有するすべての者に門戸を開き，広い視野を有するとともに高度の専門的知識と理解力，洞察力，実践力，想像力を兼ね備え，かつ，国際性と開拓者的精神をもった，各分野の指導的人格を養成する。このために東京大学は，学生の個性と学習する権利を尊重しつつ，世界最高水準の教育を追求する。

(教育システム)

東京大学は，学部教育において，幅広いリベラル・アーツ教育を基礎とし，多様な専門教育と有機的に結合する柔軟なシステムを実現し，かつ，その弛まぬ改善に努める。大学院教育においては，多様な専門分野に展開する研究科，附置研究所等を有する総合大学の特性を活かし，研究者および高度専門職業人の養成のために広範な高度専門教育システムを実現する。東京大学の教員は，それぞれの学術分野における第一線の研究者として，その経験と実績を体系的に教育に反映するものとする。また，東京大学は，すべての学生に最善の学習環境を提供し，学ぶことへの障壁を除去するため，人的かつ経済的な支援体制を整備することに努める。

（教育評価）

東京大学は，学生の学習活動に対して世界最高水準の教育を目指す立場から，厳格にして適切な成績評価を行う。東京大学は，教員の教育活動および広く教育の諸条件について自ら点検するとともに，学生および適切な第三者からの評価を受け，その評価を教育目標の達成に速やかに反映させる。

（教育の国際化と社会連携）

東京大学は，世界に開かれた大学として，世界の諸地域から学生および教員を迎え入れるとともに，東京大学の学生および教員を世界に送り出し，教育における国際的ネットワークを構築する。東京大学は，学術の発展に寄与する者を養成するとともに，高度専門職業教育や社会人再教育など社会の要請に応じて社会と連携する教育を積極的に進める。

（研究の理念）

東京大学は，真理を探究し，知を創造しようとする構成員の多様にして，自主的かつ創造的な研究活動を尊び，世界最高水準の研究を追求する。東京大学は，研究が人類の平和と福祉の発展に資するべきものであることを認識し，研究の方法および内容をたえず自省する。東京大学は，研究活動を自ら点検し，これを社会に開示するとともに，適切な第三者からの評価を受け，説明責任を果たす。

（研究の多様性）

東京大学は，研究の体系化と継承を尊重しつつ学問分野の発展を目指すとともに，萌芽的な研究や未踏の研究分野の開拓に積極的に取り組む。また，東京大学は，広い分野にまたがった学際的な研究課題に対して，総合大学の特性を活かして組織および個人の多様な関わりを作り出し，学の融合を通じて新たな学問分野の創造を目指す。

（研究の連携）

東京大学は，社会・経済のダイナミックな変動に対応できるように組織の柔軟性を保持し，大学を超えて外部の知的生産と協働する。また，東京大学は，研究の連携を大学や国境を超えて発展させ，世界を視野に入れたネットワーク型研究の牽引車の役割を果たす。

（研究成果の社会還元）

東京大学は，研究成果を社会に還元するについて，成果を短絡的に求めるのではなく，永続的，普遍的な学術の体系化に繋げることを目指し，また，社会と連携する研究を基礎研究に反映させる。東京大学は，教育を通じて研究成果を社会に還元するため，最先端の研究成果を教育に活かすとともに，これによって次の世代の研究者を育成する。

Ⅱ．組　織

（基本理念としての大学の自治）

東京大学は，大学の自治が，いかなる利害からも自由に知の創造と発展を通じて広く人類社会へ貢献するため，国民からとくに付託されたものであることを自覚し，不断の自己点検に努めるとともに，付託に伴う責務を自律的に果たす。

（総長の統括と責務）

東京大学は，総長の統括と責任の下に，教育・研究および経営の両面にわたって構成員の円滑かつ総合的な合意形成に配慮しつつ，効果的かつ機動的な運営を目指す。東京大学は，広く社会の多様な意見をその運営に反映させるよう努める。

（大学の構成員の責務）

東京大学を構成する教職員および学生は，その役割と活動領域に応じて，運営への参画の機会を有するとともに，それぞれの責任を自覚し，東京大学の目標の達成に努める。

（基本組織の自治と責務）

東京大学の学部，研究科，附置研究所等は，自律的運営の基本組織として大学全体の運営に対する参画の機会を公平に有するとともに，全学の教育・研究体制の発展を目的とする根本的自己変革の可能性を含め，総合大学としての視野に立った大学運営に積極的に参与する責務を負う。

（人事の自律性）

大学の自治の根幹が人事の自律性にあることにかんがみ，総長，副学長，学部長，研究科長，研究所長および教員ならびに職員等の人事は，東京大

学自身が，公正な評価に基づき，自律的にこれを行う。基本組織の長および教員の人事は，各基本組織の議を経て，これを行う。

Ⅲ．運　営

（運営の基本目標）

東京大学は，国民から付託された資源を，計画的かつ適切に活用することによって，世界最高水準の教育・研究を維持・発展させ，その成果を社会へ還元する。そのために公正で透明な意思決定による財務計画のもとで，教育・研究環境ならびに学術情報および医療提供の体制の整備を図る。

（財務の基本構造）

東京大学は，その教育・研究活動を支え，発展させるために必要な基盤的経費および施設整備の維持拡充を可能とする経費が国民から付託されたものであることを自覚し，この資源を適正に管理し，かつ，最大限有効に活用するとともに，大学の本来の使命に背馳しない限りにおいて，特定の教育・研究上の必要に応じて，国，公共団体，公益団体，民間企業および個人からの外部資金を積極的に受け入れる。

（教育・研究環境の整備）

東京大学は，教育・研究活動の発展と変化に柔軟に対応しつつ，常に全学的な視点から，教育・研究活動を促進し，構成員の福利を充実するために，各キャンパスの土地利用と施設整備を図る。また，心身の健康支援，バリアフリーのための人的・物的支援，安全・衛生の確保，ならびに環境および景観の保全など，構成員のために教育・研究環境の整備を行うとともに，地域社会の一員としての守るべき責務を果たす。

（学術情報と情報公開）

東京大学は，図書館等の情報関連施設を全学的視点で整備し，教育・研究活動に必要な学術情報を体系的に収集，保存，整理し，構成員に対して，その必要に応じた適正な配慮の下に，等しく情報の利用手段を保障し，また広く社会に発信することに努める。東京大学は，自らの保有する情報を積極的に公開し，情報の利用に関しては，高い倫理規範を自らに課すとともに，個人情報の保護を図る。

（基本的人権の尊重）
東京大学は，基本的人権を尊重し，国籍，信条，性別，障害，門地等の事由による不当な差別と抑圧を排除するとともに，すべての構成員がその個性と能力を十全に発揮しうるよう，公正な教育・研究・労働環境の整備を図る。東京大学は，男女が均等に大学運営の責任を担う共同参画の実現を図る。

Ⅳ．憲章の意義
（憲章の意義）
本憲章は，東京大学の組織・運営に関する基本原則であり，東京大学に関する法令の規定は，本憲章に基づいてこれを解釈し，運用するようにしなければならない。

Ⅴ．憲章の改正
（憲章の改正）
本憲章の改正は，別に定める手続により，総長がこれを行う。

附　則
この憲章は，平成 15 年 3 月 18 日から施行する。